Nuova Descrizione Di Roma Antica, E Moderna E
Di Tutti Li Piú Nobili Monumenti Sagri, E Profani
Che Sono In Essa, E Nelle Sue Vicinanze: Cioé Archi,
Tempi, Anfiteatri, Cerchi, Obelischi, Basiliche E
Chiese ... E La Cronologia De' Pontefici Romani...

Anonymous

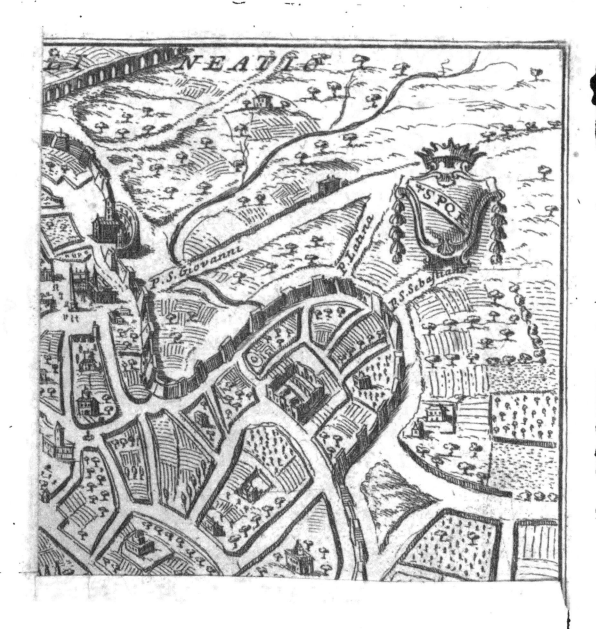

NUOVA DESCRIZIONE
DI ROMA
ANTICA E MODERNA
E DI TUTTI LI PIU' NOBILI MONUMENTI
SAGRI E PROFANI

Che sono in essa e nelle sue vicinanze:

CIOE'

Archi, Tempj, Anfiteatri, Cerchi, Obelischi, Basiliche, e Chiese colla notizia delle Reliquie più insigni, che si conservano in esse, Palazzi, Biblioteche, Musei, e Ville, Pitture, e Scolture co' nomi de più celebri Architetti, Pittori, e Scultori, fino al tempo presente: con un breve ragguaglio dell'Origine ed Istituzione dell'ANNO SANTO,

E LA CRONOLOGIA DE' PONTEFICI ROMANI
FINO AL REGNANTE PIO VI.

EDIZIONE SECONDA

In cui si è aggiunta

LA RELAZIONE DELLA CORTE DI ROMA

E della solenne Cavalcata che si fa dal Pontefice in occasione del solenne Possesso, con altre notizie molto interessanti.

IN ROMA MDCCLXXV.

NELLA STAMPERIA DI GIOVANNI ZEMPEL,
Con Licenza de' Superiori.

A spese di Giuseppe Monti Roisecco Mercante Libraro in Piazza Navona sotto l'Orologio di S. Agnese.

GIUSEPPE MONTI ROISECCO

A L

CORTESE LEGGITORE.

 L benigno compatimento, con cui il Pubblico si è compiaciuto di accogliere la Descrizione di Roma antica e moderna soli quattro mesi indietro da me data alla luce, avendone voluto avidamente acquistare in sì breve spazio di tempo più di mille copie, mi ha stimolato a dimostrargliene quel gradimento, che dalla debolezza delle mie forze erami permesso, col farne sollecitamente una nuova edizione corretta ed accresciuta di altre molte interessanti notizie.

In questa che ora io ti presento, cortese Leggitore, si è conservata la divisione medesima di dieci Giornate, ed il metodo stesso di notare diligentemente le Fabbriche tutte antiche, di cui resta tuttavia qualche vestigio, senza quelle omettere, che dagli Scrittori sono indicate quantunque intieramente distrutte; qual cosa di più bello ivi si

am-

ammirasse; in quale uso sieno state convertite col progresso de' secoli, e qual fabbrica
siavi stata a' giorni nostri surrogata. Similmente nel descrivere tanto le Chiese de' primi, e de' seguenti secoli, come ancora i diversi Palazzi, che questa gran Città adornano, si conduce quasi per mano il curioso
indagator del più bello per fargli considerare ogni Quadro a pennello, ovvero a
mosaico, ogni Deposito, ogni Statua, ogni
Bassorilievo, con indicargli altresì le opere più insigni de' più rinomati Architetti,
de' Pittori, degli Scultori, i nomi de' quali sonosi dipoi ordinatamente disposti nell'
Indice, acciò con tutta l'agevolezza rin-
venir si possano di ciaschedun di essi le opere. Dopo alla perfine di aver con tutta l'e-
sattezza descritti gli antichi Tempj de' Gentili, le Chiese moderne dedicate al culto
del vero Dio, con annoverare altresì le Sagre Reliquie, che in esse si venerano, i Palazzi, i Musei, le Fonti, e tuttociò, che
più fa conoscere la magnificenza di Roma
in tutti i tempi, ed il genio sempre grande de' suoi Cittadini, si è passato a dar tutta la necessaria notizia delle Ville, che le
sono d'intorno, e di quelle parimente che
at-

attraggono le maraviglie de'risguardanti ne'
vicini castelli, e città di Frascati, Tivoli,
Caprarola. Tutto ciò essendo stato eseguito,
nè senza la maggior distinzione, esattezza,
e'diligenza, nella edizione precedente, si
è voluto ora nuovamente rincontrare, e quin-
dì correggerne alcuni sobben leggieri equi-
voci, ed errori, ne'quali erasi inciampato,
e rilevare alcune poche cose allora inavve-
dutamente tralasciate. Ma perchè mio particolare scopo è stato d'istruir piuttosto i
Forastieri che i Romani, i quali hanno tutto
giorno sotto degli occhi oggetti sì belli; e
dall'altro canto poco profitto ricavasi, da'
viaggj, se oltre al materiale non si consi-
dera il formale de'diversi Dominj, ove
taluno si porta, e la forma del governo delle Metropoli, che norma e regola danno alle Città, che ne dipendono; alla presente
edizione si è aggiunta in breve sì, ma non
meno esatto compendio, una Relazione dello stato presente della Corte di Roma, pro-
testandomi però, che per il termine di Corte di Roma intendo parlare del governo
temporale di questa città: poichè allorchè
si parla delle Congregazioni destinate ad e-
saminare il governo spirituale della Chiesa
uni-

univerfale, conviene indifpenfabilmente di chiamarla S. Sede Apoftolica. Con quefta relazione adunque farà ognuno in grado di fapere quali fiano i Miniftri del Palazzo Pontificio, quali i Magiftrati coftituiti per l'amminiftrazione della Giuftizia, quali le Congregazioni per l'efame degli affari della Chiefa univerfale, quali i Tribunali per l'agitazione delle Caufe, e tutto ciò che ricercar fi fuole da chiunque vuole prendere la neceffaria notizia del governo di Roma.

E ficcome fi è dovuto parlare delle varie funzioni, che fra l'anno far fi fogliono dal Sommo Pontefice, è quindi caduto in acconcio di porre quafi fotto di un colpo d'occhio la folenne Cavalcata, che fi farà a fuo tempo dal Regnante Clementiffimo Pontefice PIO VI, allorchè prenderà il Poffeffo della Sagrofanta Patriarcale Bafilica Lateranenfe: funzione, la quale può a buona equità paragonarfi alla pompa trionfale de' noftri antichi Romani, fe fe n' eccettui quella parte, in cui fpiccar quefti faceano l'alterigia, la vanità del fafto, e la fuperftizione.

Sonofi perfine date molte altre intereffanfanti notizie, che parimente riguardano il formale di Roma, e di cui era mancante l'edizione precedente, come lo fono fino adora ftate tutte le altre Defcrizioni di Roma da altri pubblicate fotto diverfi titoli, le quali lungi dallo fcoragirmi a pubblicare la prefente, mi hanno piuttofto determinato ad affrettarne l'edizione, punto non dubitando che il Pubblico fia per rendermi giuftizia col gradire la premura, che ho ed avrò fempre di fervirlo con tutta la fedeltà ed attenzione, e con mantenere religiofamente quanto gli prometto. Vivi felice.

REIMPRIMATUR,

Si videbitur Reverendiſſimo Patri Magiſtro Sacri Palatii Apoſtolici.

F. A. Epiſcopus Montis Alti, ac Viceſgerens.

※※※※※※※※※※※※※※※※※※※※※※※※

REIMPRIMATUR,

Fr. Thomas Auguſtinus Ricchinius Ordin, Prædicatorum Sacri Palatii Apoſtolici Magiſter.

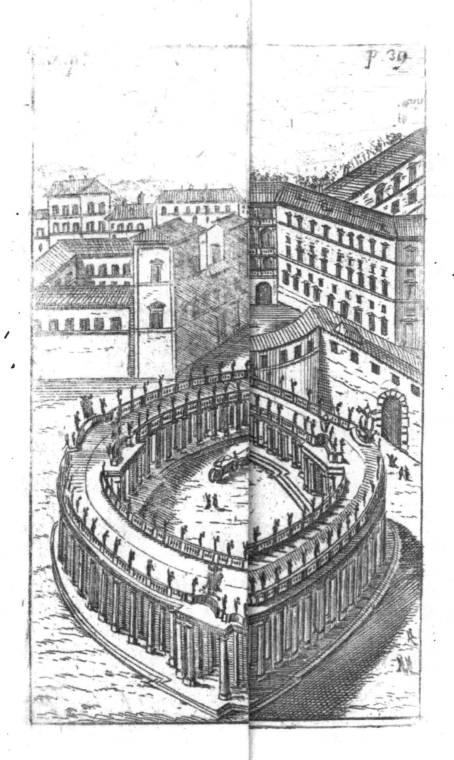

GIORNATA
PRIMA

Dal Ponte S. Angelo a S. Pietro in Vaticano.

Oichè il più rinomato edifizio, ed il più magnifico tempio, che vanti ROMA fra tante sue maraviglie, è la Basilica Vaticana, a cui in primo luogo s'indrizza chiunque viene a questa capitale del Mondo; incominciate la vostra prima Giornata con incamminarvi ad essa per il Ponte Elio edificato dall'Imperatore Elio Adriano presso la sua Mole ossia Mausoleo. Questo Ponte fu risarcito da Niccola V dopo il successo lagrimevole, ivi ac-

A   cadu-

caduto l'anno del Giubileo 1450, allorchè ritornando un numero infinito di Forastieri dalla Basilica Vaticana, talmente si affollò sul Ponte, che vi restarono suffogate dalla moltitudine, e cadute nel fiume (sendosi rotti i ripari del ponte) cento settantadue persone. Clemente VII vi fece porre nell'ingresso le due statue de'SS. Pietro, e Paolo, la prima scolpita da Lorenzo Fiorentino, e la seconda da Paolo Romano. Clemente IX coll'opera del Cav. Lorenzo Bernini lo abbellì, come ora si vede, con graticcie di ferro, e sponde di travertino, e con dieci statue di marmo fino, che sostengono diversi strumenti della Passione del Redentore; e sono lavori degl'infrascritti eccellenti artefici. L'Angelo che sostiene la colonna, fu scolpito da Antonio Raggi: l'altro che ha in mano il Volto Santo, da Cosimo Francelli: il terzo, che tiene i chiodi, da Girolamo Lucenti: il quarto che regge la Croce, da Ercole Ferrata; il quinto che porta la lancia, da Domenico Guidi: il sesto co'flagelli, da Lazzaro Morelli: il settimo colla tonaca inconsutile, e l'altro colla corona di spine, da Paolo Naldini: il nono che mostra il titolo della Croce, dallo stesso Bernini; e il decimo che tiene la sponga, da Antonio Giorgetti. Guardando nel fiume a man sinistra, e più indentro verso l'Ospedale di S. Spirito, vedrete i vestigj del Ponte Vaticano, detto ancor trionfale, perchè da questo incominciavano la loro gita quelli, cui dopo aver riportata sopra de'nemici del popolo Romano qualche insigne vittoria, era conceduto il Trionfo.

Dirimpetto al Ponte vedrete il suddetto Mausoleo di Adriano fatto ad imitazione di quello di Augusto situato nella parte opposta del tevere, ove adesso è il palazzo Corea, e che dagli amanti dell'Antichità si desiderarebbe sbarazzato dalle fabriche, che quasi lo tengon sepolto.

Quel-

Quello di cui parliamo, servì dopoi di fortezza a Bellifario, a' Greci, e a'Goti in diversi tempi. Cadde nelle
mani di Narsete mandato dall'Imperatore in ajuto de'Romani, e nel tempo di queste guerre restò privo delle statue, che l'adornavano, rotte e gettate da difensori sopra
de'nemici. Scrive Procopio, che il primo circuito estrin-
seco di quella fabrica era fatto di marmi di Paros in forma quadrata, e che nel mezzo di questo giro era un'edifizio tondo altissimo e così ampio, che non si giungeva
con un tiro di sasso dall'un lato all'altro. Nell'anno 593,
essendo Pontefice S. Gregorio Magno, fu chiamato Castel
S. Angelo per l'apparizione di un'Angelo sopra di esso,
in segno che dovea cessar la peste, la quale allora trava-
gliava Roma. Poco dopo fu detta la Rocca o *Torre di
Crescenzio*, da un tal Crescenzio Nomentano, il quale circa l'anno 985 lo accrebbe di nuove fabriche. Il primo
tra' Pontefici che lo fortificasse, fu Bonifazio IX: e sebbene molti hanno di tempo in tempo seguitato ad ampliarlo; nondimeno Niccolò V, Alessandro VI, e Pio IV
lo fortificarono in modo notabile; ed Urbano VIII con
nuovi baloardi, terrapieni, fossi, e con ogni sorta d'armi e di munizioni lo migliorò e provide. Sopra l'ultimo torrione nel maschio è la statua di un Angelo, la
quale essendo prima di marmo scolpita da Raffaelo di Mon-
telupo, che ora si osserva situata in cima alla cordonata,
in sua vece per ordine di Benedetto XIV ne fu eretta
un'altra di bronzo gettata da Francesco Giardoni. La loggia che volta verso i prati fatta e lavorata di stucchi dal
detto Raffaelo, fu dipinta da Girolamo Siciolante da Sermoneta: la sala con diverse storie colorite da Pierino del
Vaga, e con un pavimento di vaghissime pietre. Sonovi ancora diverse camere con pitture dello stesso Pierino,
e di Giulio Romano: un busto di Antonino Pio, ed un

al-

altro di Pallade, o come molti vogliono di Roma; i Tri-
regni Pontificj con gioje di gran prezzo, una ben fornita
armeria, e l'Archivio segreto, ove si conservano le memorie più rilevanti della storia Pontificia.

Contigui al Castello si vedono gli archi della strada
segreta, ossia corridore, che conduce al Vaticano, fabricata da Alessandro VI, e ricoperta di tetto da Urbano VIII.
il quale la separò dalle contigue abitazioni.

Nella picciola piazza dopo il Castello osserverete un
fonte di vago disegno, e di copiosissime acque, postovi
da Paolo V coll'opera di Carlo Maderno. Nel *Borgo nuovo*
che già chiamavasi *Strada Alessandrina* da Alessandro VI,
che la dirizzò, trovarete la Chiesa di *S. Maria della Tras-*
pontina, architettata dalli Paparelli, e Mascherini e da
Giovanni Peruzzi ornata di bellissima facciata. Nella prima Cappella a destra quando si entra, il quadro con S. Barbara è del Cav. Giuseppe d'Arpino; le altre pitture sono
di Cesare Rossetti. Nella seconda il S. Canuto Re di Da-
nimarca fu colorito da Daniele Fiammengo; la volta e le
lunette da Alessandro Francesi. Nella terza la Concezione
della B. Vergine è opera di Girolamo Muziani. Le pitture
della quarta sono del Cav. Bernardino Gagliardi, e quella
della quinta di Antonio Pomeranci. Nella Croce traversa
il quadro con S. Maria Maddalena de Pazzi è lavoro di
Giov. Domenico Perugino, che dipinse ancora gli angoli
della cupola. Nell'Altar maggiore composto di marmi e
metalli con disegno del Cav. Carlo Fontana, si venera una
divota Immagine della B. Vergine portata da'Padri Carmelitani calzati (che hanno in cura questa Chiesa) dalla Pa-
lestina, quando di là furono scacciati da'Saracini. Nella
Cappella che segue, il quadro con S. Andrea Corsini fu dipinto da Gio. Paolo Melchiorri, e la volta da Biagio Puc-
cini. Nella contigua il S. Angelo Carmelitano, e tutte le
al-

altre pitture fono di Gio. Battista Ricci da Novara. Nella terza la S. Terefa è di Giacinto Calandrucci. Nella quarta i SS. Pietro e Paolo colle altre pitture fono del fuddetto Novarefe. Si confervano in quefta Cappella due colonne, alle quali furono legati e flagellati i SS. Apoftoli Pietro e Paolo nel foro Romano, dopo effere stati eftratti dal Carcere Mamertino, e due denti dello fteffo S. Pietro; nell'ultima cappella i corpi de'SS. Bafilide, Tripodio, e Magdalo Martiri, e nella fagreftia tra molte infigni Reliquie la tefta di S. Bafilio il Grande.

In quefta contrada era il fepolcro di Scipione Affricano in forma di piramide poco diverfa da quella di C. Ceftio, ma più fublime. Fu fpogliato di marmi dal Pontefice Domno I, che ne laftricò l'atrio di S. Pietro; e fu poi demolito da Aleffandro VI, che appianò la ftrada. Nel fecolo fcorfo vi erano le carceri del tribunale di Borgo, tolte da Clemente IX.

Di quà potrete entrare nel *Borgo Pio* per vedere la Chiefa di S. Michele Archangelo: e poco diftante la porta, che chiamafi di Caftello.

Ritornando nel *Borgo nuovo* dopo pochi paffi vedefi in mezzo di una piazza la fontana eretta dallo fteffo Paolo V con difegno del Maderno. A finiftra v'è il Palazzo *Giraud* fabricato con architettura di Bramante Lazzari; e poffeduto dalli Re d'Inghilterra. Arrigo VIII lo donò ai Campeggi, da' quali paffò ne' Colonnefi. Dirimpetto vedrete l'abitazione de'PP. Penitenzieri della Vaticana, e la vicina Chiefa di *S. Giacomo Scoffacavalli*, nella quale fi confervano due pietre portate a Roma da S. Elena madre di Coftantino Imperatore. Ebbe la detta Chiefa il fopranome di Scoffacavalli coll'occafione che l'Imperatrice S. Elena avendo portate in Roma da Gerufalemme alcune Reliquie, e volendole collocar nella Bafilica di S. Pietro,

non

non potè ottenere il suo piissimo intento ; poichè i cavalli che le portavano, giunti su la piazza , vi si arrestarono così ostinatamente ; che non fu mai possibile farli avanzare , benchè fossero da'condottieri gagliardamente percossi : perlochè fu necessario deporre le reliquie medesime in questa Parocchiale. Incontro v'è il palazzo degli Spinoli Genovesi , ove morì in tempo d'Innocenzo VIII Carlotta Regina di Cipro , e sotto Leone X Raffaelo d'Urbino. Dal Card. Gastaldi parimente Genovese fu assegnato per ospizio e ricovero degli eretici , che vogliono abjurare gli errori , acciò quivi siano per alcuni giorni istruiti. Più avanti a destra troverete il Palazzo , che fu già del Card. Rusticucci , ora degli Accoramboni , da'quali è stato di molto accresciuto , ed abbellito.

Siete a vista dell'ammirabile Basilica di *S. Pietro* riedificata con maggior pompa ed ampiezza , dove già la eresse l'Imperador Costantino Magno con cento colonne , cioè nella valle Vaticana , così anticamente detta o dal Dio del vagito puerile , secondo Varrone , o da'Vaticinj , che ivi si facevano secondo Gellio. In questa valle era la Naumachìa , ed il Circo di Nerone , i suoi giardini , ed i tempj di Apolline , e di Marte.

Inoltratevi ad osservar la gran Piazza circondata da vastissimo portico con un ordine' continuato di quattro colonne di travertini ornato di balaustri e statue de'fondatori di varie Religioni ed altri Santi. Questa fabrica che non cede punto allo splendore degli antichi edifizj , devesi alla magnificenza di Alessandro VII , e all'ingegno del Bernino , che ne fu Architetto.

Nel mezzo della Piazza vedrete un Obelisco alto palmi centotredici e mezzo , l'unico che sia restato intero e salvo dalle ingiurie de'tempi. Fu questo per ordine di Noncoreo Re dell'Egitto eretto in Eliopoli , come riferisce

sce Plinio lib. 36 cap. 11, d'onde lo fece condurre a Roma Caligola l'anno terzo del suo impero, ed inalzollo per ornamento del suo circo Vaticano; che poi si denominò anche circo di Nerone. Dopo l'inondazione de' Barbari distrutto il sudetto circo, restò l'Obelisco appresso la sagrestia di S. Pietro coperto in parte dalle ruine, sino al Pontificato di Sisto V, il quale diede la cura di trasportarlo nel mezzo della piazza all'architetto Domenico Fontana; da cui con machina di nuova invenzione felicemente fu eretto il dì 10 Settembre 1586 e furono impiegati nell'opra 40 argani 160 cavalli, e 800 uomini.

Il piedestallo dell'Obelisco è composto di due gran pezzi di granito sostenuti da un basamento di marmo bianco. Sopra la gran cornice dello stesso granito ne'quattro angoli posano altrettanti leoni di metallo, che mostrano di reggere l'Obelisco; su la cima del quale si veggono i monti, e le stelle, insegne di Sisto, e sopra la stella il Santissimo segno della Croce. Avendolo il sudetto Pontefice consecrato alla SS. Croce, ed avendovi fatto inchiudere una porzione della medesima, concedette Indulgenza di dieci anni, e dieci quarantene a chiunque passando e salutando dirà un *Pater noster*, e un'*Ave Maria* per la S. Chiesa. E' alta la sudetta Croce senza i suoi finimenti palmi ventisei, e larga ne'bracci palmi otto. Innocenzo XIII fece aggiungere all'Obelisco un vago ornamento chiuso al di fuori da colonne di granito.

Ai lati della piazza in egual distanza sono due bellissime fontane isolate, che gettano in alto abondantissime acque, ed hanno conche rarissime di granito di un sol pezzo. Quella a destra fu alzata da Paolo V con disegno di Carlo Maderno, e quella a sinistra da Clemente X coll' opera di Carlo Fontana.

Osserverete la maestosa facciata della Basilica ripartita

ta

ta in colonne, pilaftri e loggie di travertini, terminata nella fua fommità da 13 ftatue di ecceffiva grandezza rap-prefentanti il Noftro Salvatore co'12 Apoftoli, e framezata fotto la loggia principale da un mezzorilievo di marmo col medefimo Signor noftro, che porge le chiavi a S. Pietro, opera di Ambrogio Bonvicino.

Fu principiata la nuova fabbrica di quefto Tempio l'anno 1506 da Giulio II, il quale a'18 di Aprile vi gettò la prima pietra: e i fuoi materiali non erano allora che mattoni e terra. Ne fu architetto Bramante Lazzari, e dopo la di lui morte, che feguì nell'anno 1514, la profeguirono in diverfi tempi Raffaelo d'Urbino, Giuliano da Sangallo, Frà Giacomo da Verona, Baldaffarre Peruzzi, Antonio da Sangallo, e Michel'Angelo Buonaroti, il quale penfò di rifabbricar quefto Tempio tutto di pietra con nuovo modello, e con nobile incroftatura di travertini al di fuori, e al di dentro di finiffimi marmi come in parte fece.

Succedette al Buonaroti nel 1564 Giacomo Barozzi detto il Vignola, a cui nel 1573 fubentrò Giacomo della Porta che durò fino al 1604, avendo alzata la gran Cupola in tempo di Sifto V, fovrappoftavi la lanterna in tempo di Clemente VIII, e ridotta la fabbrica alle Cappelle Gregoriana e Clementina. Finalmente Paolo V nel 1606 coll'affiftenza del Maderno vi aggiunfe le due cappelle, il portico, e la facciata colla loggia, d'onde fi dà la Benedizione.

Afcendendo le fcale della Bafilica, che l'Imperador Carlo Magno nella Chiefa vecchia falì colle ginocchia, baciandone ad uno ad uno i gradini; entrate nel Portico ornato di nobiliffime colonne, e ftucchi dorati, fatti dall'Algardi, e il pavimento laftricato di fini marmi da Clemente X. Sopra l'ingreffo principale del portico fteffo, incontro alla porta di metallo fatta da Eugenio IV, ammirate tate la Navicella di mosaico dipinta circa l'anno 1300 da Giotto Fiorentino, il quale ne ricevè per premio 2200 Fiorini.

Sono unite alla facciata già descritta, e corrispon-

dono al portico, due spaziose Gallerie coperte illuminate da ampli finestroni, una delle quali serve di vestibolo al gran

gran palazzo Vaticano, terminando nella regia scala, che ad esso conduce, fatta edificare da Alessandro VII con disegno nobilissimo del Bernini, che appiè della medesima vi pose la bella statua da esso scolpita di Costantino a cavallo, rimasto attonito per la visione della Croce luminosa, che gli apparve miracolosamente nell'aria in tempo della guerra col tiranno Massenzio. Incontro vi è la moderna di Carlo Magno scolpita da Agostino Cornacchini Fiorentino.

Entrerete nella Basilica, che è lunga piedi 570, e larga 424 nella Croce traversale: e dopo aver considerato il magnifico pavimento, ammirate l'aggiunta fattavi da Paolo V. con gli ornamenti postivi da Innocenzo X di colonne, marmi, e medaglioni, ne' quali sono a bassotilievo effigiati 56 Santi Pontefici.

Ma per osservare con qualche ordine le cose più rare, che arricchiscono questo gran Tempio, cominciate il vostro giro dalla prima cappella accanto alla porta Santa, nella quale si osserva la bellissima statua della Pietà scolpita da Michelangelo Buonaroti, ed era prima nell'Altare del coro. La volta fu dipinta dal Lanfranchi; e la cupola da Ciro Ferri con disegno di Pietro da Cortona suo maestro. A destra di questa cappella vedrete una colonna, che stimasi del Tempio di Salomone, e l'antica conca del Battisterio, che fu già urna sepolcrale di Probo Anicio Prefetto di Roma. A sinistra si entra nell'Oratorio di S. Niccolò di Bari, in cui venerasi l'immagine del SS. Crocifisso scolpito in legno da Pietro Cavallini. Sotto l'arco del vicino pilastro vedrete il sepolcro della Regina Cristina Alessandra di Svezia, fatto con architettura del Fontana. Il S. Sebastiano nella cappella seguente è in mosaico del Cristofari sull'originale del Domenichino: ed i mosaici della cupola furono fatti sopra i disegni del Cor-

to

tona : gli altri furono ideati dal Berettini, e Vanni, e
posti in esecuzione dal Piccioni, e Manente . Appresso
vedrete il famoso deposito fatto da Urb. VIII alla Con-
tessa Metilde disegnato dal Bernini, e scolpito da Stefano Speranza : e dicontro quello di Innocenzo XII scolpito da Filippo Valle a tutte spese del Cardinal Vincenzo
Petra . Siegue la nobilissima capella dove si custodisce il
SS. Sagramento, architettata dal detto Bernino : in cui
è un ricco ciborio di lapislazuli e metallo dorato, fatto
da Clemente X . Il quadro rappresentante la SS. Trinità è
pittura di Pietro da Cortona, che disegnò ancora i mosaici della cupola posti in opera da Guidobaldo Abbatini.
Sul pavimento v'è il deposito di Sisto IV, i cui lavori di metallo furono gettati da Antonio Pollajoli Fiorentino . Sotto l'arco seguente sono altri due depositi, l'uno di Gregorio XIII disegnato e scolpito da Cammillo Rusconi,
l'altro di Gregorio XIV senza ornamenti . Segue l'altare
di S. Girolamo fatto in mosaico dal Cristofari ad imitazione dell'originale del Domenichino, che si ammira
nell'altar maggiore della Chiesa di S. Girolamo della Carità,
in luogo di quello del Muziano : indi la sontuosa cappella eretta alla Beatissima Vergine da Greg. XIII con disegno di Giacomo della Porta . In essa riposa il corpo di
S. Gregorio Nazianzeno trasportatovi dalla Chiesa delle
Monache di Campo Marzo . Appresso è l'altare di S. Basilio, il cui quadro è opera in mosaico dalla pittura del
Subleyras, che imitò in parte quello che v'era a oglio incominciato dal Muziano, e terminato dal Nebbia suo allievo. Incontro ergesi il Mausoleo di Benedetto XIV fatto a spese de'Cardinali dal medesimo promossi, con disegno del Melchiori, ed in cui il Sibilla espresse il disin-
teresse, qualità mirabile in questo gran Pontefice, il quale avea precorsi tutt'i gradi della curia Romana .

Nel-

Nella nave di mezzo nell' ultimo pilaſtro a man dritta ſi venera la ſtatua di S. Pietro fatta per ordine di Leone I col metallo della ſtatua antica di Giove Capitolino, riſtorata dipoi col danaro del Card. Riccardo Oliviero, come indicavano le di lui armi gentilizie nel baſamento, che eſſendo ſtato rimoſſo a giorni noſtri, ne fu ſurrogato altro più vago e più nobile. La ſtatua era nella Chieſa vecchia, e fu quì poſta per ordine di Paolo V: ove la divina onnipotenza ſi è degnata di operare varii miracoli.

Alzate quindi lo ſguardo ad ammirare la ſmiſurata grandezza della cuppola, la quale ſupera l'antico Tempio del Panteon (oggi detto la Rotonda) in palmi 37 di giro, e 30 di altezza; eſſendo larga palmi 200 e alta dal pavimento alla lanterna palmi 500, e dalla lanterna alla cima della palla palmi 100. La detta palla ha palmi 12 di diametro, e la Croce ſopra di eſſa 30 di altezza. Potrete anche ſalire ſopra di eſſa cuppola, e paſſeggiar nella palla di bronzo con voſtro ſtupore,

Oſſervate poi le pitture, delle quali la detta Cuppola è ornata. Ne' ſuoi quattro tondi Gioanni de Vecchi ideò S. Giovanni e S. Luca; Ceſare Nebbia, S. Matteo e S. Marco; Criſtoforo Roncalli i quali putti e i fiori; il Cav. Giuſeppe d'Arpino ne diſegnò tutte le pitture; Franceſco Zucchi, Ceſare Torelli, Paolo Roſſetti, Marcello Provenzale, ed altri le riduſſero egregiamente a moſaico.

Nelle quattro nicchie de' pilaſtri che ſoſtengono coſì vaſta machina (della quale fu Architetto il Buonaroti) ſono quattro ſtatue alte 20 palmi, fatte da celebratiſſimi Scultori, cioè S. Veronica da Franceſco Mochi, S. Elena da Andrea Bolgi; S. Andrea da Franceſco du Queſnoy Fiamengo; e S. Longino dal Cav. Bernino. Nella loggia

ſu-

superiore, che è alla finistra dell'altar grande, fi confer-
vauo il Volto Santo, parte del Legno della Ss. Croce, la
Lancia che ferì il Coftato di Gesù Crifto, ed altre infigni
Reliquie. Nella loggia fimile che è alla deftra del detto
altare grande, fi cuftodifcono, un'antichiffimo quadro in
tavola coll'effigie de' SS. Pietro e Paolo, donato da San
Silveftro, il capo ed un braccio di S. Andrea Apoftolo,
il capo di S. Tommafo Vefcovo, di S. Sebaftiano Martire,
e di S. Giacomo Intercifo; una fpalla di S. Criftoforo;
un braccio di S. Longino; Le tefte di S. Luca Evangelifta, e di S. Petronilla Vergine; una Coltre in cui s'invol-
gevano i corpi de' Ss. Martiri uccifi nel circo Neroniano,
ed altre molte reliquie.

Sotto le fudette quattro ftatue fono quattro fcale,
che conducono alle fagre Grotte, ed alla Bafilica vecchia,
ove fono molti fepolcri di Santi, di Sommi Pontefici,
e di altri perfonaggi cofpicui.

Ritornando nella Bafilica fuperiore, offervate nel
mezzo di effa la confeffione de' SS. Apoftoli Pietro e Paolo,
dove ripofano i loro corpi, ornata di finiffimi marmi da
Paolo V, e circondata da 111 lampade d'argento, e
metallo dorato con altre undici al di dentro, le quali tutte ardono continuamente. Il Ciborio che ftà fu l'altar maggiore è a meraviglia compofto di quattro colonne tortuofe
che foftengono un gran Baldacchino fattovi da Urba no VIII
con difegno del Bernini, e del metallo, che fu tolto dalla volta del Panteon.

Profeguendo alla deftra nella crociata vedrete tre
quadri in tre Altari; il S. Vinceslao nel primo è opera del
Carofelli Romano; il Martirio de' Ss. Proceffo, e Martiniano, i corpi de' quali fono fotto il fecondo altare, è
del Valentini; ed il Martirio di S. Erafmo nel terzo è
di Niccolò Pufino, meffi a mofaico dal Criftofari. Conti-
nuan-

nuando quindi il giro, vedrete sopra una porta un quadro con S. Pietro che battezza i sudetti Ss. Proceſſo, e

ALTAR. MAGGIORE.

Martiniano dipinto dal Camaſſei; nell'altare oppoſto il
Salvatore che regge S. Pietro ſul mare, è del Lanfranchi,
lavorato di poi in moſaico dal Criſtofari.

Le pitture della cuppola ſono idee di Niccolò Ricciolini, poſte a moſaico da Proſpero Clori, Domenico Cuſſo-
ni, Errico Vò, e Gio: Franceſco Fiano; gli Angioli da
Gio: Battiſta Calandra con diſegno di Carlo Pellegini,
Franceſco Romanelli, Guidobaldo Abatini, Andrea Sacchi. Nell'altare di S. Michele Arcangelo il quadro in moſaico è opera inſigne de' moderni moſaiciſti, i quali hanno copiato quello di Guido Reno, che ammiraſi nella
Chieſa de' PP. Cappuccini. La S. Petronilla nell'altare ſeguente è lavoro inſigne del Guercino da Cento, preſen-
te-

cemente di mosaico del Cristofari. Siegue il deposito di Clemente X eretto con disegno di Mattia de Rossi Romano. La statua del Pontefice fu scolpita da Ercole Ferrata; quella della clemenza da Giuseppe Mazzoli, e l'altra della fede da Lazzaro Morelli. Il quadro dell' altare incontro, ove vedesi S. Pietro, che risuscita Tabita, è moderno mosaico sull' originale di Placido Costanzi.

Nella Tribuna maggiore vi è la Catedra di S. Pietro in legno, chiusa da Alessandro VII in altra di bronzo, e sostenuta da quattro Dottori della Chiesa; le statue de' quali, come anche tutta la Machina, furono disegnate dal Bernini, e gettate da Giovanni Piscina coll' impiego di libre 219060 di metallo, e colla spesa di Sc. 17200. Dello stesso Bernini è opera il deposito di Urbano VIII che a destra si vede, ornato di statue di bronzo, e di marmi neri. Dirimpetto v' è l'altro di Paolo III disegnato dal Buonaroti, e dove si ammirano due portenti della scoltura, cioè la Giustizia, e la Prudenza opere di Guglielmo della Porta. Nelle prossime nicchie la statua di S. Domenico fu scolpita da Pietro le Gros Perugino; quella di S. Francesco da Carlo Monaldi Romano.

Conducetevi per l'altro lato della Basilica, ed alla destra vederete il magnifico deposito di Alessandro VIII alzatogli dal Card. Pietro Ottoboni con invenzione del Conte S. Martino: la statua di bronzo che rappresenta il detto Pontefice, fu gettata da Giuseppe Bertosi; le laterali di marmo ed i bassirilievi furono scolpiti da Angelo Rossi. Il quadro con S. Pietro nell' altare opposto è del Civoli, ed è stato ora posto in mosaico. Il seguente bassorilievo rappresentante S. Leone IV, che si fa incontro ad Attila, è il più ben inteso tra i moderni, ed è opera dell' Algardi. Nell'altar contiguo si venera un' Immagine della B. Vergine, detta della colonna, perchè fu quà tra-

trasportata da una colonna della Basilica vecchia; e l'ornamento di marmi vi fu fatto da Giacomo della Porta. I
quattro Dottori della Chiesa negl'angoli della cupola,
che sovrasta a dette cappelle, furono disegnati dal Cavalier Lanfranchi, e da Andrea Sacchi, e ridotti in mosaico
dal Calandra.

Osservate sopra la porta che conduce a S. Marta, il
Deposito d'Alessandro VII, che fu uno degli ultimi pensieri del Bernini. Il quadro con la caduta di Simon Mago nell'altare incontro fu dipinto dal Cav. Vanni.

Nella crociata il quadro con S. Tommaso Apostolo è
del Passignani, e sotto l'altare si conserva il corpo di S. Bonifazio IV: l'altro coi Ss. Simone, e Giuda Apostoli, i
corpi de' quali sono parimente sotto l'altare, è del Ciampelli: e quello de' Ss. Valerio e Marziale che celebra, è
d'Antonio Spadarino. La pittura su la porta della sagrestia è del Romanelli.

Entrate in detta sagrestia, e vedrete in essa alcuni
credenzoni, ove si conservano molte sagre Reliquie, e preziosi arredi della Basilica. Nè lasciate di considerarne le
pitture, di cui alcune sono di celebri autori: cioè S. Gio:
Battista di Taddeo Zuccheri: la Vergine col Bambino di
Raffaello: i Ss. Apostoli Pietro e Paolo del Caravaggio:
la Crocefissione del primo, e la Decollazione del secondo
di Giotto &c.

Sortendo dalla sagrestia si passa all'Archivio considerabile per alcuni antichi Codici: e ritornando in
Chiesa si vede nell'altare incontro il quadro in mosaico,
che rappresenta l'ossesso liberato da S. Pietro. Passate poi
alla cappella Clementina, eretta con disegno di Giacomo
della Porta. Riposa in essa il corpo di S. Gregorio Magno, a cui è dedicata: il quadro in mosaico è opera
moderna eseguita sopra la pittura di Andrea Sacchi. Siegue

gue a finiftra l' altare della Trasfigurazione, ove farebbe defiderabile, che il celebre quadro di Raffaello, il quale ammirafi nella Chiefa di S. Pietro in montorio, foffe ftato con maggior efattezza efeguito. Sotto la volta della nave minore vedrete il depofito di Leone XI, la ftatua del quale fu fcolpita dall'Algardi, la maeftà regia alla deftra da Ercole Ferratá, e la liberalità alla finiftra da Giufeppe Peroni ambedue fcolari del fuddetto Algardi. Il depofito incontro del Ven. Innoc. XI fu difegnato da Carlo Maratti, e fcolpito da Monsù Monot. Nella cappella del coro il quadro di mofaico, in cui è rapprefentata la Ss. Concezione di Maria, S. Gio: Crifoftomo, S. Francefco, e S. Antonio di Padova, fu fatto in mofaico fopra l'originale dipinto da Pietro Bianchi. Sotto quefto altare è il corpo del medefimo S. Giovanni Crifoftomo. Le pitture nella cuppola fuori detta cappella fono di Marc'Antonio Francefchini, ed i mofaici di Filippo Cocchi: quelle ne' triangoli furono difegnate da Ciro Ferri, e Carlo Maratti, e pofte in opera da Giufeppe Conti.

Avanzandovi trovarete il depofito d' Innocen. VIII, e nel feguente altare il quadro con la prefentazione della B. Vergine dipinto da Francefco Romanelli, è ridotto in mofaico dal Criftofari: tutti i mofaici della cuppola fono difegni del Maratti. Siegue il depofito della Regina d' Inghilterra Maria Clementina Sobiefcki con difegno del Barigioni: le ftatue furono fcolpite da Pietro Bracci, ed il ritratto ridotto a mofaico da Pietro Paolo Criftofari. Nell'ultima cappella, dove è il Fonte Battefimale, offervarete il quadro dell' altare dipinto dal Maratti, e gli altri da' migliori pennelli del noftro fecolo.

Si confervano in quefta infigne Bafilica, oltre le reliquie di fopra accennate, i corpi di trenta Santi Pontefici; parte della culla in cui giacque N. Sig.; parte della la colonna alla quale fu flagellato; il capo di S. Stefano Protomartire; una pietra, sopra della quale furono divisi i corpi de' Ss. Apostoli Pietro, e Paolo; ed altra, sopra di cui molti Santi Martiri furono uccisi,

Entrate nel palazzo nuovo fabbricato da Sisto V, e godetevi la bellezza della sala Clementina così chiamata da Clemente VIII, che la fece ornare di fini marmi, e dipingere egregiamente da Cherubino Alberti dalla cornice in su, dalla cornice in giù da Baldassarino da Bologna, e dal fratello dell'Alberti chiamato dal Celio Giovanni; ma il mare fu dipinto da Paolo Brilli. Osservate la magnificenza di tutto l'appartamento Pontificio, ed inoltre l'appartamento vecchio dipinto maravigliosamente da Raffaele d'Urbino, Giulio Romano, ed altri pittori insigni; la sala Regia i cui stucchi sono opera bellissima di Pierino del Vaga; la Ducale con le sue pitture ampliata e nobilitata da Alessandro VII, indi la cappella di Sisto IV dipinta dal Buonaroti, e da altri eccellenti pittori nominati da Franc. Albertini nel suo trattato *De mirabilibus Urbis*: l'appartamento nuovo sopra il corridore fatto da Urb. VIII con le sue pitture: le due gallerie cioè quella nella loggia, e l'altra sopra la libreria: l'armeria Urbana, e la famosa libreria Vaticana, accresciuta con quella che fu già de' Duchi di Urbino da Alessandro VII, e coll'altra della Regina Cristina di Svezia da Alessandro VIII. Clemente XI le fece dono di molti codici in Idioma Arabo, Armeno, Siriaco, e simili, Clemente XII vi accrebbe un altro braccio con armari lavorati di buon gusto. Compisce questo nuovo braccio un nobile sortimento di vasi Etruschi, comprati dal suddetto Pontefice, il quale vi aggiunse ancora la serie de' medaglioni rarissimi, che possiedeva il Sig. Card. Alessandro Albani. Benedetto XIV vi pose il Museo del Card. Carpegna descritto in parte dal

Buo-

Buonaroti , che infieme con altri fagri antichi Monumenti, fe chiamare Mufeo criftiano, e con la gran raccolta di codici e manofcritti rariffimi della Libreria Ottoboniana . Clemente XIV , dopo aver fatto dipingere dal celebre fig. Mengs la volta dell' ultima ftanza di quefto lato, arricchì il lato oppofto di gran numero di rariffime medaglie di diverfi metalli parte comprate , e parte fcielte dal Mufeo Kirkeriano efiftente già nel CollegioRomano , Andate poi nella guardarobba Pontificia, e a capo del corridore nel cortile , che altri chiamano Giardino di Pio IV , fcendete nel mufeo Clementino accrefciuto di magnifica fabrica , e di ftatue rariffime dallo fteffo Pontefice Clemente XIV , e quivi vedrete le celebri ftatue di Laocoonte , trovata dietro alla Chiefa di S. Pietro in Vincoli ; l' Ercole , l' Antinoo trovati nell' Efquilie preffo S, Martino de' Monti ; due Veneri con un torzo ; due fumi celebratiffimi Nilo , e Tevere , trovati preffo S. Stefano del Cacco che già qui efiftevano ; la Cleopatra , come alcuni vogliono , che prima ornava la fonte fituata nel fondo del gran corridore ora da ambi i lati incroftato di antiche Ifcrizioni : le ftatue di Giove fulminante , che fu de' Verofpi, il Meleagro col cane ; ed il cignale già de' Pighini : il Narcifo , e la Giunone de' Barberini : un Amazone, la Pudicizia Augufta , Giove Serapide , il Commodo , e la Crifpina Augufta de' Mattei ; molti animali trovati in Tivoli nella villa di Adriano ; un Idolo egizio di breccia pavonazzetta: due candelabri, ed altre antiche rarità . Andate poi al giardino fegreto, dove fono la pigna, e il pavone di metallo, che ftavano nel cortile di S. Pietro , e anticamente nella mole di Adriano Imperatore . Vedrete in ultimo il giardino ameniffimo per la quantità , e qualità delle fonti , bofcaglie e viali , fpalliere , &c.

Ufcito dal giardino fcendete nel gran cortile di Belvede=

vedere . La maggior fabbrica fatta nel palazzo vecchio Vaticano fu di Niccolò V , il quale fortificò ancora il monte
contiguo di altiffime mura ; poi fu di Sifto IV , il quale edificò la Libreria e le ftanze per la Rota , che furono terminate da Innocenzo VIII , che edificò anche il detto cortile
di Belvedere , nel mezzo di cui Giulio II fece una belliffima fontana con tazza grande di granito eftratta dalle Terme di Tito .

In quefto palazzo compofto di più palazzi fi contano venticinque cortili , e dodici mila cinquecento venti-
due ftanze , come fi vede dal modello di effo , che fi conferva nella galleria . Da Belvedere conducetevi intorno
alla Bafilica , offervandone la parte efteriore , ornata di
travertini con difegno del Vignola da Pio IV : ed in quefta vicinanza vedrete la Zecca della R. Camera Apoftolica , le Chiefe di S. Stefano degli Abiffini e quella di S.Mar-
ta , ed offervate la volta dell'Altar maggiore dipinta da
Vefpafiano Strada : il quadro con la Santa fatto dal Baglioni : la prima cappella dalla parte del Vangelo , colorita dal Lanfranchi ; che dipinfe ancora S. Orfola nella feconda ; e nella terza un Crocefiffo di rilievo , opera dell'
Algardi : e finalmente dall'altra parte un S. Girolamo ,
che fi crede del Muziano . Quindi incaminandovi verfo
Campo Santo (così detto , perchè vi è un'ampio cimiterio , in cui l'Imperatrice S. Elena pofe della terra Santa
portata da Gerufalemme) incontrerete la Chiefa della nazione Tedefca , chiamata S. Maria in Campo Santo , ove
il quadro dell'Altar maggiore è opera di Michel' Angelo
da Caravaggio .

Vicino è il palazzo e le carceri della S. Inquifizio-
ne , pofte quivi da S. Pio V , e a deftra in poca diftanza
la porta della Città già chiamata *Pofterula* oggi *Porta Fabrica* , perchè fu aperta per fervizio della fabrica di S.Pie-
tro .

tro. Poco più oltre è la Chiefa della Madonna delle Fornaci (così chiamata, perchè quivi fono le fornaci de'mattoni, ed altri materiali di creta) de'PP. Trinitarj fcalzi.
Si venera in effa una divota Immagine della Ss. Vergine dipinta da Egidio Alet, affai rinomata per molti infigni miracoli.

Rientrando nella Città per la porta detta de'Cavalleggieri, perchè vi rifiede la guardia de'Cavalleggieri,
quando il Papa abita nel Vaticano, a deftra vedefi il Monaftero de'Monaci Armeni dell'ordine di S. Antonio aperto, ove già era il palazzo, ed il giardino de'Cefi, i quali prima di venderlo ne levarono tutte le ftatue e bufti,
che l'ornavano: e da quefta parte fi vuole entraffe Carlo Borbone, allorchè venne a faccheggiar la città di Roma.
Siegue il Palazzo, e giardino de'Barberini, collocato forfe nel fito fteffo, dove erano gli Orti di Nerone. Sono in
effo belliffime profpettive, e fontane, diverfi vafi grandi e piccioli di alabaftro bianco, e molti bacili di majolica dipinti da'fcolari di Raffaele.

Paffate poi alla Chiefa di S. Michele Arcangelo, Oratorio della compagnia del Ss. Sagramento, dove ripofa il
corpo di S. Magno Vefcovo e Martire: indi alla Chiefa di
S. Lorenzo *in Pifcibus*, ornata dalla famiglia Cefi di ftucchi, e pitture, e offiziata da'Padri delle fcuole Pie. Più
oltre a mano dritta troverete la Chiefa di S. Spirito detto in Saffia dai Saffoni, che già abitarono in quefta contrada, e che ereffero quivi un'Ofpedale. Fu architettata
la Chiefa da Antonio da Sangallo, e la facciata che è ricoperta di travertini da Ottavio Mafcherino. Le ftorie
dello Spirito Santo nella Tribuna furono dipinte da Giacomo Zucca: la trasfigurazione nella prima cappella a mano
deftra, da Giufeppe Valeriani; la Ss. Trinità, e i quadri
laterali nella cappella feguente, da Luigi Agrefti; il qua-

le dipinfe ancora l'Affunta, e le altre figure nella terza eccettuata la Circoncifione del Signore, colorita da Paris Nogari; e la natività di Maria Vergine dipinta da Gio. Battifta d'Ancona. Il quadro e le altre pitture nella quarta cappella, fono del medefimo Zucca, che dipinfe anche le ftorie fopra la porta principale della Chiefa. Nel primo altare a man finiftra il quadro colla B. Vergine, e S. Giovanni Evangelifta, è opera di Pierino del Vaga, che fece ancora i due Profeti; il Salvator morto nel fecondo, come anche la Natività, e la Rifurrezione del medefimo con altre figure, fono di Livio Agrefti: la depofizione del Signore dalla Croce nel terzo, è di Pompeo dell'Aquila; e i quattro Evangelifti ne' pilaftri fono di Andrea Lilio d'Ancona: la Coronazione della B. Vergine con altre pitture nell'ultimo altare, è di Cefare Nebbia. Contiguo v'è il palazzo fabricato fotto Gregorio XIII con difegno dello fteffo Mafcherino per abitazione del Commendatore dell'Ordine di S. Spirito, al di cui ornamento contribuì non poco il Card. Denhoff. Vi fi conferva una copiofa Libreria, che per ufo degli ftudenti di medicina e chirurgia radunò a fue fpefe il celebre Gio. Maria Lancifi. Il grande Ofpedale fu edificato da Innoc. III e riftorato da Sifto IV; e nel mezzo della corfia grande l'altare fu fatto con penfiero del Palladio, nel di cui quadro Carlo Maratta colorì il B. Giob. Nel 1743 Clemente XII vi aggiunfe un altro braccio con difegno del Fuga, ed offervate sù le pareti interne colorite a frefco trenta Iftorie del Teftamento vecchio, e nuovo da Gregorio Guglielmi.

Dall'altra parte del cortile interiore v'è l'abitazione per le balie degli efpofti: ma le fanciulle fono educate ed iftruite in un appartamento divifo fotto la cura di alcune Monache.

GIORNATA II.

Dalla Porta di S. Spirito per Traslevere a Ponte Sisto.

Rincipiate il viaggio di questa seconda Giornata dalla porta del Borgo detta di S. Spirito, incominciata con disegno del Sangallo, poi proseguita da Michel'Angelo Buonaroti e non terminata. Entrate quindi nella strada della Longara drizzata da questa porta fino alla Settimiana da Giulio II, ed a man sinistra vedrete l'Ospedale de'pazzi aperto già nel 1561 in piazza colonna da Ferrante Ruiz ed Angelo Bruni, indi dotato dal Card. Nerli, e finalmente trasportato qua per ordine di Benedetto XIII. A destra salirete sul monte già detto Ventoso, per vedere la Chiesa di *S. Onofrio*, fondata da Eugenio IV e proseguita dal Cardinale de Cupis. Sopra la porta vi è una divota Immagine di Maria Vergine con altre figure dipinte sul muro, che credesi del Domenichino, che fece parimente le tre storie di S. Girolamo nelle lunette del portico esteriore. L'effigie della B. Vergine ed altre pitture nell'altar maggiore dalla cornice in giù sono opere di Baldassarre Peruzzi, e dalla cornice in sù di Bernardino Penturecchio. Il quadro della Madonna di Loreto nell'altare alla parte dell'epistola, è di Annibale Caracci. Vicino alla porta vedrete il deposito del famoso poeta Torquato Tasso fattogli dal Card. Bevilacqua. Nell'annesso Convento de'PP. Gerolamini tra le altre pitture v'è un'Immagine della Ss. Vergine di Leonardo da Vinci.

Nel sito più eminente di questo colle, vedrete il va-

go.

go giardino del Duca Lante, abbellito di fontane, bofchetti, cafini ed altre delizie. Del fuo nobile palazzo fù
architetto Giulio Romano, che vi dipinfe a frefco diverfe
Iftorie. Rientrando nella Longara, incontro alla nuova
riva del fiume offervate il maeftofo palazzo del Duca Salviati, fatto con difegno di Nanni di Braccio Fiorentino
per allogiarvi Enrico III Re di Francia. Sono in effo appartamenti, pitture, e ftatue nobiliffime con un ampio e
ben difpofto giardino. Dirimpetto vedrete la Chiefa, e
Ofpizio de'Monaci Eremiti Camaldolefi, e nel lato oppofto quella di S. Giufeppe de'pii Operaj, a'quali fabricò
una comoda abitazione Clemente XIII. Viene in appreffo la Chiefa, e Monaftero della Regina del Cielo di Terefiane fondato da D. Anna Colonna Barberini, di cui è in
detta Chiefa un nobile depofito tutto di marmo negro
con una ftatua di metallo rapprefentante al vivo la detta
Principeffa. Il quadro nell'altar maggiore, e la S. Terefa in uno de'laterali fono del Romanelli. Dietro di quefto Monaftero nell'erto v'è l'altro delle Monache Salefia-
ne, offia della Vifitazione iftituite da S. Francefca Fre-
miot di Chantal. Nella Chiefa il tranfito di S. Giufeppe
fu dipinto da Guido Reni. Scendendo al baffo vedefi incontro la Chiefa di S. Giacomo detta anticamente *Subtus*
Ianum perchè refta fotto al *Gianicolo*, ed ancora in *Septi-*
miano dal vicino arco, ò porta *Septimiana*: ed il contiguo
Monaftero è abitato da Monache, le quali ridotte a penitenza da vita licenziofa profeffano con gran rigore la regola di S. Agoftino. più oltre fi ammira il vago palazzo,
e villa fabricata già da Agoftino Ghigi forfe dove erano i
Giardini di Geta, paffata poi in potere de'Farnefi Duchi di Parma, ed in oggi del Rè di Napoli. Il fuddetto
palazzo fu fabricato con difegno di Baldaffarre Peruzzi,
che vi fecè ancora molte pitture, ed i belliffimi ftucchi

finti

finti nella seconda Galleria , quali da Tiziano a prima
vista furon creduti veri . Raffaello da Urbino coll' ajuto
di Giulio Romano , Raffaellino dal Colle , Gaudenzio Milanese , ed altri suoi scolari dipinse nella prima Galleria il
Concilio delli Dei , le nozze di Psiche , e tutte le altre
figure : e nell' altra la Galatea è opera insigne del solo
Raffaello , poichè il Polifemo fu colorito da Sebastiano
del Piombo . Nell' appartamento superiore la Fucina di
di Vulcano sopra il camino è dello stesso Raffaello . Nel
lato opposto è molto considerabile il palazzo Corsini , che
fu già de' Riarj , e dove abitò per molto tempo la Regina Cristina di Svezia . I Signori Corsini lo hanno in gran
parte fabricato da' fondamenti . Oltre una copiosa Libreria fornita di libri stampati , e scritti a mano ; e specialmente di una prodigiosa raccolta di stampe , e d'istro-
menti matematici , v' è una Galleria di quadri sceltissimi ,
frà quali l' Erodiade di Guido , il sagrifizio di Noè di
Niccolò Pusino , il ritratto del Card. Alessandro Farnese
di Tiziano , la natività di M. V. del Caracci , la S. Famiglia dello Schidone ; ed altra del Parmigianino , un Gesù e S. Gio: del Cignani , una Madonna di Andrea del Sarto , altra del Buonaroti , lo sposalizio di essa di Paolo
Veronese , la sua natività di Pietro da Cortona , alcuni
quadri del Rubens , ed altri del Domenichino , del Barocci , dell' Albano , del Guercino , del Maratti &c.

Uscirete quindi per per l'accennata *Porta Septimiana* , così detta da Settimio Severo , che fabricolla , ed
incommincerete a salire il *Gianicolo* . Prese questo monte
il nome di Giano , che quivi a fronte del Campidoglio a-
veva fabricata la sua Città . Fù poi detto *Mons Aureus*
dagli scrittori Ecclesiastici , e dal volgo corrottamente
Montorio , dal colore delle arene , delle quali esso Monte
abbonda . A sinistra vedrete la Chiesa , e Monastero della

la Madonna de' Martiri, o fia de' Sette dolori, dell'ordine di S. Agoftino, chiamato col nome della fondatrice Ducheffa di Latera: e a deftra v' incontterete del nuovo Teatto degli Arcadi eretto con difegno di Antonio Canevati a fpefe di Giovanni V Re di Portogallo, ed in alcuni molini, fatti erigere per publica commodità da Innocenzo XI, a piè de' quali effendo ftata etetta una Cartiera con fucceffo poco felice, v' è in oggi una Ferriera per affottigliare e filare il ferro.

Superato lo fcabrofo clivo, che quì incomincia offervate il frontefpizio dell' acqua Paola architettato da Domenico Fontana e Carlo Maderno, e fabricato cò' marmi del foro di Nerva da Paolo V, il quale fece condurre queft' acqua dal lago di Bracciano per trenta miglia di acquedotto. Detto frontefpizio fu poi ornato da Aleffandro VIII, e ultimamente da Innocenzo XII coll'aggiunta di vaftiffima conca di marmo. Fu queft' acqua chiamata Augufta da Augufto, che vogliono alcuni la conduceffe dal lago Alfierino. Ma fe è vero (come il Marliano, ed altri fcrivono) che queft' acqua foffe ricondotta dal Pontefice Adriano I, converrà dire che fia l' acqua Sabbatina del lago dell' Anguillarà. Gregorio IV nell' anno 827 effendo priva la Città di Molini, fece riftorare l' acquedotto, e ricondurre la dett' acqua per tal effetto, come riferifce Anaftafio Bibliotecario.

Appreffo il fudetto fonte coftitul Aleffandro VII un belliffimo giardino di femplici anche pellegrini, de' quali vi fi fa in tempi determinati l'oftenfione per gli ftudiofi della Bottanica. Di quì goderete il profpetto della Città, e ful dorfo del monte un cafino nobile con vago giardino de' Signori Giraud. Più fopra vedrete un' altro deliziofo cafino dei Farnefi, in cui è una Galleria dipinta da Filippo Lauri con altre pitture di Carlo Cignani. Vicina

cina troverete una delle porte della Città anticamente
chiamata Aurelia , oggi S. Pancrazio ; fuori della quale è
il curioso casino del fu Abbate Benedetti architettato da
Plautilla Bricci Pittrice Romana e posseduto in oggi da'
suddetti Giraud. L' Aurora nell' appartamento superiore
è pittura di Pietro da Cortona. Incontro alla porta suddetta vedesi la picciola deliziosa Villa Corsini.

Quì la strada dividesi in due lati : il sinistro conduce alla Chiesa di S. Pancrazio offiziata da' PP. Carmelitani scalzi , i quali vi hanno un Seminario per la istruzione di que' loro Religiosi , i quali sono destinati alle Missioni tra gl' Infedeli. Il lato destro porta alla villa Panfili nell' antica Via Aurelia. Questa villa è la più grande
di quante si trovano nelle vicinanze di Roma avendo più
di 5 miglia di circuito : vi si vedono viali, boschetti,
e giardini deliziosi, peschiere, e fontane , un serraglio
di cervi , daini , e lepri per divertimento della caccia ,
e molto terreno a coltura : un teatro, ed un palazzo
forniti di statue , busti , bassirilievi , vasi, ed urne sepolcrali , e similmente molte pitture a fresco , e gran
numero di eccellenti quadri in tutti gli appartamenti :
e per fine un museo ricchissimo di statuette , vasi , baci-
ni , ed altri lavori di argento , di bronzo, di cristallo ,
e di pietre singolari.

Riconducetevi quindi alla Città , e dopo non molti
passi giungerete alla Chiesa di *S. Pietro Montorio* , tenuta da PP. Riformati di S. Francesco. Entrando in detta Chiesa vedrete a destra una cappelletta dipinta con la
flagellazione di N. Signore , ed altre figure da Frà Sebastiano del Piombo, co' disegni di Michel Angelo Buonar-
roti. Le due cappelle che seguono colorite da' discepoli
del Penturecchio. Nell' altra cappella passata la porta di
fianco , il Quadro con la conversione di S. Paolo è di
Gior-

Giorgio Vasari: il quale fece anche il disegno, e modello della sepoltura del Card. del Monte con la cappella di Giulio III, e le statue che vi sono, furono scolpite da Bartolommeo Ammannato. Il famoso quadro dell' altar maggiore, che rappresenta la Trasfigurazione di N. Signore sul monte Tabor, è l'ultima opera che fece Raffaelo, e poichè per la sua morte restò in qualche parte non terminato, gli diede Giulio Romano il total compimento. Dall'altra parte della Chiesa, dove è la cappella col quadro di S. Gio: Battista, le statue che vi sono, furono scolpite da Daniele da Volterra. Nella cappella seguente il Redentore portato al Sepolcro è opera di Vander Fiammingo, di cui pur sono le due tele laterali. Nella cappella rinovata dal Bernini, la statua di S. Francesco è scoltura di Francesco Baratta, e le pitture nella volta sono dell'Abbatini. Il quadro dove è dipinto S. Francesco, che riceve le Stimmate, fu lavorato da Giovanni de Vecchi con disegno del Buonaroti. Nell'atrio del Convento la cappella rotonda è architettura di Bramente.

Sopra questo Colle fu sepolto Stazio poeta latino; e sotto di esso Numa Pompilio secondo Re de' Romani, il cui corpo con alcuni suoi libri fu quivi ritrovato 535 anni dopo la sua morte come scrive Plinio.

Scendete ora a veder la Chiesa di S. Maria della Scala de' Carmelitani scalzi, fabricata dal Card. di Como con architettura di Francesco da Volterra, e abbellita poi di facciata con disegno d'Ottaviano Mascherino. Nell'altar maggiore di essa osserverete il ciborio ricco di colonne di diaspro, e metalli dorati: nella cappella a sinistra il deposito di Muzio Santacroce è opera del famoso Algardi. Osservate ancora le altre cappelle cospicue per quadri d'ottimi pittori; particolarmente quella con la de-

col-

'collazione di S. Gio: Battista dipinta da Gerardo Fiamingo . La cappella di S. Teresa su ornata a spese dell' Infante di Spagna D. Luigi.

Da questa Chiesa portatevi all' altra antichissima di S. Maria in Trastevere, fabricata sopra gli alberghi de' soldati dell' armata, che Augusto teneva nel porto di Ravenna, chiamati *Taberna Meritoria*. In questo luogo, quando nacque il Salvatore del Mondo, scaturì una fonte d'oglio, la quale gettò per un giorno intiero: e in memoria di tal miracolo fu eretta da Calisto I la detta Chiesa. S. Giulio I l'anno 340 la rinovò da' fondamenti, S. Gregorio III del 734 la fece tutta dipingere; e 30 anni dipoi Adriano I le aggiunse due Navi. Innocenzo PP. vi fece il mosaico del coro, che poi abbellì di pitture il Card. Alessandro de Medici. Il Card. Giulio Santorio fece il soffitto dorato, che avanti al coro traversa la parte superiore della Chiesa; il Card. Pietro Aldobrandini fece quello della nave di mezzo nobilissimo per le pitture fattevi dal Domenichino. Osservate fra le cappelle più riguardevoli quella del Card. Altemps: ma specialmente ammirate dalla parte manca nel pilastro appresso l'altar maggiore l'antichissimo mosaico rappresentante alcune anatre, che è di singolare artifizio in tal genere. Ebbe l'ultima perfezione dal portico ornato di statue, e chiuso da cancellate di ferro, fattovi da Clemente XI, che fece anche ristorare il mosaico della facciata, e l'altro della Tribuna. Si conservano in questa Chiesa i corpi del suddetto S. Calisto Papa, e martire; di S. Cornelio Papa, e martire; di S. Giulio Papa e confessore; di S. Quirico Vescovo e martire; e di S. Calepodio prete e martire; un braccio di S. Pietro Apostolo; un braccio di S. Giacomo maggiore; il capo di S. Apollonia Vergine, e martire; de' Capelli della B. V. M., della Croce, Sponga, Sudario, e

Pre-

Prefede di N. Signore ; con altre infigni Reliquie collocate in urne d'argento dal Card. Niccolò Ludovifio.

Ufcito di Chiefa , offervate fu la piazza anteriore
un nobiliffimo fonte , riftorato ultimamente da Innocenzo
XII , indi il Palazzo eftivo de'Monaci Benedettini , architettato da Orazio Torregiani ; e la contigua Chiefa di
S. Califto Papa , nella quale è il pozzo , dove egli gettato da'Gentili ebbe la palma del Martirio . Innanzi a quefta Chiefa il Pontefice Paolo V aprì due ftrade , una delle
quali per dritto fentiero guida alla Chiefa di S. Francefco ,
e l'altra a quella di S. Cofimato .

Avanzandovi per quefta feconda giugnerete all'accennata Chiefa , e Monaftero delle Monache di S. Cofmo
detto comunemente *Cofimato* , fabbricata nel fito della
Naumachia e degli Orti di Cefare Augufto . Le Monache
Francefcane di quefto Monaftero lavorano coll'ultima perfezione fiori di boccio di feta al naturale . Quafi nel mezzo del primo fentiero vedefi l'antichiffima Chiefa de' SS.
Quaranta Martiri di Sebafte , dedicata da Califto II l'anno 1122 , e rinovata l'anno 1608 dalla Compagnia del
Confalone . L'ottennero , fono 40 anni incirca , i PP.Min.
Offervanti fcalzi Spagnoli , che da' fondamenti la rifabbri-
carono con difegno di Giufeppe Sardi , e la dedicarono
a S. Pafquale Baylon . Sull'altar maggiore efpreffe Luigi
Tuffi il Martirio delli SS. Quaranta Martiri , e la Sagra Famiglia nella feconda Cappella è di Francefco Preciato . Pro
feguendo la ftrada dritta giugnerete alla Chiefa di *S. Francefco a Ripa* . Fu quefta già dedicata a S. Biagio e poffe-
duta da' PP. Benedettini , i quali nel 1229 la cedettero
ai Francefcani , perchè in uno fpedale contiguo abitar fo-
lea S. Francefco co' fuoi compagni , quando veniva in Roma . Ne' due pilaftri laterali all'altar maggiore S. Gio. Battifta , e S. Lorenzo fono pitture di Paolo Guidotti . Nel-

coro

coro il S. Francesco in estasi è del Cav. d'Arpino; e le altre pitture sono di Gio. Battista da Novara. Nella cappella che segue a sinistra, la statua della B. Lodovica Albertoni è opera del Bernini, e il quadro con S. Anna è del Baciccio. Nella cappella contigua il Cristo morto in seno alla Beatiss. Vergine con la Maddalena, e S. Francesco, è opera degnissima d'Anibale Caracci. Nella terza cappella la Ss. Annunziata fu dipinta da Francesco Salviati. Nel Convento, dove è la stanza in cui dormì S. Francesco, vi è un quadro creduto del Domenichino. Le pitture del claustro sono di Frà Emanuele da Como laico di quest'Ordine.

Siegue la *Porta Portese*, o più veramente *Portuense*, così detta dalla città di Porto, ove conduce, e fuori della quale si trovano molti cemeterj di SS. Martiri. Fu già in queste vicinanze il campo degli Ebrei, trasferito dipoi sotto l'Aventino, ed ora vi sono le carceri per le Donne delinquenri. Dopo pochi passi si giunge al tevere nel luogo detto *Ripa grande*, ove si sbarcano le merci condotte per acqua, e si portano nella vicina Dogana fabricata da Innocenzo XII. Ma molto più degno di considerazione tanto nell'interno che nell'esterno, è il grande edifizio *degl' Invalidi* detto comunemente di *S. Michele*, che deve i suoi principj al Ven. Innocenzo XI, ed a Tommaso Odescalchi suo limosiniero, i quali lo fabricarono per la educazione ed istruzione de' poveri fanciulli. Ma il suo florido presente stato è dovuto al gran cuore tenero insieme e generoso d'Innocenzo XII. Quivi si sostenta un buon numero di vecchi, e vecchie invalide; si corregge il cattivo costume de' ragazzi discoli; e si sostentano quasi 150 fanciulli, istruendoli in diverse arti sì mecaniche, quali sono di calzolajo, librajo, stampatore, sarto, magnano, e fabricar panni anche dell'ultima per-

fezio-

fezione; come ancora liberali, tra le quali non ha l'ultimo luogo il teffere gli arazzi in lana con colori e difegni perfettiffimi.

Riprendendo dunque la ftrada lungo di effo dall'altra parte, e tenendovi a finiftra vi condurrete al tempio, ed allo fpedale di *S. Maria dell' Orto* fituato forfe ne' prati Muzj dàti dal publico a Muzio Scevola in premio del fuo valore. Altri però credettero, che qui foffero i prati Quinzi così detti da Quinzio Cincinnato, che in effi arava, quando ebbe avvifo della Dittatura conferitagli dal Senato. Altri poi vogliono, che ambedue quefti prati foffero vicini. Fu Architetto del fudetto Tempio Giulio Romano, e della facciata Martino Longhi. Nell'altar maggiore, difegnato da Giacomo della Porta, fi cuftodifce una miracolofa Immagine della B. Vergine, che prima ftava fulla porta di un orto; per lo che quefta Chiefa fu chiamata S. Maria dell'orto. La prima cappella alla deftra, in cui è la SS. Annunziata, fu dipinta da Taddeo Zuccheri: la terza, in cui fono i SS. Apoftoli Giacomo, e Bartolommeo, fu dipinta dal Cavalier Baglioni: e nella quarta dedicata al Crocefiffo vi fono molte figure di Niccolò da Pefaro. Dall'altro lato nella cappella paffata la fagreftia fonovi altre pitture del medefimo Niccolò; e nella feguente il quadro della SS. Vergine co' i SS. Ambrogio, Carlo, e Bernardino, è opera del Baglioni fudetto, che dipinfe anche nella cappella fuffeguente il S. Sebaftiano.

Si paffa quindi alla vaga e divota Chiefa di S. Cecilia fabricata nella fua cafa, dove nel bagno vicino all'odierna fagreftia fu martirizzata. Il pavimento fotto l'altar maggiore ricco di alabaftri, ed altre pietre di ftima, come ancora la ftatua della Santa fcolpita mirabilmente dal Maderno fono munificenze del Card. Sfondrato, il cui depofito è nella navata deftra di detta Chiefa. Dalli Cardinali Francefco,

e Tro-

e Trojano Aquaviva fu fatta riftorare, rinovare, e abbel-
fire intieramente la Chiefa; togliendone ancora l'antico foffitto, e rifabricandolo a volta con pitture di Sebaftiano.
Conca, ed altri vaghi ornamenti, di modo che l'antica
fua bellezza refta ora molto accrefciuta di magnificenza, e
di pregio. Il quadro colla decollazione della Santa nel fito
de' fuoi Bagni, ora mutati in una divota cappella dedicata
al SS. Crocefiffo, fu dipinto da Guido Reno. Dopo la cappella delle Sante Reliquie fi vede il depofito del Cardinal
Feroni. Sotto l'altar maggiore in cui fono rifguardevoli quattro colonne di marmo negro antico, ripofano i corpi de'
SS. Cecilia, Valeriano, Tiburzio, e Maffimo Martiri, Urbano, e Lucio Pontefici, e Martiri, e di altri 900. Martiri
collocativi dal Pontefice Pafquale I. Ardono del continuo
innanzi al fudetto altare quafi cento lampadi d'argento, pro-
vifte di dote perpetua dal mentovato Card. Sfondrato.

Ufcendo per la porticella, troverete la Chiefa di S. Gio:
de' Genovefi dedicata da questa nazione al detto Santo. La
ereffe infieme collo Spedale contiguo Maria Duce Cicala
Genovefe, e riftorolla dopoi il fuo congiunto Card. circa
l'anno 1553. Seguitando poi il cammino per tornare a cafa
godetevi ciò che refta di notabile in questa parte del Traftevere, con indrizzarvi per la ftrada retta alla Chiefa di *S. Salvatore al Ponte rotto*. Fu questo ponte nominato anticam-
mente Palatino, forfe dal Monte Palatino, che era in faccia; e fu detto poi Ponte S. Maria da una miracolofa Immagine della B. V. ch'era nel mezzo di effo, e fu portata
da' Monaci di S. Benedetto a S. Cofimato, allora lor Chiefa, dove ancor oggi fi venera. L'inondazione del tevere
nel Pontificato di Clem. VIII l'anno 1593 ne ruppe i due
archi, che ora vi mancano; benchè poco prima foffe ftato
riftorato da Giulio III. e Gregorio XIII. Andate poi alla
Chiefa Parochiale di *S. Benedetto in Pifcinula* edificata nell'

C   eftre-

eftremità di un vafto palazzo che qui avea la famiglia Ani-
cia. Evvi una divota Cappella, che fervì di Oratorio a
S. Benedetto ancor giovinetto ; la di cui vera effigie fi vene-
ra nell'altar maggiore. Potrete paffare ancora a quella di
S. Salvatore della Corte, dove ne' fecoli de' Gentili fu una
Curia, e forfe quella, che alcuni Antiquarj chiamano il Tribunale di Aurelio, e fecondo altri della famiglia *de Curtis*.
Qui giace il corpo di S. Pigmelio celebratiffimo martire,
maeftro di Giuliano Apoftata. Trasferitevi alla Chiefa di
S. Grifogono de' Carmelitani, nobilitata dal Card. Scipione
Borghefe con foffitto dorato, in mezzo al quale fu dipinto
il detto Santo dal Guercino da Cento, e l'Immagine della
B. V. verfo la Tribuna dal Cav. d'Arpino, ed offervar potrete il depofito eretto al Card. Millo, ma molto più le 2 2. colonne di granito orientale, che formano la nave di mezzo,
le due di porfido, che foftengono il grand'arco, e le quattro di alabaftro cotognino, che formano l'altar maggiore.
Paffate al nuovo fpedale eretto da Benedetto XIII con architettura del Cavalier Filippo Rauzzini ; ed ai Monafteri
di S. Ruffina, di S. Margarita, e di S. Apollonia : poi alla
Chiefa Parrochiale di *S. Dorotea* e a quella di *S. Giovanni della Malva*, conceduta a' Padri miniftri degl'infermi, che
l'hanno abbellita.

Siamo ora nel Ponte detto già *Aurelio* dalla ftrada,
che andava alla *Porta Aurelia*, in oggi di *S. Pancrazio*. Fu
chiamato ancora *Gianiculenfe* perchè dà il paffo al *monte
Gianicolo*. Fu abbellito di marmi dall'Imper. Antonino,
ma effendo dipoi rovinato, fu riftorato nel 1475 da Sifto IV, da cui pigliò il nome di *Ponte Sifto*. Paolo V vi
fece condurre dal medefimo Gianicolo quella quantità di
acqua, che cade nel fottopofto bel fonte fabricato con
difegno di Gio. Fontana. E contiguo il Collegio Ecclefiaftico, ove convivono a proprie fpefe non pochi Sacer-

doti,

doti . Vi erano gl'Invalidi , ed i putti , che nel fine del fecolo precedente trasferiti furono a *S. Michele a Ripa*; dopo di che Innocenzo XII. vi collocò que' Sacerdoti , i quali
da quasi un secolo conviveano in *S. Michele in Borgo*: e vi
è annesso lo spedale de' Sacerdoti infermi eretto dalla carità di Antonio Vestrio con approvazione , e privilegj di
Clemente X: e con ciò potrà terminarsi il giro di questa
seconda Giornata .

GIORNATA III.

Dalla Piazza di Ponte all'Isola di S. Bartolommeo.

Ebbene questa gita sembri alquanto lunga
ed incomoda , farà nondimeno più breve ,
ma non già inferiore alla seconda per la
qualità delle cose , che meritano di essere
considerate .

La piazza di Ponte dà principio a quattro longhe
strade ; la prima che chiamasi *dell'Orso* , e di cui ci converrà parlare altrove ; la seconda di *Panico* , e la terza
de' *Banchi* , e la quarta detta *Giulia* da Giulio II , che la
dirizzò . Di queste tre parleremo consecutivamente per
guida più facile del curioso osservatore , e perchè avendo tra se altre strade minori , e vicoli di comunicazione , può facilmente passarsi dall' un' all' altra , e le due
ultime terminano nella *Piazza* , e nel *Palazzo Farnese* .

Dalla piazza dunque di Ponte prendendo la strada
di Panico , dopo pochi passi vedrete una eminenza detta
Monte Giordano dal Duca Giordano Orsini , che vi pos-
sedette molte case , e specialmente il maestoso antico pa-

C 2 laz-

lazzo, che godefi in oggi dal Principe Gabrieli. Quefto
è ragguardevole per la fua ampiezza, per la copia delle
acque, per una fcelta e copiofa Libreria, e per i fuoi
arredi. Nella fala fi vedono le ftatue di Sileno, e Diana efefina, ed i bufti di Scipione Africano, e Trajano
Imperatore. Sono nelle camere diverfi quadri di Giacinto Brandi, Carlo Lignani, Filippo Rofa, Danielo Soiter,
e Ventura Bolognefe.

Ritrocedendo entrerete nella ftrada detta de' Banchi, perchè qui erano ne' fecoli paffati le Curie trasferite dipoi da Innocenzo XII nel Monte Citorio. Vedefi
fubito a finiftra la Chiefa de' SS. Celfo e Giuliano nuovamente fabricata con difegno di Carlo de Dominicis, ed
in cui Pompeo Battoni dipinfe il quadro dell'altar maggiore. In quefta Chiefa confervafi il corpo di S. Bafiliffa
martire infieme con quelli de' SS. Titolari, un piede di
S. Maria Maddalena la Penitente, ed un dito di S. Libo-
rio. Siegue dopo pochi paffi il Banco di S. Spirito, aperto, ove era già la zecca pontificia eretta con difegno di
Bramante. Inoltratevi al Palazzo *Sforza* ove fu la Dateria pontificia in tempo di Aleffandro VI, e che ultimamente è ftato abbellito di facciata, ed accrefciuto di appartamenti con difegno di Pietro Paffalacqua. Oltre le
vaghe e nobili tapezzerie vi troverete delle ftatue e baffirilievi antichi, e molti quadri, tra' quali ve ne fono
del Titi, del Caracci, del Cortona, e del Maratti. Lafciata quindi a deftra la Chiefa di S. *Lucia del Confalone*
di nuova fabrica fopportabile per l'architettura di Marco
David, e l'altra a finiftra di *S. Stefano in Pifcinula*, così
detta dal mercato del pefce, che qui facevafi, v'inoltre-
rete verfo la *Chiefa nuova* detta *S. Maria in Vallicella*
fabricata da' fondamenti dal Card. Gefi circa l'anno 1575
fopra una picciola ed antica parocchiale fotto lo fteffo
tito-

titolo di S. Maria: ne furono architetti Giammatteo di città di Castello, Martino Longhi, e Fausto Rughesi. Gli Angeli, putti, e festoni furono lavorati da Cosimo Fancelli, ed Ercole Ferrata. Le pitture della volta della cupola e de' Peducci, sono del Cortona, e quelle della Tribuna del Rubens. Negli altari sonovi quadri dipinti dal Caravaggio, dal Muziano, dal Maratti, da Guido Reno, dal Barocci, dal Pasignani, dal Cav. d'Arpino, da Pietro Perugino, ed altri valenti pittori; come parimente le scolture sono per lo più di Flaminio Vacca, e di Antonio Vasoldo.

Si passa alla sagrestia ben fornita di arredi sagri, e dove il S. Filippo è celebre scoltura dell'Algardi: le pitture nella volta sono di Pietro da Cortona, ed il quadro di M. V. del Cav. Perugino. Da questa per il corridore si entra nella Cappelletta, che fu già abitazione di S. Filippo, di cui si custodiscono molte memorie, ed il quadro è opera del Guercino.

Unito alla Chiesa è il nuovo maestoso Oratorio fabricato con disegno del Boromini, che similmente fabricò la bella casa de' Sacerdoti, che qui convivono sotto il nome di *Filippini*.

Ritornando ora per la strada del Pellegrino a *S. Lucia del Confalone* si prosiegue verso Monserrato, che trovasi dopo il Convento generalizio de' PP. Carmelitani scalzi, e la Parocchiale di S. Gio. in Aino. La Chiesa di *S. Maria di Monserrato* eretta nel 1495 con pensiero di Antonio Sangallo, insieme collo Spedale contiguo appartiene agl'Aragonesi, e Catalani. Segue a sinistra il Collegio degl'Inglesi colla Chiesa dedicata a S. Tommaso di Canzorberì dipinta a fresco da Niccolò Pomerancio, e v'è un bel Deposito del fù Cav. Tommaso Deheram. Incontro è situata la parocchiale di S. Caterina della Rota, ove

G 3

nella prima cappella a deftra il Muziano dipinfe a frefco la fuga di N. S. G. C. in Egitto. Il quadro dell'altar maggiore è opera del Zuccheri, e la B. Vergine con alcuni Santi nell'altro del Vafari.

Non lafciate di entrare nella vicina Chiefa di S. Girolamo della Carità eretta nella cafa di S. Paola matrona Romana, e dove abitò per molti anni S. Filippo Neri, la di cui ftanza vedefi convertita in cappella. La prima cappella a deftra appartenente alla famiglia Spada fu invenzione del Boromini, ed in quella incontro il quadro fu dipinto dal Muziano. Il Depofito del Conte Montauti è difegno del Cortona. Nulla però v'è di più bello, quanto il S. Girolamo del Domenichino nell'altar maggiore, che ha fervito di originale per il mofaico fatto nella Bafilica Vaticana.

Terminata così quefta ftrada potrete introdurvi nell'altra detta *Giulia*, la quale ha il fuo principio dalla *Chiefa* di *S. Giovanni de' Fiorentini* fabricata con difegno di Giacomo della Porta, e ornata di fontuofa facciata da Clemente XII con architettura d'Aleffando Galilei. A deftra quando fi entra, il S. Vincenzo Ferrerio, che predica, fi crede del Paffignani. Il S. Filippo Neri, che ora innanzi a Noftro Signore e alla B. Vergine, è copia d'altro quadro di Carlo Maratti. Il S. Girolamo è di Santi Titi: l'altro S. Girolamo pofto da un lato di quefto altare, è di Lodovico Civoli; il quadro che fta dalla parte oppofta, è del fuddetto Paffignani; le altre pitture fono di Stefano Pieri. Il S. Antonio che predica, fi crede parimente del Paffignani. Nella Crociata della Chiefa, il martirio de' Ss. Cofmo, e Damiano è di Salvator Rofa. La Natività di Maria Verg., e i quadri laterali fono di Anaftafio Fonteboni, e il reftante è di Agoftino Ciampelli. Nell'altar maggiore architettato dal

Boro-

Boromini ed ornato a spese della famiglia Falconieri, le figure in marmo che rappresentano il Battesimo di N. Signore, sono di Antonio Raggi; la statua della Fede fu scolpita da Ercole Ferrata; e quella della Carità da Domenico Guidi. Il deposito di Monsig. Corsini è opera dell'Algardi; l'altro di Monsig. Accajoli è lavoro di Ercole Ferrata. Dall'altro lato la cappella del Ss. Crocefisso fu dipinta tutta dal Lanfranchi: Nella cappella seguente, il quadro di S. Maria Madalena è di Baccio Ciarpi, che fu maestro di Pietro da Cortona. Nell'ingresso di questa nave laterale si veggono due belli depositi, uno incontro all'altro; e sono di Monsig. Saminiati con scoltura di Filippo Valle, e l'altro del Marchese Capponi disegnato dal Fuga ed eseguito dallo Slodtz. Il S. Francesco nella terza è di Santi Titi; e le pitture a fresco sono di Niccolò Pomeranci; ma quelle della volta che rappresentano una Gloria, sono di Giuseppe Ghezzi. Nella quarta il S. Ant. Abate è di Agostino Ciampelli; le pitture a fresco sono di Antonio Tempesta; i laterali sono di Gio. Angelo Canini. Nella quinta S. Maria Maddalena de' Pazzi è del Cortado Fiorentino, di cui pur sono i due laterali. Nell'ultima il S. Sebastiano, e altre figure sono di Gio. Battista Vanni. Alla Chiesa è annesso l'ospedale della Nazione, eretto dal fu Domenico Cambi Fiorentino.

Volgendo lo sguardo al vicino Tevere, vi osserverete le vestigia del Ponte trionfale, di cui abbiamo fatta menzione di sopra. Da questa riva incominciavano la gita i Trionfanti, i quali poi per la *Strada Giulia*, ove siamo, e che dicevasi *Via retta*, inoltrandosi verso *Campo di Fiore*, al *Teatro di Marcello*, ove è il *Palazzo Savelli*, alla *Bocca della Verità*, alle falde del Palatino in oggi la *Madonna de' Cerchi*, agli archi di Costantino, di

Tito, e di Settimio Severo, afcendevano al Campidoglio, e fagrificavano nel Tempio di Giove.

Offervate frattanto il Palazzo Sacchetti architetta-to da Antonio Sangallo, ed in effo le pitture a frefco di Francefco Salviati. Paffate quindi alla Chiefa di *S. Bia-gio*, dove credefi foffe il Tempio di Nettuno, nel qua-le coloro che avevano patito naufragio, venivano ad ap-pendere i loro cafi dipinti: e vi fi è trovato un mar-mo che faceva menzione di tal' Idolo, e diceva che que-fto Tempio dall' Imperatore Adriano fu rifarcito. Vici-na è la Chiefa delle Ss. Fauftina e Giovita de' Brefciani, già principiata in forma di palazzo pur ufo di tutti i Tri-bunali di Roma, che quivi volea unire Giulio II, co-me fanno credere quei gran muri, fopra i quali fono le Chiefe di *San Biagio*, e del *Suffragio*; ma Bramante che n'era l'architetto, per la morte del Papa lafciò imper-fetta quefta fabbrica, che fervì poi ad altri ufi fino al 1575. nel qual tempo fu data ai Brefciani. Appreffo tro-verete la fudetta *Chiefa del Suffragio*, rifatta da' fonda-menti con difegno del Rainaldi.

Vicino è l' Oratorio dell'Archiconfraternità del Con-falone, in cui fono pitture infigni. La cena del N. Signo-re con gli Apoftoli, e il Crifto che porta la Croce, fo-no di Livio Agrefti. Gesù condotto a Caifas con altre fi-gure è la più bell' opera di Raffaellino da Reggio. La Rifurrezione del Salvatore, e le due Figure di fopra, fo-no di Marco da Siena. La Coronazione di Spine, e l' *Ecce Homo* fono di Cefare Nebbia. La Flagellazio-ne con le figure di fopra fono di Federico Zuccheri.

Troverete poi il nuovo carcere, principiato da In-nocenzo X, e terminato da Aleffandro VI, che vi pofe l' ifcrizione in lode del fuo predeceffore, e v'introduf-fe i carcerati, e dall'altro lato dopo pochi paffi offer-

var

var potrete la nuova Chiesa di S. Caterina da Siena, di cui quì conservasi un dito, che alle volte portasi processionalmente.

Andate alla Chiesa dello Spirito Santo de' Napolitani, già detta di S. Aurea, eretta nel luogo, che anticamente chiamavasi *Castrum Senense*, e dipoi rinovata con architettura del Cav. Carlo Fontana.

Passate alla Chiesa di S. Eligio degli Orefici, architettata da Bramante, in cui sono alcune statue di Prospero Bresciano. Il quadro de' Ss. Re Magi, e le due figure nell'arco, sono lavoro del Romanelli, con altre di Taddeo Zuccheri.

Veduto poi il vicino Palazzo de' Falconieri, rinovato con eccellente simetria dal Borromini, ove è considerabile la bella statua consolare nella sede curule a piè della scala, salite nell'appartamento, dove si conservano bellissime pitture di Annibale, e di Lodovico Caracci, del Guercino, del Lanfranchi, di Michelangelo da Caravaggio, del Coreggio, di Tiziano, del Buonaroti, e di Guido Reno. Contigua è la Chiesa dell'Archiconfraternità della Morte nuovamente architettata dal Cav. Fuga, ed ornata di vaghe cappelle, ove sono buone Pitture, fra le quali è considerabile il Cristo crocefisso nell' altar maggiore, che è opera di Ciro Ferro.

Eccovi finalmente nella *Piazza Farnese*, ove terminano le tre descritte strade, ornata di due bellissime fontane con due gran conche di granito. Il Palazzo Farnese posseduto in oggi dal Re delle due Sicilie fu incominciato da Antonio Sangallo con disegno di Bramante, e proseguito dal Buonaroti. I travertini, ed altri marmi, di cui è composto, furono presi dal Colosseo, e dal Teatro di Marcello per ordine di Paolo III, il quale lo fabricò. In esso è la famosa statua della Circe legata

gata

gata al Toro, condotta da Rodi, opera di Appollonio,
e Tautifco, come racconta Plinio al cap. 5. del lib. 36.

PALAZZO DI FARNESE.

Fu collocata dall' Imperatore M. Antonino Pio detto Caracalla nelle fue Terme fotto del monte Aventino, appreffo alla Pifcina publica, e ritrovata nel tempo di Paolo III fu pofta in detto Palazzo. Nelle ftefse Terme fu ritrovata anche la ftatua tanto lodata dell' Ercole, che ha
una gamba fatta di nuovo, opera infigne di Glicone
Ateniefe. La Ninfa di Diana, maggiore del naturale,
che ha fopra la vefte una pelle di fiera, e una ghirlan-
da in mano. La Donna di pietra paragone, con tefta,
braccio, e un piede moderni, creduta quella voftale,
che portò dal fiume al Tempio l'acqua col crivello. L'altro Ercole della ftefsa pietra, il quale era fenza capo
e fenza braccia. L'Atlante col Globo fu'l dorfo. Il Bufto dell' Imperatore Caracalla, ed altri bufti lavorati da
                                                              infi-

insigni artefici. Il Gladiatore à guisa di Colosso, che tiene il piè dritto sopra una targa, e dietro ad esso il suo Celatone, perchè dietro al piè manco sono le sue vesti.

IN PALATIO·FARNESIORVM

Un altro Gladiatore, che tiene un putto gettato sopra le spalle, la cui testa, braccia e gambe sono moderne: altri torzi, e teste, parimente ritrovate in dette Terme, come narra Ulisse Aldovrandi. Nello stesso palazzo è un gabinetto dipinto da Annibale Caracci; e una Galleria piena di statue, ed altri preziosi avanzi dell'antichità dipinta dal medesimo. Vi sono ancora altre eccellenti pitture del detto Annibale, del Lanfranchi, del Zuccheri, e di Tiziano: e in una nobile Biblioteca, alcuni libri con molti disegni di Raffaele, Giulio Romano, Buonaroti, Caracci, Polidoro, ed altri; ed il Museo dell'eruditissimo Fulvio Orsini. A i lati della porta della gran sala

vedre-

vedrete due schiavi barbari scolpiti a perfezione: e dentro di essa la statua di Alessandro Farnese lavorata da Simone Maschini; alcune statue antiche di Gladiatori, e e tre moderne di Guglielmo della Porta: molti busti antichi, tra' quali quello di Caracalla molto stimato dagli Antiquarj; una gran tavola di pietrasanta, e verde antico, ed altre cose non meno belle che rare.

Dal palazzo Farnese passate alla vicina Chiesa di San. Gio: *Evangelista de' Bolognesi* per osservare il quadro dell'altar maggiore, opera mirabile del Domenichino, e quello del transito di S. Giuseppe in un de' laterali, che fu colorito da Francesco Gessi allievo di Guido.

Poco lontano è situato il palazzo Spada di bella e vaga architettura. In esso oltre una copiosa libreria, ed un ben fornito Museo, sono stimabili le statue del filosofo Antistene erroneamente creduta di Seneca, e la colossale ed unica di Pompeo il Grande, se pure atteso il globo, che gli si vede nella sinistra, non è dell'Imperatore Ottavio. Tra le molte pitture poi ve ne sono di Niccolò e Gasparo Pusino, di Michelangelo da Caravaggio, Ciro Ferri, Paolo Veronese, Guido Reni, Guercino, Tiziano, Caracci &c.

Inoltratevi al vicino *Campo di Fiore* così detto dalla Dea Flora, o dalla meretrice Flora amata da Pompeo, che in queste vicinanze ebbe il suo Teatro. Serve ora per publicarvi le Bolle pontificie, e gli editti, e per un continuo mercato di biade, cavalli, e bestie da soma.

Dove è il palazzo antichissimo degli Orsini, oggi de' Pii, si vedono alcuni pochi vestigj dell'accennato Teatro di Pompeo: la cui vastità capace di ottanta mila luoghi, dovea comprendere tutto ciò che dalla strada, oggi detta de' chiavari, si stende fino *a campo di Fiori*. Verso questo guardava la parte posteriore della scena; poichè l'ingres-

so,

fo , e il cavo del Teatro , dove ſtavano gli ſpettatoti , era a fronte dell'oppoſto circo Flaminio . I gradini , che in giro formavano comodi ſedili a' riguardanti , ſervivano ancora di gradini al Tempio di Venere vittrice , fabricato in faccia alla ſcena dal medeſimo Pompeo per isfuggir la cenſura di aver impiegate tante ricchezze in una fabrica dedicata a' ſoli ſpettacoli . Patì più volte l'incendio queſto Teatro , fu riſarcito poi da molti Imperadori ; l'ultimo che lo riſtorò , fu il Re Teodorico .

Al fianco del medeſimo fabbricò lo ſteſſo Pompeo una gran Curia , che veriſimilmente fu tra il mentovato palazzo de' Pii , e la Chieſa di S. Andrea della Valle . Ma perchè in eſſa fu ucciſo da' congiurati Giulio Ceſare , il popolo deteſtando anche il luogo , dove fu commeſſo queſto parricidio , la diſtruſſe .

Seguite per la ſtrada de' Giubonari ; e nella piazzetta che ſta nel fine di eſſa , vedrete la Chieſa di S. Barbara de' librari , di nuovo fabricata e ornata con architettura di Giuſeppe Paſſeri . Il quadro dell'altar maggiore è opera di Luigi Garzi , il quale dipinſe anche la cappella del Crocefiſſo , e fece tutte le pitture a freſco che ſi vedono nelle volte , e ne i lati della Chieſa . La ſtatua della Santa nella facciata eſteriore , fu ſcolpita da Ambrogio Pariſi . Entrate poi nella piazza , che prende il nome dal Monte della Pietà , e nel palazzo principale di detto monte oſſervate una nobiliſſima cappella di fini marmi , nel cui altare è un baſſorilievo ſtimabile di Domenico Guidi , con altri due baſſirilievi laterali di Monſù Teodone , e Monſù le Gros .

Dietro di queſto Palazzo ſi vede la Chieſa della SS. Trinità de' Pellegrini , e convaleſcenti , ricca di prezioſe cappelle , fra le quali l'altar maggiore è inſigne per il quadro fattovi da Guido Reni . I quattro Profeti negli angoli della cuppola ſono di Gio. Battiſta da Novara ; che dipinſe anco-

ancora tutta la cappella della Nunziata. Il quadro con
S. Gregorio e tutta la cappella del medefimo, fu dipinta

LA SS. TRINITA.

da Baldaffar Croce ; il quadro nella contigua con la B. Vergine, S. Agoftino, e S. Francefco, è opera del Cav. d'Arpino, e le altre pitture fono del fudetto Croce. E' molto confiderabile l'Arciconfraternità, che ferve quefta Chiefa, e l'annesso *Spedale degl'Invalidi e Pellegrini*, eretta a fuggerimento di S. Filippo Neri nel 1548. Vi fi alloggiano ed alimentano per tre giorni gl'Invalidi, e Pellegrini, i quali non di rado e fpecialmente nell'anno Santo, come ora fuccede, giungono al numero di tre mila.

Profeguite verfo la Chiefa di S. Salvatore in Campo, architettata dal Paparelli ; Indi alla piazza, e al nobiliffimo,
palaz-

palazzo della famiglia Santacroce, nel cui cortile fono molti baffirilievi antichi; e negli appartamenti molte pitture a frefco di Gio. Francefco Grimaldi. Vi vedrete ancora una bella ftatua di Apollo; un'altra di Diana; due altre di una Cacciatrice, e di un Gladiatore; e un ritratto in marmo dell'Algardi.

Paffate alla Chiefa di S. Paolo alla Regola, nuovamente fabricata da' Padri del terz'ordine di S. Francefco della nazione Siciliana. E' tradizione, che qui abitaffe S. Paolo la prima volta che venne in Roma. Più avanti troverete la Chiefa di S. Maria in Monticelli, rifabricata da Clem. XI. In effa il quadro dell'altar maggiore fu dipinto da Baccio Ciarpi; e il Salvatore a mofaico nella tribuna è antichiffimo, effendo più di 1300 anni che è ftato fatto.

Appreffo troverete la Chiefa di S. Maria del Pianto così chiamata perchè vi è un'Imagine della B. Vergine che miracolofamente versò dagli occhi le lagrime. Qui è la Congregazione della Dottrina criftiana ampliara da Benedetto XIV, di cui incombenza è d'invigilare che nelle Parrocchie fia quella diligentemente infegnata.

Inviatevi alla Piazza Giudea, dove nel fecolo paffato fi vedeva un gran refiduo d'antica fabrica creduta da Lucio Fauno un portico eretto dall'Imperatore Settimio Severo. Fu anche creduta da molti il portico di Pompeo; ma più verifimilmente fu il portico di Gneo Ottavio; che poi fu detto *Ambulationes Octaviana*, come dimoftra il Donati.

Traverfando il Ghetto degli Ebrei, viene di profpetto la Chiefa di S. Gregorio fabricata, come alcuni vogliono, nella cafa di quefto S. Pontefice, ma certamente fopra il *Tempio di Giano* eretto da Numa Pompilio, e vi fi veggono tutt'ora due termini con quattro tefte, d'onde Il vicino ponte ha prefo il nome di *Quattro capi*. Da antica Parocchia foppreffa fu rinovata da Benedetto XIII, e conceduta

alla

alla Congregazione della divina Pietà eretta allora per rac-
corre limofine, e diftribuirle a povere famiglie vergogno-
fe. Ufcite al Ponte chiamato prima Fabrizio, oggi Quattro Capi, il quale congiunge l'Ifola alla città; ficcome
dall'altra parte il ponte Ceftio l'unifce al Traftevere. I
fafci del grano tolto da i campi Tarquinj, e gettato per
odio nel tevere, ivi arreftandofi infieme colle arene portatevi dal fiume, formarono a poco a poco queft'Ifola,
come narra Livio. Fu poi fabricata a guifa di nave in memoria di quella, che da Epidauro conduffe a Roma il ferpente creduto Efculapio, al quale i Gentili la dedicarono
edificandogli un Tempio, sù le cui rovine è oggi la Chiefa
di S. Bartolommeo tenuta da'Religiofi di S. Francefco. Venerate in detta Chiefa il corpo dell'Apoftolo, collocato
nell'altar maggiore dentro una preziofa urna di porfido, a
cui ferve di ornamento una cuppola foftenuta da quattro
colonne di porfido. Vi fono ancora i corpi di S. Paolino
Vefcovo di Nola, de' SS. Adalberto, Efuperanzio, Teo-
dora vergine e martire; e con altre fagre Reliquie una
Spina della Corona di N. Signore. Quafi dirimpetto a quefta Chiefa è l'altra di S. Giovanni Colabita, infigne per le
molte fagre Reliquie, fra le quali è il corpo del Santo, la
cui Chiefa fu architettata di nuova facciata da Luigi Borat-
tone, e dentro ornata di vaghi, e preziofi marmi con
ftucchi dorati, e pitture d'ottimi profeffori: vi è anneffo
l'Ofpedale governato da PP. detti *Fate bene Fratelli*. Qui
era anticamente un altro Tempio di Giove eretto da Cajo
Servilio Duumviro.

GIORNATA IV.

Da S. Lorenzo in Damaso al Monte Aventino.

IN questo giorno il principio del vostro viaggio sarà dalla Chiesa collegiata di *S. Lorenzo in Damaso*, dove è il corpo di S. Damaso Papa con altre sagre Reliquie, ristorata ed ornata in varj tempi da' Pontefici, e Cardinali Cancellieri. La cappella ove si custodisce il SS. Sagramento, è adornata di fini marmi, e metalli con architettura delli Cav. Saffi, e Gregorini: il quadro della Santissima Trinità fu colorito dal Casale. L'altra dicontro fu similmente ornata d'architettura di Niccolò Salvi; il quadro con S. Filippo e S. Niccolò, è opera del Cav. Conca; le pitture della volta sono del Corrado. Dipoi venerate la miracolosa Immagine della Madre di Dio, e un divotissimo Crocefisso, mediante il quale parlò più volte N. Sig. a S. Brigida. Il S. Carlo di marmo sopra l'altare vicino alla sagrestia fu scolpito dal Maderno. La tavola dell'altar maggiore (architettato dal Bernini) fu dipinta da Federico Zuccheri. Una Gloria d'Angeli, sopra l'organo, è del Cav. d'Arpino; e l'altra dirimpetto è di Pietro da Cortona. Nella nave di mezzo, la facciata incontro all'altar maggiore fu colorita da Giovanni de' Vecchi: quella dalla parte del vangelo, da Niccolò Pomerancio, e quella dalla parte opposta, dal Cav. d'Arpino. I due Santi in tela sopra dette due facciate, sono del Romanelli. Dall'altro fianco, la cappella della Concezione fu architettata dal detto Cortona, che vi dipinse la volta: l'Immagine della B. Vergine nella cappella

D   sus

suffeguente è di Domenico Ferri , allievo del Civoli .

Vedrete il palazzo della Cancellaria Apostolica architettato da Bramante , o come altri vogliono dal Sangallo per ufo de' Cardd. Vicecancellieri . Lo principiò il Card. Lodovico Mezzarota Padovano ; e lo terminò il Cardinale Raffaele Riario con travertini tolti dal Coloffeo , e da un' antica fabrica di bagni , o come altri fcrivono, dall'arco di Gordiano . Offervarete nel cortile le colonne , e due ftatue di grandezza gigantefca , credute due Mufe . La gran fala fu ornata di pitture da Clem. XI. , e negli appartamenti affai copiofi di ftanze , vedrete molti ornamenti di pitture , fatte da Giorgio Vafari , Francefco Salviati , ed altri buoni profeffori .

Nella vicina piazza de' pollaroli credefi cominciaffe il portico di Pompeo foftenuto da cento colonne, e circondato di platani , fotto ai quali erano fparfe varie fiere di marmo fcolpite al naturale .

Non lungi è la chiefa di S. Andrea della Valle de' Padri Teatini fabricata dal Card. Aleffandro Peretti . Pietro Paolo Olivieri ne fu il primo architetto , e fucceffivamente Carlo Maderno . Il Cav. Rainaldi architettò la facciata , in cui le ftatue di S. Gaetano , e di S. Sebaftiano fono fcolture di Domenico Guidi ; quelle di S. Andrea Apoftolo , e di S. Andrea d'Avellino del Ferrata ; l'Angelo dall' uno de' lati e le ftatue fopra la porta del Fancelli , Nella prima cappella a deftra quando fi entra, ornata di preziofi marmi con difegno di Carlo Fontana , il bafforilievo dell' altare fu fcolpito da Antonio Raggi, che fece ancora la ftatua del Card. Ginnetti , e quella della fama coll' arme di tal famiglia ; le ftatue delle quattro virtù , e dell' altra fama fimile , furono fcolpite da Aleffandro Rondone . La feconda cappella parimente nobiliffima , fu architettata da Michel'Angelo Buonaroti : che fece

ce

ee ancora il modello della pietà, e delle statue laterali gettate in bronzo. Nell' altar della crociata il S. An.
drea Avellino è opera del Lanfranchi. Nell'Oratorio contiguo il quadro con l'Assunta fu colorito da Antonio Bar-
balonga allievo del Domenichino. Tutta la tribuna dell'
altar maggiore dal cornicione in sù, fu dipinta dal detto Domenichino: dal cornicione in giù, i tre quadri
grandi nel mezzo sono del Cav. Cozza calabrese; gli altri due laterali del Cignani, e del Tarufi Bolognesi. I
quattro angoli della cuppola furono dipinti dal sudetto
Domenichino; e tutto il rimanente dal Lanfranchi. Dall'
altra parte vicino alla porta laterale vedrete il deposito
del Conte Tieni, architettato dal Guidi, il quale fece
anche le sculture. Nell' altare vicino il S. Sebastiano è di
Giovanni de Vecchi: il piccolo quadro laterale colla B.
Vergine ed altre figure, sono di Giulio Romano. Nell'
ultimo altare composto di squisiti marmi, tutte le pitture sono del Passignani; la statua di S. Marta di Francesco Mochi; il S. Gio. Evangelista di Ambrogio Malvicino;
il S. Gio. Battista di Pietro Bernino; è la S. Maria Maddalena di Cristofaro Stazi, il quale fece ancora la statua di
Monsig. Barberini dalla parte del vangelo, dove è il S. Sebastiano dipinto dal Passignani; e dove appunto era la
Cloaca, in cui fu gettato il corpo di questo santo Martire.

Uscite per la porta laterale verso i Cesarini, e nella strada che avrete incontro, potrete vedere la nuova
chiesa del Ss. Sudario della nazione Savojarda, e quella
di S. Giuliano della nazione Fiaminga, ed incontro il vago
palazzo de' Stoppani fabricato con architettura di Raffaello da Urbino. In poca distanza vedrete il nuovo *Teatro di Torre Argentina*, che è architettura del Marchese
Girolamo Teodoli. Ritornando poi ai Catinari troverete

il Collegio de' PP. Barnabiti, che hanno in cura l'annessa chiesa di S. Carlo, fabricata dal Card. Gio. Battista Leni con architettura di Rosato Rosati: ma la facciata è disegno del Soria. Nell'altar maggiore il quadro con S. Carlo è di Pietro da Cortona; la Tribuna del Lanfranchi. Il Padre Eterno nel lanternino della cuppola fu dipinto da Gio. Giacomo Semenza Bolognese, allievo di Guido Reni, le quattro virtù ne' peducci dal Domenichino. Nelle cappelle, il Transito di S. Anna è di Andrea Sacchi: il Martirio di S. Biagio è di Giacinto Brandi: e il quadro nell'altare della Nunziata è del Lanfranchi.

Passate per la strada de' Catinari, e a mano destra vedrete la chiesa parocchiale di Santa Maria in Publicolis Iuspadronato della famiglia Santacroce, che ha in essa depositi assai cospicui. Nella vicina piazza Mattei vedrete una vaga fontana con delfini, e statue di metallo, invenzione di Taddeo Landini Fiorentino. Entrate poi nel palazzo già de' Patrizj, ora de' Costaguti, in cui sono pitture del Lanfranchi, del Guercino, e del Cav. d'Arpino; fra le quali quella assai celebre che esprime la verità scoperta dal tempo. Di quà per un vicoletto anderete alla Chiesa e Monastero di S. Ambrogio della Massima, che fu casa paterna di detto Santo, e di S. Marcellina sua sorella. Nella cappella di detta chiesa il quadro di S. Stefano Protomartire è di Pietro da Cortona; la deposizione del Signore dalla croce di Francesco Romanelli; il S. Ambrogio nell'altar maggiore di Ciro Ferri.

Passate alla moderna pescheria, dove troverete l'antichissimo Tempio di S. Angelo, situato nella sommità del circo Flaminio, detto dagli Ecclesiastici, in summo Circo, ed in cui sotto l'altar maggiore riposano i corpi de' Ss. Martiri Getulio, e Sinforosa, e di alcuni loro figliuoli. E contiguo l'Oratorio de' Pescivendoli ornato di buone pitture.

Gli

Gli avanzi di grandiosa antica fabrica', che quì veggonsi, vogliono taluni, che siano del tempio di Giunone, fondati sull' antica Iscrizione di Severo, che lo ristorò, e di cui leggesi quivi una parte. Altri credono fosse questi il *tempio di Bellona*, ove dal Senato davasi udienza a' Principi stranieri, o loro ambasciadori: e nel di cui vestibolo era una colonna chiamata *Bellica*, perchè contro di essa uno de' consoli vibrava un' asta, o un dardo, quando il Senato risoluto avea di muover guerra a qualche popolo. Le arcate però, che tutt' ora restano lungo la pescheria, fanno credere, che oltre al tempio, il quale stender doveasi, ove in oggi è la descritta Chiesa di S. Angelo, vi fosse qualche portico.

Dopo aver osservate queste cose, inoltratevi alla piazza, ove a sinistra è il *palazzo Savelli*, di cui parlar dovremo in altro giorno, e proseguite fino al *Ponterotto*; ed incontro vedrete la Chiesa di *S. Maria Egiziaca* coll' Ospizio unito degli Armeni, a' quali fu conceduta da San Pio V. Fu uno de' più antichi tempj di Roma dedicato alla *Fortuna virile*: nè la sua costruzione è sì umile come pensano taluni. Nell' altar maggiore della chiesa Federico Zuccheri dipinse a fresco S. Maria Egiziaca.

L' antica fabrica di ottimo gusto, che le stà incontro, credesi dal volgo fosse la casa di Pilato: ed il tempietto rotondo ornato di colonne scannellate, e bellissimi capitelli, credesi da alcuni dedicato al Sole, e da altri alla Dea Vesta. Dalla famiglia Savelli fu dedicato a S. Stefano; ed ora chiamasi *S. Maria del Sole*. Quì vicino sboccava nel tevere la *Cloaca massima*; e vi erano altresì gli antichi navali, cioè lo sbarco di quanto per il fiume veniva alla città, prima che dal *Ponte Sublicio* impedito fosse alle navi di giugnere a questa riva; la quale fu ristretta da un argine fabricatovi da Tarquinio Prisco, e dagli scrittori

D 3 Re-

Romani suol essere chiamato quasi per energia *Pulcrum littus* .

Incontro si vede la chiesa collegiata di *S. Maria in Cosmedin* , detta altrimente scuola Greca , o dall'insegnarsi ivi le lettere greche , o dall'esservi stata vicina una contrada de' Greci . Vi vedrete un' antico sasso rotondo , che rappresenta un mascherone , ed è appunto quello, che vien chiamato dal volgo la *Bocca della verità* : ma più verisimilmente egli è un simulacro di Giove Ammone. Quest' antichissima chiesa fu rifabricata da S. Adriano nell' anno 780 , e da essa salirono al Pontificato Gelasio II , e Celestino III , e ne uscì anche l' antipapa Benedetto XII detto XIII. Perchè era sepolta circa otto palmi sotto terra , e vi si scendeva per sette scalini , fu votata la piazza da Clem. XI nel 1715 , e rimessa al piano della chiesa. Lo stesso Pontefice eresse in questa piazza una bella fontana architettata da Carlo Bizaccheri . Il Card. Annibale Albani nel 1717 , essendone Diacono , rinovò la facciata , ed altri ornamenti vi ha aggiunti il Card. Alessandro di lui fratello . Sotto la Tribuna si vede in oggi la confessione in forma di piccola Basilica , dove riposa il corpo di S. Cirilla figlia di Decio . Essendo stata per 200 anni chiusa , ed ignota, nell' anno 1717 fu riaperta , fornita di doppia scala , ed abbellita da Gio. Mario Crescimbeni allora canonico . La faccia della immagine di M. V. è di tal bellezza e perfezione, che appena può stimarsi opera umana .

Inoltratevi verso la Salara , nelle di cui vicinanze vedrete i vestigj del tempio di Giove inventore , eretto da Ercole in memoria de' Buoi quì ritrovati nella spelonca di Caco : ed un' arco eretto ad Orazio Coclite in memoria di aver difeso il vicino *Ponte Sublicio* contro i Toscani venuti in soccorso di Tarquinio il superbo . Era stato fabricato questo ponte di semplici travi e tavole dal Re An-

co

co Marzio, che aggiunfe il trastevere alla città. Fu detto anche Emilio, da qualcheduno di tal nome che lo rifece con più magnificenza, ma pure di legno, poichè era vietato da superstizioni introdotte il fabricarlo di marmi. Dal sudetto ponte fu gettato nel tevere l'Imperadore Eliogabalo. In questa contrada, chiamata le saline, terminavano i condotti dell' acqua Appia portatavi da Appio Claudio Censore, cognominato il Cieco.

Troverete poi alla sinistra un Baloardo, fabricato da Paolo III, e più avanti alla destra il monte Testaccio fatto di vasi rotti di terra trasportati in questo luogo dai Vasari, che anticamente quì appresso lavoravano; ovvero di framenti di urne sepolcrali, come altri asseriscono. Quasi dietro al monte medesimo era il Circo chiamato Intimo, ed il boschetto d' Ilerna.

PORTA DI S. PAOLO.

Fuori della porta detta di San Paolo, troverete una gran piramide di pietre quadrate, alta palmi 164 e larga nel suo basamento palmi 130, la quale fu fatta, come indica l'iscrizione, in 330 giorni, per serbarvi le ceneri di Cajo Cestio, uno di quelli, che aveano cura di preparare conviti a Giove, ed agli altri Dei de' Gentili. Nel massiccio di questa fabrica è una stanza a volta, alta palmi 19, e lunga palmi 26 ornata di belle pitture, che rappresentano figure di donne, ed altro.

Questa porta era forse la *Trigemina*, da cui uscirono i tre Orazj per combattere contro i tre Curiazj di Albano. Fu chiamata anche *Ostiense* perchè conduce ad Ostia. Per essa condotti furono al martirio i principi degli Apostoli, come indica la prima chiesuola, che troverete a mano destra, e poco lontano, dove S. Paolo incontratosi colla Matrona Plautilla, le dimandò una benda per velarsi gli occhi, con promessa di restituirgliela, come in effetto la restituì alla pia Gentildonna, apparendole dopo la sua morte. Lo indica similmente l'altra cappella a sinistra fabricata nel luogo, in cui i sudetti Apostoli si divisero: proseguendo S. Paolo il viaggio all' acque Salvie, e S. Pietro al Vaticano, ove fu crocefisso.

Non lungi è il rivo Almone di corto viaggio, ma celebre presso gli scrittori Romani: poichè quando fu portato dalla Frigia a Roma il Simulacro di Berecintia, creduta da' Gentili madre degli Dei, fu quivi lavato da' suoi Sacerdoti, e posto dipoi sopra un carro tirato da due vacche, fu condotto nella città con grande allegrezza del popolo: perloquè fu serbato il costume di portarlo ogn' anno con solenne pompa nel medesimo modo, e nel medesimo luogo a farlo lavare.

Giungete al prato della Basilica di *S. Paolo*, edificata da Costantino Magno in un podere di Lucina nobilissima, e religiosissima Matrona, in cui era ancora un cimiterio di Martiri. Fu rinovata dall' Imperatore Onorio,

rio, e da Eudoſſia figlia d'Eudoſſio e moglie di Valentiniano : e ſuſſeguentemente riſtorata e ornata da molti
Sommi Pontefici. E' lunga ſenza la Tribuna palmi 355, e
larga 203. Si diſtingue in cinque navi con quattro ordini
di colonne, la metà delle quali ſono di granito orientale,
e le altre di belliſſimo e raro pavonazzetto. Si aſcende
per due ſcalinate di marmo all'altar maggiore poſto fra
due navi traverſe con archi ſoſtenuti da dieci colonne di
granito.

S. PAOLO.

La Tribuna aſſai grande è ornata di belliſſimo moſaico
antico, e di un pavimento moderno compoſto di politiſſimi
marmi. Ha un maeſtoſo altare con quattro groſſe colonne
di porfido, e quattro minori ne ſtanno ai due ſedili; e
quattro ſimili in ogni altare delle dette navi traverſe.

Il quadro nell'altare della Tribuna è di Lodovico Civoli; alla deſtra in una cappella di marmi, venerate il Crocefiſſo, che ſi crede parlaſſe più volte a S. Brigida, ed è
ope-

opera di Pietro Cavallini. La statua di questa Santa, collocata in una nicchia poco lontana, fu scolpita dal Maderno, il quale disegnò la cappella del Ss. Sagramento dall' altra parte.

In taluno degli altri altari v'è qualche buona pittura. Ma più di ogni altra cosa sono apprezzabili le imagini in mosaico de' sommi Pontefici, che S. Leone I vi fece esprimere da S. Pietro fino al suo tempo, continuate da Simmaco fino al 498., e di poi fino a giorni nostri. Si conservano in questa Basilica, oltre alle reliquie de' Ss. Pietro e Paolo, i corpi de' Ss. Timoteo, Giuliano, Celso, e Basilissa martiri, e di alcuni Ss. Innocenti; un braccio di S. Anna madre di M. V.: e la catena con cui fu legato S. Paolo nella prigione. Dal Pontefice Eugenio IV fu data in cura a' Monaci Cassinensi di S. Giustina introdottivi l'anno 1425.

Dopo un miglio di strada giungerete al luogo chiamato le tre Fontane, dove il santo Apostolo sostenne il

TRE FONTANE.

martirio. Vedrete ivi l'antichissima Chiesa de' Ss. Vincenzo, zo, ed Anaſtaſio Martiri, fabricata da Onorio I circa gli anni del Signore 525, e riſtorata dopo un incendio da Adriano I: ed in oggi è una ricca abazia, che ſuol darſi in commenda ad un Cardinale. Fu poi rifatta da' fondamenti da Leone III. Le pitture dell' altare grande ſono antichiſſime, ma di buona maniera: e i dodici Apoſtoli ſu i pilaſtri di mezzo furono copiati da' diſegni di Raffaele. Vi ſi conſervano le Reliquie di dieci mila, e più Santi Martiri, oltre quelle de' Santi Titolati.

Vedrete appreſſo un' altra Chieſa eretta nel ſito, dove fu decapitato S. Paolo. Il Card. Pietro Aldobrandini la fece riſtorare con diſegno di Giacomo della Porta, aprendovi anche la piazza anteriore; e volle che una colonna, alla quale diceſi che fu legato, e decapitato il S. Apoſtolo, ſi rappreſentaſſe e collocaſſe innanzi alla prima delle tre Fonti, che vi ſi vedono per indicare il primo dei tre ſalti che fece la teſta reciſa; come dimoſtrano gli altri due ſalti le altre due fontane, tutte e tre d'acqua ſoaviſſima, in tale occaſione miracoloſamente ſcaturita. Il quadro con la Crocefiſſione di S. Pietro, che in detta Chieſa vedrete, è del celebre Guido Reni.

Paſſate quindi al piccolo Tempio rotondo, chiamato S. Maria *Scala Cœli*, che nel 1585 il Card. Aleſſandro Farneſe rifece da' fondamenti; e il Card. Pietro Aldobrandini lo perfezionò con diſegno del ſudetto Porta. Vedeſi quivi il cimiterio antichiſſimo di S. Leone, dove furono ſepolti dieci mila e più Ss. Martiri, i quali ſtimaſi foſſero quei Criſtiani, che dopo aver lavorato nella fabrica delle Terme Diocleziane, furono da quell'empio Imperatore fatti morire.

Ritornando verſo la porta, rientrate nella città, e voltando a deſtra inoltratevi all' Aventino molto celebre nelle ſtorie Romane. Fu coſì detto dal nome di

Aven-

Aventino Re di Alba quivi fepolto, ovvero dagli uccelli, dal volo de' quali prendevanfi gli augurj, come in fatti ve li prefe Remo: e quì parimente finfe Numa fecondo Re de' Romani di aver apprefi da Giove gli augurj, e tutta la religione, con cui s'ingegnò di rendere manfueto il popolo. Fu aggiunto alla città dal Re Anco Marzio: e fotto le macerie giacere tutt'ora vi debbono i veftigj di molte fabriche ragguardevoli, che vi erano: cioè il tempio, l'atrio, e la libreria erettavi da Evandro, l'ara di Giove Elicio, il fonte, e la fpelonca del medefimo Numa &c.

Dopo alcuni paffi vedrete le *Terme di Antonino Caracalla*, chiamate *Antoniane*, per fervizio delle quali fu quà condotto un ramo dell'acqua Appia. Fu in dette Terme una ftanza coperta con volta foftenuta da un'armatura di metallo ciprio fatta a cancello con tale artifizio,

che Sparziano riferifce effere impoffibile l'imitarlo. A' giudizio del Serlio, quefta fabbrica è meglio intefa delle
Ter-

Terme di Diocleziano, ed erano sì vaste e comode, che potevano lavarsi 2300 persone in uno stesso tempo, senza vedersi l'un l'altro.

Vicina è l'antichissima Chiesa di S. Balbina, in cui si custodiscono i corpi della sudetta Santa, di S. Quirino suo Padre, e di altri cinque Santi Martiri. Nella contigua casa, e giardino de' Pii Operaj sono molti avanzi di antica fabrica con torri, ed aquedotti. In questa contrada vogliono alcuni che fosse il Tempio di Silvano.

Da una stradella dietro alla detta Chiesa vi condurrete a quella di S. Sabba Abbate di Cappadocia, nel di cui portico si vede una grande urna antica con basso rilievo, e credesi servisse al sepolcro dell'Imperator Vespasiano.

Andate poi alla Chiesa di S. Prisca, già abitazione delle Sante Aquila, e Priscilla, illustrata dalla presenza di S. Pietro Apostolo, che ve le convertì alla fede, e vi battezzò molti Gentili, fra quali la medesima S. Prisca, e il di lei padre Console Romano. In questi contorni pongono alcuni antiquarj il fonte di Fauno, l'altare di Ercole, il Tempio di Diana, le Terme di Decio, il palazzo di Trajano, le Terme Variane, cioè di Eliogabalo, che si chiamò anche Varo, ed il Vico publico.

Seguendo per l'istesso monte, troverete la Chiesa di S. Sabina situata (come vogliono alcuni) nello stesso Tempio di Diana, vicino al quale era anche il Tempio di Giunone Regina. Si conservano in detta Chiesa i corpi della Santa Titolare, di S. Serapia sua maestra, ed altri Ss. Martiri. La gran Tribuna fu dipinta da Taddeo Zuccheri, e Federico Zuccheri dipinse la cappella di S. Giacinto. Nel convento annesso abitò S. Domenico, fondatore dell'ordine de' Predicatori.

La vicina Chiesa di *S. Alessio* posseduta da PP. Gerolamini fu fabricata, ove era il *tempio di Ercole Aventino,* e

prafpreſſo il luogo ove fu l'*Armiluſtro*, cioè dove facevaſi la raſſegna de' ſoldati. Ella è molto antica, ma di tempo in tempo riſtorata. Vedeſi nell'altar maggiore un bel ciborio di varj marmi con alcune colonne di marmo antico, e ſotto del medeſimo altare ſi conſervano i corpi de' Ss. Bonifazio, Aleſſio, ed Aglae.

Proſeguendo la ſtrada del monte troverete l'altra Chieſa di *S. Maria del Priorato* ſpettante all'ordine Geroſolimitano di Malta, fabricata, ove ſecondo taluni ſcrittori era il *tempio della buona Dea*, di cui per colpevole negligenza di chi dovea accudirvi, come è ſucceduto ancora di molte altre antiche fabriche, ſi ſono laſciate perdere, e forſe ancor demolir le veſtigia. Il quadro della B. V., che vedeſi ſopra l'altar maggiore, è fatica di Andrea Sacchi.

Riconducetevi a deſtra verſo la Salara per quella calata, che vedrete, e dove furono le *ſcale Gemonie*, così dette dal gemito de' condannati, che per eſſe venivano gettati nel ſottopoſto tevere, e ben diverſe dalle altre che erano vicine al Campidoglio; e con ciò date fine alla gita di queſta giornata.

GIORNATA V.

Da Piazza Navona per i Monti Palatino, e Celio.

PIAZZA NAVONA.

 A prima veduta di questa giornata è uno de' più belli spettacoli. Il suo vero nome è *Circo Agonale* desunto dal Dio *Agonio*, che si credeva presiedesse a' giuochi, che quì si facevano, o da' giuochi medesimi, che chiamavansi *Agonali*. Fu detto ancora *Cerchio di Alessandro*, eretto, o più verisimilmente adornato di piramidi e statue da Alessandro Severo. Ci attesta il Fulvio, il quale visse in tem-

tempo di Clemente VII, che allora nel giovedì di carnevale celebravanſi quivi alcune feſte, in cui imitavanſi i trionfi de' Romani antichi. In oggi però vi ſi fanno i mercati, e ſoltanto nelle Domeniche di Agoſto ſe ne inonda la parte più baſſa per divertimento del popolo.

Enrrando dunque in queſta piazza dalla parte di *Torre Sanguigna* dopo la prima gran fonte attrae a ſe lo ſguardo quella aſſai più grande e magnifica, che è poſta nel mezzo della piazza, eretta da Innocenzo X con architettura del Bernino. Si alza nel mezzo di una rotonda ſpazioſa vaſca di marmo un grande ſcoglio forato da quattro parti, donde ſboccano copioſiſſime acque, e che ſoſtiene un obeliſco egizio alto palmi 74, ed il quale era nel mezzo del circo di Caracalla. Poſano ſopra i lati dello ſcoglio quattro belliſſime ſtatue rappreſentanti i quattro fiumi principali del mondo. Il Danubio fu ſcolpito da Mr. Claudio Franceſe: il Gange da Franceſco Baratta: il Nilo dal Fancelli, e l'Argentaro da Antonio Raggi: e in due de' ſuddetti quattro fori vedeſi un cavallo da una parte, ed un leone dall'altra, lavoro ambedue di Lazzaro Morelli. Egualmente vaga, ma non così magnifica è la terza fontana ornata di belliſſime ſtatue, che gettano acque in gran copia. Quella del mezzo è uno de' più belli lavori dello ſteſſo Bernini, ed i quattro Tritoni furono ſcolpiti da Flaminio Vacca, Leonardo da Sarzana, Silla Milaneſe, e Taddeo Milaneſe.

Lo ſteſſo Innocenzo X avendo fatto demolire l'antica ignobil *Chieſa di S. Agneſe* eretta già da molti ſecoli nel luogo ſteſſo, ove ella fu eſpoſta all'altrui libidine, e che vedeſi ne' ſotterranei, fabricò la preſente con diſegno di Girolamo Rainaldi fino al cornicione; poichè la cuppola, la facciata, e la ſagreſtia ſono penſieri del Borromino. Le ſtatue, ed i mezzi rilievi ſono opere de' più celebri ſcultori.

ri di quel tempo. Le pitture della cuppola fono penfieri di Ciro Ferri, che non avendo potuto terminarle, furono ridotte a fine dal Corbellini fuo fcolare: e quelle della volta della fagreftia fono di Paolo Perugino allievo del Cortona. Evvi annefso un numerofo Collegio di giovani a difpofizione degli eredi Panfilj, i quali vi godono altresì un contiguo magnifico palazzo fabricato con architettura del fuddetto Rainaldi, ed in cui lo ftefso Pietro da Cortona dipinfe a frefco nella galleria le principali azioni di Enea.

Se vi aggrada, potrete pafsare alla Chiefa incontro di S. Giacomo degli Spagnuoli, ove non mancano alcune buone pitture: quali fono la volta nella cappella dell'Afsunta, che è di Pierino del Vaga, la Rifurrezione di N. S. lavoro di Cefare Nebbia, ed il S. Diego di Annibale Caracci.

Potrete profeguire il viaggio o per la Cuccagna, o per Pafquino luogo celebre per le pafquinate folite affigerfi a piè di quella ftatua monca, che in oggi è affatto guafta, ed inoltrarvi al *Palazzo Maffimi* di buona e magnifica ftruttura, ove nel 1455 fu incominciata la ftampa da Corrado Sweynhein, e Arnoldo Pannartz, e dove veder fi pofsono alcune pitture antiche ritrovate nelle *Terme di Tito*, vafi e mofaici antichi, e molti bufti d'Imperatori, e d'Imperatrici.

Prendendo la *ftrada Papale*, o fia *della Valle*, che alcuni credono così detta per il luogo deprefso, ove furono gli orti, lo ftagno, e le terme di Agrippa, ma più verifimilmente dal vicino palazzo de' Signori Valle, conducetevi al palazzo Strozzi, ed alla nuova Chiefa incontro delle S. Stimmate, ove il quadro ad olio nell'altar maggiore è opera molto ftimata di Francefco Trevifani.

Pafsate dipoi a *S. Lucia delle botteghe ofcure*, ove a finiftra è il Collegio degli Umbri nella fabrica ftefsa che fu pochi anni prima Monaftero *delle Giunafi* trafportate da Benedet-

E

nedetto XIV. alla Chiefa de' SS. Marcellino e Pietro verfo il Laterano. Qui era anticamente un tempio di Ercole, e dopo pochi paffi Incominciava il Circo Flaminio. Sopra le rovine dunque del tempio di Ercole fu inalzata quefta picciola parrochiale di S. Lucia ornata dipoi dal Card. Domenico Ginnafi, che parimente ereffe in quefte vicinanze un Collegio di dodici giovani da Caftel Bolognefe fua patria. V'è il fuo depofito ornato di ben intefe fcolture: ed in oggi la Chiefa è governata da una Confraternità di Sacerdoti, che poco diftante vi hanno uno fpedale per alloggio de' Sacerdoti pellegrini aperto già fino dall'anno 1510 nella Chiefa di *S. Maria in Equiro* prima che da Paolo III affegnata foffe agl'Orfani.

Dirimpetto vedrete il palazzo Sorbelloni, che fu parte di quello de' Mattei, il quale gli è contiguo. Fù quefti eretto in buona parte sù le rovine del circo Flaminio con bella e magnifica architettura di Bartolommeo Ammannati, il quale fece fpiccare il cortile, la fcala, e le gallerie, adornaadole di ftatue, bufti, e baffirilievi antichi in gran copia. Le volte delle camere furono dipinte a frefco dall'Albani, Lanfranchi, Domenichino, e parecchi allievi del Caracci: vi fi ammira una pittura a olio di Raffaello, con altre del Caravaggio, di Guido, e del Baffano.

La dicontro Chiefa di S. Caterina de' Funari col fuo anneffo Monaftero, a fentimento di Pomponio Leto, del Fulvio, e del Marliano, fono nel mezzo del cerchio Flaminio, ed effi ne videro i fedili. E perchè il lungo fpazio allora difabitato ferviva al lavorio de' Cordari, quella Chiefuola che prima chiamavafi *in Caftro Aureo*, e poi *della Rofa* perchè era dedicata a S. Rofa di Viterbo, colla nuova fabrica fu detta *de' Funari*. Il Cardinal Lodovico Cefio incominciolla nel 1544 con difegno di Giacomo della

Por-

Porta. Nella prima cappella a deftra dell' ingreffo la S. Margarita è di Annibale Caracci, che nella volta dipinfe ancora la Coronazione di M. V. Nella feguente fi vedono i lavori del Muziano, e di Federico Zuccheri, il quale fimilmente colorì nelle pareti laterali dell'altar maggiore le ftorie di S. Caterina V. e M. Sotto di quefto altare fi cuftodifcono i corpi de' Ss. Martiri Saturnino, Sifinio, e Romano.

E poichè fi è qui fatta menzione del *Circo Flaminio*, farà grato al leggitore di averne una fuccinta notizia. Fu quefto fabricato poco prima della feconda guerra Punica da quello ftefso Flaminio Confole, il quale aprì *la via Flaminia*, e per lunghezza ftendevafi dalla *piazza Morgana* fino al *fonte di Calcara*, offia alla nuova *via Capitolina*: la larghezza poi può mifurarfi dalla ftefsa piazza morgana fino a S. Angelo in pefcheria, di modo che il centro reftava nel fito, ove è in oggi la Chiefa e Monaftero di S. Caterina de' Funari. Ne reftò vifibile gran parte fino a tanto che fu fabricato il palazzo Mattei: di cui mentre cavavanfi i fondamenti, furono ritrovate molte cofe, e fpecialmente una tavola in forma di fregio intagliata con alcuni puttini, che fopra de' carri fanno il giuoco circenfe. Nel luogo delle cantine fi trovarono parimente molti travertini, e porzione del canale, per cui pafsava l'acqua del fudetto fonte di Calcara. V'erano molte ftatue, ed il tempio di Nettuno.

Dal palazzo Mattei adunque volgendo a deftra verfo i Catinari, offervar potrete una vaga fonte con due conche, e quattro ben intefe ftatue di bronzo, ognuna delle quali foftiene una tartaruga; e perciò quefta mediocre piazza dal volgo dicefi delle *Tartarughe*.

Meglio però farà d'inoltrarfi all'altra *piazza de' Campitelli* bella per la fua ampiezza, e per i palazzi, che l'adol'adornano , tra quali quello de' Paluzzi Albertoni fu inalzato con difegno di Giacomo della Porta , e Girolamo Rainaldi ne ideò il portone , e gli ornamenti interiori ; ma più ancora per la magnifica Chiefa , che dicefi appunto di *S. Maria in Campitelli.* Fu quefta con difegno di Carlo Rainaldi rifabricata dal Popolo Romano nel Ponteficato di Aleffandro VII per voto fatto in tempo di pefte . Sono in effa cofpicue due cappelle , l'una a deftra dedicata a S. Anna ; e l'altra incontro degli Altieri . Riverite nell'altar maggiore un' Immagine della B. Vergine , trafportatavi dalla Chiefa di *S. Maria in Portico* , la quale è fcolpita in profili di oro dentro una rara gemma di zaffiro , che ha un palmo in circa di altezza , e mezzo palmo di larghezza , e dai lati vi fono ancora fcolpite in due fmeraldi le tefte de' Ss. Apoftoli Pietro , e Paolo . Sopra del cornicione in un ovato, della cuppola fi vede un pezzo di colonna di rariffimo alabaftro cotognino , che tagliata nel mezzo forma una croce , ed è molto trafparente .

Profeguendo il viaggio verfo *piazza Montanara* nel principio di effa volgete gli occhi a deftra per offervare gl' infelici avanzi del Teatro di Marcello , che fecondo Vitruvio fu il più bello di quanti fi videro in Roma . Fu edificato da Cefare Augufto in onore di Marcello figliuolo di Ottavia forella di Giulio Cefare ; e nell'atto della dedicazione vi furono fagrificate 600 fiere africane . P. Vittore riferifce ch'era capace di trenta mila fedili . Abbiamo veduto altrove che fu in parte diftrutto per fabricarne il palazzo Farnefe ; di maniera che Roma deve molto alla famiglia Savelli per averlo rinchiufo nella fua cafa , ed impeditane con tal mezzo la rovina totale . Quefto *Palazzo Savelli* fpetta in oggi alla famiglia Orfini , e fe non è molto ragguardevole per la fabrica , e ne tampoco

poco per l'ampiezza degli appartamenti, non manca però di pitture degli autori più infigni : cioè del Domenichi-

no; Caracci, Pietro da Cortona, Caravaggio, Tempe-fta, e Maratti; e vi fi vede la celebre ftatua di Cajo Pompilio, ed altri monumenti antichi.

Egli è certo, che vicino all' accennato teatro di Marcello era *il Foro Olitorio*, e la *colonna Lattaria*, che noi ftabilir poffiamo nelle vicinanze di *piazza Montanara*. Il foro Olitorio era il luogo, ove faceafi il mercato degli erbaggi, e la colonna Lattaria, ove fi efponevano i bambini, acciò qualche donna compaffionevole prendeffeli per dargli il latte, e le madri, che ne mancavano, appender ivi foleano i loro voti per averne.

Poco lungi è la Chiefa di S. Niccola detto in Carcere, perchè ftimafi edificata nel fito dell'antico Carcere di Claudio Decemviro, in cui un vecchio condannato a morir di fame fu mantenuto in vita dalla figliuola, che lo alimentò col proprio latte, come riferisce Festo: benchè Plinio scrive che non il padre, ma la madre fosse alimentata in tal modo dalla figliuola. Per questo atto d'amor filiale fu eretto un tempio alla pietà da C. Quinzio, e M. Attilio Consoli nel luogo, dove fu poi fabricato da Augusto il teatro di Marcello. La facciata della Chiesa moderna è disegno di Giacomo della Porta, e sotto l'altar maggiore si conservano i corpi de'SS. Marco, e Marcellino, Faustino e Beatrice.

Siegue la Chiesa ed ospedale di *S. Galla* detta già *S. Maria in Portico*, ove era quella miracolosa imagine, che ora venerasi in S. Maria in Campitelli. Fu detta in Portico, perchè fu fabricata in una parte del portico di Ottavia, a cui era similmente unita la curia dello stesso nome, edificata l'una e l'altro da Cesare Augusto in onore di Ottavia sorella di Giulio Cesare. Da questo portico tutta quella parte, che da S. Niccola in carcere stendesi fino a *S. Maria della Consolazione*, trovasi chiamata *in Portico*. Ed in fatti Lucio Fauno ci assicura, che mentre egli vivea, tra le due Chiese di S. Nicola e S. Maria in portico se ne vedeano i vestigj: ed il Fabrizio, che scrisse nel 1583 riferisce di aver quivi veduto cavare de' travertini, e frammenti di grosse colonne: anzi anche in oggi nelle cantine delle case, che formano un triangolo incontro alla *Chiesa di S. Omobuono*, se ne veggono ben chiari avanzi. Quella dunque di S. Galla fu fabricata nella stessa casa paterna di questa Santa, che fu figliuola di Simmaco consolare, fatto uccidere dal Re Teoderico. Fu riedificata dal Duca D. Livio Odescalchi, nipote d'Innocenzo XI; il quale vi fece un' Ospizio per i poveri.

Ascendendo ora alla Chiesa di *S. Maria della Consolazione* considerar ne potrete la bella facciata eretta con disegno di Martino Longhi. Ella non è antica, essendo

stata

ſtata fabbricata nel 1470: ed è governata da alcuni Gentiluomini, i quali parimente hanno cura de' due anneſſi
ſpedali per i feriti, uno per gli uomini, e l'altro per
le donne. Il Crocefiſſo nella prima cappella a deſtra con
tutte le altre ſtorie di G. C. è inſigne pittura di Taddeo
Zuccheri. Diſcendendo a ſiniſtra troverete prima la Chieſa di S. *Eligio de'Ferrari*, e poi l'altra quaſi incontro di
S. Gio. decollato, ov'è l'Archiconfraternità *della Miſeri-
cordia* eretta già in S. Biagio in ſtrada Giulia: e sì nell'u-
na che nell'altra troverete delle pitture ſopportabili, ed
atte più a muovere la divozione, che a ſoddisfare un
genio grande aſſuefatto ad aver dinanzi agl'occhi le opere de'pittori più celebri. Paſſate quindi a *S. Gregorio* in
Velabro, dove ſcorgerete alcuni belli antichi monumenti. La ſteſſa Chieſa di S. Giorgio n'è uno: e fu detta
in *Velabro* dalle tende che vi ſi ſtendevano. Quivi le acque ſcolando da'vicini monti formavano una Palude, la
quale fu diſſeccata da Tarquinio Priſco, o piuttoſto in-
canalata nella Cloaca maſſima, che pochi paſſi lontano ſi ſca-
rica nel tevere. Eravi la Baſilica di Sempronio, ove ſi
rendea ragione a'mercanti del Velabro e del *Foro Boario*:
e ſulle rovine di tal Baſilica fu inalzata la Chieſa nel principio del ſeſto ſecolo, riſtorata di tempo in tempo ſi-
no a giorni noſtri, ne' quali è ſtata conceduta a' Frati
Agoſtiniani ſcalzi. Gli è contiguo un picciolo arco eretto dagli argentieri, e mercanti de' buoi del vicino foro boario, in onore di Settimio Severo, e della ſua famiglia. Si vede tuttavia intiero con ornati a baſſorilievo, che rappreſentano Settimio, Giulia Pia moglie, ed
Antonino Caracalla in atto di fare un ſagrifizio, e perciò
v'è l'ara, le vittime, ed il vittimario: le quali ſculture
non mancano di aver merito.

Dicontro a queſto picciolo arco vedeſi un grand' e-

E 4 difi-

difizio di marmo a guifa di un portico quadrato con quattro porte ovvero archi ben alti , e quattro facciate . Alcu-

Portico detto Giano Quadri fronte.

ni vogliono fia il *tempio di Giano quadrifronte* : altri però
foftengono , che fia uno di que' Giani , i quali furono in
non pochi luoghi di Roma pervij ed aperti per ufo de' ne-
gozianti , che vi fi adunavano a fare i loro contratti : ovvero fu uno de' due archi o fornici fatti fecondo Livio nel
foro Boario da Stertinio , ed ornati di ftatue di oro nelle
nicchie : fotto vi fcorre il fonte di Giuturna , il quale
poi non fi sà ove vada a perderfi .

Alle falde del dicontro *monte Palatino* v' è la Chiefa di *S. Teodoro* fabricata fopra gli avanzi del *Tempio di
Giove Statore* , come alcuni vogliono , e fecondo altri di
Romolo e Remo : ed in fatti vi fu ritrovata quella lupa di bronzo , che vedefi in oggi nel Campidoglio nelle
ftanze de' Confervatori . Qui parimente iftituiti furono i
giuo-

giuochi lupercali, perchè quivi ritrovati furono dalla lupa, o più veramente da Luperca moglie del pastore Faustulo i due bambini Romolo e Remo. Per santificar tali giuochi si è dipoi introdotto di portare a questa Chiesa i bambini, i quali soffrono infermità occulte, e non di rado per intercessione di S. Teodoro ricuperano la salute. Il quadro dell'altar maggiore rappresentante il Santo in mezzo alle fiamme è pittura d.l Zuccherini.

Poco più oltre dalla parte medesima è situata l'antichissima Chiesa di S. Anastasia, fatta edificare da Apollonia Matrona Romana circa l'anno del Signore 300 per onorifica sepoltura della Santa. Fu poi ristorata da molti sommi Pontefici, e specialmente da Urbano VIII, il quale caduto il portico e la facciata, la rifece con generosa magnificenza. Venerate in essa il corpo della Santa riposto in ornato luogo con la di lei statua scolpita dal Ferrata. Osservate la Tribuna ricca di marmi, e depositi della famiglia Febei, con pitture di Lazzaro Baldi, e con due bellissime colonne di marmo detto Portasanta che la sostengono. Nello spazio che è tra la Chiesa ed il principio della strada, ove si ascende all'Aventino, detto anticamente Clivo Publico, vi era il Tempio degli Dei Libero, Libera, e Cerere, fatto da Postumio dittatore; con altri tempj pure di Cerere, e di Flora; e quello parimente di Nettuno, come fa credere una cappelletta vagamente ornata di conchiglie marine, che si vide in un cavo fatto poco lontano nel 1526.

Voltando a sinistra vedrete in una gran valle tra i due monti Palatino, e Aventino, detta anticamente Marzia, ed ora de' Cerchi, un gran concavo di figura quasi ovale, che serve ad uso di orti. Quivi era il Circo Massimo, ed il luogo spogliato d'ogni ornamento ne ritiene quasi l'antica forma. Fu destinato dal Re Tarquinio Prisco,

dopo

dopo la vittoria avuta contro i Latini, al corso de'cavalli, e delle carette: il Re Tarquinio Superbo lo stabilì con sedili di legno. Cresciuta dipoi la potenza Romana, Giulio Cesare lo fabricò con pompa corrispondente alla sua grandezza, rendendolo capace di 260 mila Spettatori, come scrive Plinio nel lib. 36 cap. 15. Vi aggiunse inoltre l'Euripo; cioè una fossa piena di acqua, circondante il vacuo del circo, dove ne' spettacoli si uccidevano coccodrilli ed altri animali acquatici, e si facevano combattimenti navali. Era il circo diviso da un' intramezzo, intorno al quale correvano le carrette, e i cavalli: nelle due estremità erano le mete, e nel mezzo il Tempio del Sole, al quale era dedicato, e appresso a questo ergevasi l'obelisco postovi da Augusto, oggi esistente nella piazza del popolo. Poco distante fra altre statue de' falsi Dei vi era l'altro obelisco, condottovi da Costanzo, oggi esistente nella piazza di S. Gio: Laterano.

Camminando dall'uno all'altro estremo del circo osserverete a sinistra nel monte Palatino grandi residui degli ultimi sedili del medesimo circo, dove si congiungeva col palazzo Imperiale. Ove si volta verso la Chiesa di S. Gregorio, fu la porta dell' antica Città di Romolo chiamata *Romanula*.

Lasciate a man sinistra la detta Chiesa, e passate all'altra de' Ss. Nereo ed Achilleo, dove riposano i loro Corpi, fabbricata (secondo alcuni) presso il tempio d'Iside.

Passate dipoi alla Chiesa, e Monastero di San Sisto de' Domenicani, situato nella regione della Piscina Publica, la quale era un bagno, dove il popolo si andava a lavare, e da questa Piscina la regione circonvicina ebbe il nome. Riposano in detta Chiesa i Corpi de' Ss. Felice, Zeffirino, Antero, Lucio, e Luciano, Pontefici, e Martiri; e de' Ss. Sotero, Partenio, Lucio e Giulio Vescovi, e Martiri.

Usci-

Uſcirete dalla Città per la porta già detta Capena,
ed Appia, ora di S. Sebaſtiano, e con un miglio in circa
di ſtrada retta vi condurrete alla Chieſa di queſto Santo.

S. SEBASTIANO.

Vedrete in eſſa il luogo, chiamato dal Boſio, e dal Ba-
ronio il *Cimiterio di Caliſto*, dove furono ſepolti 174000
Martiri, detto comunemente Catacombe, o Catatombe,
perchè è profondo, e cavato vicino alle tombe. In detto
luogo per alcun tempo ſtettero i Corpi de' Ss. Pietro,
e Paolo, per lo che dal Bibliotecario vien chiamato Baſilica degli Apoſtoli. Ivi ſi radunavano i Pontefici co' Criſtiani. Scipione Card. Borgheſe riduſſe queſto Santuario alla forma preſente; e acciocchè non reſtaſſe privo del culto dovutogli, v' introduſſe i monaci di S. Bernardo. Nella prima cappella a deſtra quando enrrate, fra molte inſigni
Reliquie, che ivi ſi cuſtodiſcono, venerate il corpo di
S. Ca-

S. Califto Pontefice e Martire : un braccio di S. Andrea Apoftolo : un' altro del Santo Martire Titolare ; e due frezze con le quali fu faettato ; una pietra fu la quale il noftro Redentore lafciò impreffe l' orme de' fuoi piedi quando comparve a S. Pietro ; e alcune di quelle Spine, con le quali fu coronato nella fua paffione. Offervate poi la belliffima cappella, che Clemente XI ornò di preziofi marmi in onore di S. Fabiano Papa e Martire (il corpo del quale è in quefta Chiefa) con architettura del Cav. Carlo Fontana, di Filippo Barigioni, e di Aleffandro Specchi. La Tribuna, cuppola, lanternino, ed altri ornamenti dell' altar maggiore, furono architettati da Flamminio Ponzio, e Giovanni Fiamingo : e le pitture che efprimono Gesù Crocefiffo colla B. Vergine, e S. Giovanni, fono d'Innocenzo Tacconi, allievo di Annibale Caracci. Paffate alla cappella di S. Sebaftiano (dove ripofa il fuo corpo) rifabricata con difegno di Ciro Ferri dal fu Card. Francefco Barberini : e dal medefimo nobilitata con marmi, e con la ftatua del Santo fcolpita dal Giorgetti.

Tornando per la medefima Porta fuori della Chiefa, e voltando a deftra, alquanto più oltre nella via Appia, vedrete il fepolcro di Metella, coftrutto nobilmente di travertini quadrati in forma rotonda. Fu Cecilia Metella figliuola di Metello, il quale, poichè foggiogò l'Ifola di Creta, detta oggi Candia, fu cognominato Cretico. Si vedono in quefto nobile edifizio le armi della famiglia Caetani ; e fopra di effo una tefta di Bue, da cui quefto luogo pigliò il nome di *Capo di Bove*.

Quivi parimente vedrete il circo (come gli antiquarj tutti credono) di Antonino Caracalla, in mezzo di cui fu ritrovato rotto e giacente quell' obelifco, che fu poi trafportato, ed eretto in piazza navona da Innocenzo X.

Ritornando per la ftrada, che conduce verfo la porta

ta di S. Sebastiano, arriverete ad un picciolo tempio rotondo, fabricato nel sito, dove Cristo Signor Nostro apparve a S. Pietro, mentre l'Apostolo fuggiva da Roma, come scrivono Egesippo, ed altri. Più oltre ne troverete un'altro eretto nel sito, dove il medesimo Signor nostro sparì dagli occhi del Santo. Dirimpetto a questo è la strada *Ardeatina*, la quale sbocca nella campagna, e attraversa la strada, che è da S. Paolo a S. Sebastiano. Troverete appresso un piano allagato, il quale è un ridotto d'acque minerali, che scaturiscono poco lontano, e servono al prossimo molino. Questo luogo chiamasi corrottamente Acquataccio, che vuol dire acqua d'Accio, da Aci giovinetto amato da Berecintia. Quì si fanno lavare le pecore, ed altri animali che patiscono di scabbia o di simili infermità, e sogliono guarirne. Osserverete per questa strada alcuni edifizj distrutti; che erano sepolture di famiglie nobili, spogliate de' loro ornamenti.

Rientrando nella Città per la sudetta *Porta di S. Sebastiano*, incaminatevi per la strada maestra, che vi condurrà alla *Chiesa di S. Cesareo* Diaconìa Cardinalizia. Voltando poi a destra, conducetevi all'altra porta della Città chiamata *Latina*, dove è la Chiesa dedicata a San Giovanni Evangelista, rifabricata da S. Adriano primo; indi unita nel 1144 alla Basilica di S. Giovanni in Laterano, che del 1686 la concedette a i Padri scalzi della Mercede. Le pitture della nave maggiore sono di Paolo Perugino, e le altre di sopportabili pittori del secolo presente.

La cappelletta contigua alla detta Chiesa chiamasi *San Giovanni in Oleo*, ed è il luogo, dove il S. Apostolo fu messo nel bagno d'olio bollente. In essa credesi siano riposti tutti gli strumenti del martirio del Santo; i cappelli li quali gli furono rasi, e il sangue che per la rasura gli uscì dal capo.

Pro-

Proseguendo il camino verso la Chiesa di S. Giovanni in Laterano troverete il fiumicello detto la marrana, che entra in Roma per un' antica porta murata, già detta *Gabiusa*, perchè per essa si andava a Gabi terra de' Sabini chiamata oggi *Gallicano*. Questo fiumicello scaturisce in un Castello chiamato Marino; e da alcuni è creduto un rivo dell'acqua Appia; da altri dell' acqua Crabra.

Con poco viaggio giugnerete alla piazza minore del Laterano ampliata ed ornata nel 1588 da Sisto V mediante l'erezione di quell' obelisco, che dall' Imper. Costanzo era stato inalzato nel mezzo del *Circo Massimo*. La sua altezza è di piedi 115 incirca, e di piedi 9 la larghezza nella parte interiore, la quale però non è di eguale quadratura.

A destra si presenta agli occhi un edifizio rotondo chiamato *S. Gio: in Fonte*, che dicesi fabricato dall' Imperatore Costantino per ricevervi il Battesimo; ed in cui secondo alcuni scrittori profuso avea l'oro, e l'argento. Fu ristorato da Sisto III, il quale vi pose le colonne, che ne sostengono la cuppola, delle quali 5 sono picciole di marmo sopra l'architrave. Il Fonte moderno è tutto di pietra egizia con coperchio di metallo dorato; e le pitture della cuppola, le quali rappresentano alcuni fatti della vita di M. V. sono lavoro di Andrea Sacchi.

Si entra quindi nella cappella delle Ss. Ruffina e Seconda, i cui corpi si venerano sotto l'altare ad esse dedicato, come parimente quelli de' Ss. Cipriano e Giustina nell'altro dirimpetto ristorato dal Canonico Pierantonio Borgia, il quale usò l'attenzione di farvi restare l'antico mosaico fattovi già da Anastasio IV, che nel 1253 eresse e consagrò questi due altari.

Proseguendo per l'altro Oratorio dedicato a S. Venanzio, il cui corpo fu riposto sotto l'altare da Giovanni

ni

ni IV nel 640 infieme con quelli di altri 9. Ss. Martiri,
fi paffa in un cortile, ove incominciano le abitazioni de'
Canonici. Nel Giardino fono molti avanzi di antichità,
e tra effi alcune ifcrizioni ebraiche, greche, e latine,
la belliffima urna di profido ftoriata, la più grande di
quante fono in Roma, e che fervì di fepolcro a S. Elena Imperatrice nella *Via Labicana*, e tre fedili per ufo
de' Bagni, due de' quali cioè uno di marmo, e l'altro
di pietra roffa eran già fituati nel portico della Bafilica antica.

Ritrocedendo per l'accennato cortile fi rientra nella
piazza per confiderare il portico detto *della Benedizione*,
perchè da effo eran foliti i Pontefici di benedire il popolo prima che fi fabricaffe il portico della facciata principale. Fu eretto da Martino V, ed ornato da Sifto V, ed
il Capitolo vi ereffe la ftatua di Arrigo IV Re di Francia
infigne benefattore di quefta Bafilica.

Fu effa detta *Lateranenfe* perchè fabricata nel fito,
ove avea il fuo palazzo Plauzio Laterano Patrizio Romano ufurpatogli da Nerone, da cui paffò agl'Imperatori
fuoi fucceffori; e n'è indizio la ftatua equeftre di M. Aurelio Antonino Pio quivi ritrovata in tempo di Paolo III
che fè trasferirla alla piazza del Campidoglio. Entrando
in effa fi paffa ad offervar la Tribuna, il cui mofaico non
è già l'antico, ma quello che fu fatto per ordine di Niccolò IV. Incontro v'è l'altar papale, ricoperto da un
Tabernacolo di ftruttura del mezzo tempo; in cui fi confervano le Reliquie de' Ss. Apoftoli Pietro e Paolo, i bufti de' quali fono di molto valore per le gioje fattevi
porre da' Pontefici e Monarchi, e fpecialmente da Carlo V
Re di Francia, che nel petto di ciafcheduno di effi ripofe
un giglio d'oro ornato di diamanti, ed altre gioje. Vi fi
confervano ancora altre Reliquie, e tra quefte, della tuni-

ca di N. S. G. C., del panno di lino, con cui afciugò i piedi degli Apoſtoli dopo l'ultima cena : della porpora , con cui fu riveſtito per iſcherno, ed ella è tinta in alcuni luoghi del fuo preziofiſſimo Sangue: un Sudario poſtogli ful volto, quando fu depoſto nel fepolcro : un pezzo della Ss. Croce; porzione delle veſti della B. V., un dente di S. Pietro : il corpo di S. Pancrazio martire : una ſpalla di S. Lorenzo : e delle reliquie di S. Gio. Battiſta .

Inoltrandoſi dietro la Tribuna fono oſſervabili un Labaro antico , che ſerve di depoſito al nobite Romano Gio: Muti Papazurri ; le pitture che adornano le due ſagreſtie , e ſpecialmente in quella de' Canonici il quadro dell'altare rappreſentante il Crocefiſſo , M. V. e S. Giovanni , che fu dipinto dal Buonaroti .

Ritornando nella Chieſa , dopo il coro d'inverno de' Canonici fornito di belliſſimi ſtalli , ſi preſenta agli occhi il maeſtoſo altare del Ss. Sagramento ornato da Clemen. VIII. di un architrave , baldacchino , e quattro colonne di metallo dorato , che taluni vogliono ſiano avanzi del tempio di Giove Capitolino , e forſe traſportate in Roma da Tito Veſpaſiano inſieme con altre ſpoglie della Giudea . Quivi tutto merita una particolare conſiderazione per la eccellenza delle pitture , delle ſtatue , de' baſſirilievi , e delle pietre più ſcelte , di cui è inteſſuto il gran tabernacolo .

La gran navata però quella è che eccita le meraviglie ridotta alla preſente vaghezza da Innocenzo X con diſegno del Borromini : il quale rinchiuſe ne' grandi pilaſtri le groſſe antiche colonne , che ſoſtenevano il cornicione. e forſe ancora il foffitto della Chieſa antica : ornò ciaſcheduna nicchia di due picciole colonne di verde antico , e nella parte ſuperiore rappreſentò in baſſirilievi di ſtucco diverſi miſterj della Paſſione di G. C. Ma non prima del Pontificato di Clemente XI furono nelle nicchie ſituate le ſtatue

de'

de' XII Apostoli, e ne' festoni di stucco i quadri ovati rappresentanti i XII Profeti, opere tutte de' più celebri scalpelli, e pennelli di quel tempo, in cui quel Pontefice rifiorir fece alquanto le *Belle arti*.

Delle cappelle laterali la più magnifica è la eretta da Clemente XII a S. Andrea Corsini. Ella è rivestita di marmi di gran valore, ornata di bassirilievi e colonne, due delle quali sono di verde antico, e quattro di porfido con basi e capitelli di metallo dorato co' depositi delle persone più illustri della famiglia Corsini, e quello specialmente del Papa reso maestevole da una grande e bellissima urna di

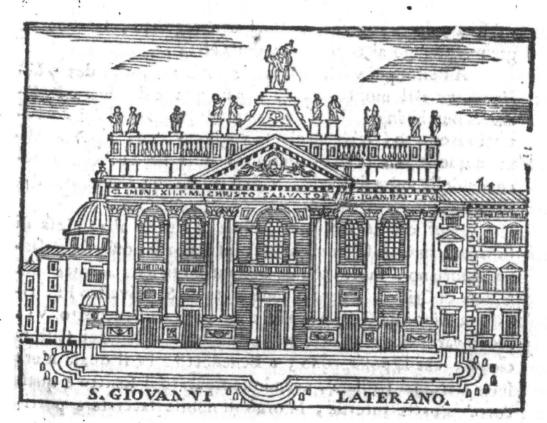

S. GIOVANNI LATERANO.

porfido, la quale giacque per molti secoli negletta nel portico del Pantheon.

Sortendo dalla Basilica per la porta contigua si entra

F
tra

tra nel gran portico fatto erigere infieme colla facciata dal medefimo Pontefice Clemente XII con difegno del Galilei lafciato quello del fudetto Boromini, che adattato avealo alla fimetria della gran navata: e può dirfi che l'ornamento migliore fia la gran porta di bronzo, tolta già dalla Chiefa di S. Adriano, come fi diffe, e raffettata dal medefimo Boromini con rigettarne le parti guafte, ed inutili.

A finiftra del Portico vedefi il Palazzo, offia Patriarchìo Lateranenfe riftorato da Sifto V, e parte di cui fu da Innocenzo XII affegnato al Confervatorio di povere zitelle orfane, le quali fotto la direzione degli Amminiftratori dell' Ofpizio degl'Invalidi fi applicano alla fabbrica delle ftoffe di feta, lavorio, che fe foffe ben regolato, farebbe di gran vantaggio al commercio della città.

A deftra poi v'è la porta, che anticamente fu detta *Celimontana* dal monte Celio, che fin quà fi ftende, ed *Afinaria*, perchè in quefte vicinanze era il palazzo di Afinio Patrizio Romano, febbene alcuni vogliono, che la porta Afinaria quella fia, la quale più oltre fulla ftrada, che a feconda delle mura fi ftende, vedefi chiufa con alcuni archi e feneftre.

Per quefta ftrada medefima fi giugne alla Chiefa di S. Croce in Gerufalemme aperta ful Seforio, offia ful palazzo Sefforiano, fubito che da Coftantino fu data la pace alla Chiefa di Crifto, e perciò confagrata da S. Silveftro PP. riftorata dipoi da Gregorio II, e nel 903 da Benedetto VI. Dopo varie vicende l'ottennero da Pio IV i Monaci Cifterciensi, che la poffeggono, e Benedetto XIV il quale n'era ftato Cardinal titolare, avendone riparato il foffitto e quafi tutta la parte interna, la ornò di nobile facciata e portico. Offervate le pregiabili colonne di granito orientale, che foftengono la navata, e la caffa di bafalte, che forma l'altar maggiore, ed in cui fi confervano i corpi de' Ss. Ce-

sareo

fareo ed Anaftafio. Suol difcenderfi nella parte inferiore, e
venerar la S. Elena nella fua cappella, ove è fama ch'ella

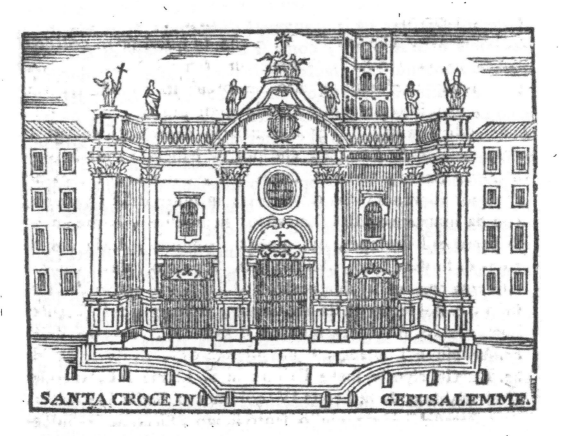

SANTA CROCE IN GERUSALEMME.

riponeffe quantità di terra condotta dal Calvario. Ne' co-
retti della Chiefa fuperiore tra le molte Reliquie fi venerano alcuni groffi pezzi della SSma Croce, il Titolo che fu pofto in effa, uno de' Santi Chiodi, due Spine della Corona
di G. C. parte della fpugna, e quello fteffo dito, che
S. Tommafo pofe nel di lui Coftato: e nel Monaftero contiguo è offervabile la numerofa e fcelta Libreria, e tra i
molti quadri quello di S. Elena dipinto dal Rubens. Finalmente quegl'avanzi di antica fabrica; che veggonfi in vicinanza di quefta Chiefa credono alcuni Antiquarj, fiano una
parte di quel tempio di Venere e Cupido, di cui parla

Ovidio nel lib. 1. degli amori, ed altri vi stabiliscono l'Anfiteatro di Statilio Tauro.

Ritornando al Laterano per la bella strada de' morigelsi, riguarderemo il Triclinio Leoniano, così detto da S. Leone III, che lo edificò, e che fu quivi fatto collocare da Benedetto XIV. sebbene in gran parte diverso dal primo sostanzialmente guasto, allorchè fu rimosso dal suo luogo primiero per aprir questa gran piazza.

Gli è contiguo il gran Santuario detto anticamente l'*Oratorio di S. Lorenzo*, che pur v' è incluso, ed in oggi la *Scala Santa*, adornata da Sisto V, e nel di cui ripiano superiore si venera una divotissima imagine del Salvatore, che da Innocenzo III fu incassata in argento, come ancora parte del Presepe, ove giacque bambino, della colonna a cui fu flagellato, del suo santo Sepolcro, della canna, e spugna con cui fu abbeverato, della lancia con cui fu trafitto, e del legno della Ss. Croce, delle ossa del Battista, il corpo di S. Anastasio monaco e martire, le teste delle Ss. Agnese e Prassede, e per fine tre casse di Reliquie di Ss. Martiri riposte sotto l'altare da S. Leone III, o come altri vogliono da S. Leone IV col motto *Santta Santtorum*, da cui trasse il nome questo santo luogo. Siccome la sudetta Scala attrae una gran divozione, suole ascendersi colle ginocchia, considerando la Passione del N.S.G.C. al quale effetto da' Sommi Pontefici le sono state applicate grandi Indulgenze.

Dirimpetto all' obelisco eretto, come dicemmo, da Sisto V nella piazza minore, apresi la bella strada da questo medesimo Pontefice aperta per andare a *S. Maria maggiore*, e quindi al *monte Pincio*: e a destra vedesi la villa de' Principi Giustiniani ragguardevole per i viali deliziosi, e fontane, ed ancor più per le iscrizioni antiche, bassirilievi e statue, tra le quali un Giove, e l'Imperator Giustiniano,

i bui busti di Giulia pia, di Severo, e di Platone; un'Aurelio, nna Minerva, un Mercurio, un Esculapio, un Pastore, e tra i bassirilievi un Baccanale con Sileno, e Fauni, che intagliato in rame si vende nella Calcografia camerale, e per fine due antichi vasi.

Rimettendoci sulla piazza della Basilica Lateranense per continuare la strada sul *monte Celio*, vedesi lo spedale eretto nel 1216 dal Card. Giovanni Colonna Romano, e dirimpetto ve n'è un altro simile per le donne amministrati ambedue da alcuni Cavalieri romani, i quali compongono un Archiconfraternità chiamata di *Sancta Sanctorum*. Quindi per la strada de' condotti fabricati da Nerone per condurre l'acqua Claudia al Palatino, troverete a sinistra la Chiesa di *S. Stefano Rotondo*, che alcuni vogliono uno fosse de' tre tempj dedicati a Fauno Dio de' boschi e delle selve, ed altri che quello sia eretto a Claudio da Agrippina, che incominciollo, e da Vespasiano, che lo terminò. Essendo stato cangiato in Chiesa sino dall'anno 468, e da Gregorio XIII unito al Collegio Germanico-Ungarico, vedesi questa sostenuta da molte colonne; e nelle mura Niccolò Pomerancio colorì a fresco diversi tormenti de'Martiri. Il quadro della Santissima Annunziata nel suo altare è fatica del Padre Pozzi Gesuita: e sotto quello de' Santi Primo e Feliciano si conserva gran parte de' corpi di questi Martiri.

Pochi passi incontro nel giardino de' Casali sono considerabili alcuni busti e statue antiche, tra' quali speciali sono quelle della Pudicizia, di Bacco, e di un Cacciatore colla preda sul collo.

Vicina è l'antichissima Chiesa di *S. Maria* della navicella, così chiamata da una navicella di marmo, posta per voto innanzi alla Chiesa stessa; ma dee chiamarsi *in Dominica*, o *in Ciriaca* da quella religiosa Matrona Roma-

F 3   na,

na, che aveva in questo luogo la casa, e il podere, dove è la Chiesa di S. Lorenzo fuori delle mura. Leone X la fece rifabricare con difegno di Raffaelo, e vi dipinfero il fregio che ha intorno, Giulio Romano, e Pierino del Vaga. Alcuni Antiquarj stabiliscono in questo luogo gli alloggiamenti degli Albani: non già le abitazioni affegnate agl' Albanesi dal Re Tullo dopo la battaglia degli Orazj e Curiazj; ma bensì gli alloggiamenti di que' foldati Albanesi, i quali alle volte erano chiamati a Roma. Altri poi vi pongono gli alloggiamenti de' *Soldati peregrini*, ed il tempio di *Giove reduce*. Ma non effendovene il minimo vestigio, come parimente effendo rimasta fpogliata de' suoi più belli ornamenti la contigua *villa Mattei*, noi dopo avere data una occhiata agli antichi *muri* della Chiesa di S. *Tommafo in formis*, che fono appunto un'acquedotto dell' *acqua Claudia*, fcenderemo all'altra de' SS. *Giovannni e Paolo* da Clemente XIV conceduta a' PP. Paffionisti. In effa i detti Santi furono nafcoftamente decollati, e fepelliti da Giuliano Apoftata: e prefentemente vi ripofano tuttavia i loro corpi, infieme con quelli di altri dodici santi Martiri, tutti collocati fotto l'altar maggiore. Qui fu il palazzo di Tullo Oftilio terzo Re de' Romani, o piuttofto quella che dagli fcrittori fuol dirfi *Curia Oftilia*, i cui vestigj fono forfe quelli che fi vedono fotto il campanile; e più oltre nelle ortaglie, che al Monastero foggiacciono, e incontro al Palatino vedevafi una lunga tela di muro, nella quale erano in piedi nove o dieci archi di groffi travertini, fimili a quelli dell'Anfiteatro; fopra de' quali archi vogliono gli Antiquarj foffe edificata la Curia del detto Oftilio. Ma a Pompeo Ugonio non pare verifimile, che dal tempo dei Re fino a noi fia reftata fimile fabrica; avendo i Confoli, ed altri cittadini potenti e gl'Imperatori deditiffimi al fabricare, rivoltata la città di Roma fottoffopra con varj

cdledifizj. Credette dunque l'istesso Ugonio, che la Curia di Ostilio potesse essere in questo sito; ma che fossero quegli archi più tosto di qualche fabrica de' Cesari. Di detti archi, e logge la maggior parte fu gettata a terra e portati altrove i travertini per fabriche moderne nell'anno 1641.

Scendete da questo luogo per il *Clivo di Scauro*, ed a sinistra vedrete la Chiesa di S. Gregorio, il quale assunto al Pontificato la fabricò nella propria casa, e la dedicò a S. Andrea, e fu di poi dedicata a lui stesso. La sua nobile facciata, adorna di Portici, fu fatta dal Card. Scipione Borghese con disegno di Gio. Battista Soria; ed il Pomeranci ne fece le pitture. Vedesi in oggi la detta Chiesa per la maggior parte rimodernata, e in miglior forma ridotta, a spese del Card. Quirini. Sono in essa, e nel portico alcuni nobili depositi: e fra le pitture il S. Gregorio in fondo della navata a destra è opera molto perfetta d'Andrea Sacchi. Vi sono ancora molte sagre Reliquie, particolarmente un braccio del Santo titolare, e una gamba di S. Pantaleone. Viene assai frequentata dal popolo questa Chiesa, particolarmente nell'ottavario de' morti per le grandi Indulgenze applicabili per modo di suffragio alle anime de' defonti, concedute da questo Santo Pontefice, il quale racconta nel cap. 55. del libro 4 de' suoi Dialoghi, come avendo egli fatto celebrare trenta messe per un suo Monaco defonto chiamato Giusto, questo, gli apparve circondato di luce e gli disse, che per i suoi suffragj era stato dal Sig. Iddio liberato dal Purgatorio, e perciò qui si pratica da' fedeli la detta divozione delle trenta Messe.

Per la porta che è al lato dell'altar maggiore, vi condurrete nella cappella fatta, e dedicata dal Card. Antonio Maria Salviati a S. Gregorio, il cui quadro è opera mirabile d'Annibale Caracci: e quindi alle due piccole chiese congiunte, nella prima delle quali è una bella statua di S.

Sil-

Si via madre del Santo, scolpita dal Franciosini; e nella Tribuna molti Angeli dipinti da Guido Reni. Nella seconda dedicata all' Apostolo S. Andrea, e ristorata dal sudetto Card. Borghese, il quadro dell'altare è del Pomeranci; l' istoria nel muro a mano destra fu dipinta a metaviglia dal Domenichino. e dirimpetto l' altra non meno ragguardevole da Guido Reni. A questa Chiesa è aggiunta la terza, detta l' Oratorio di S. Barbara, in cui è da osservarsi la statua di S. Gregorio abbozzata dal Buonaroti, e terminata dal Franciosini, come ancora una tavola di marmo, sopra la quale detto sommo Pontefice dava ogni giorno il pranzo a dodici poveri Pellegrini, tra' quali un giorno si pose un Angelo sotto la forma di giovane straniero, che dopoi non fu più veduto. Uscirete nella piazza spaziosa fatta aprire dal Card. Salviati, incontro alla quale a' piè del Palatino si vedeva, prima che con poca avvedutezza fosse distrutto da Sisto V, il *Settizonio* di Severo, del quale erano restati tre piani sostenuti da bellissime Colonne di granito. Era questo una fabrica ad uso di Sepolcro, e si chiamò Settizonio, perchè era circondato da sette zone, ovvero ordini di colonne uno sopra l'altro.

Salirete il *monte Palatino* per una stradella, che stà in faccia alla piazza, e da per tutto troverete ruine del palazzo Imperiale chiamato maggiore.

L'origine del nome *Palatino*, dato a questo Monte, è incerta frà gli scrittori, deducendola Festo dal belare, e dall'errare della gregge: e Varrone da i Pallanti, che vennero con Evandro, il quale dicesi che abitasse quivi prima di Romolo. In questo colle fu fabricata da esso Romolo la Città di Roma, e cinta di mura secondo la forma quadrata del monte, per lo che fu detta *Roma quadrata*. Cresciuto poi con la potenza Romana il lusso delle fabriche, il monte, che era stato sufficiente spazio ad un' intiera Città,

riu-

riuscì angusto per l'abitazione degl' Imperatori, onde dopo la modestia d'Augusto, che contentossi abitar nel suo antico palazzo (il quale fu notabilmente accresciuto prima da Tiberio, e poi da Caligola) Nerone includendo tutto nella sua _casa Aurea_, fece ad essa quella grand'estensione, che abbraccia tutto il piano esistente frà il Palatino, ed il Celio, occupando ancora parte dell' Esquilino. In questo medesimo colle (oltre gli antichi tempj che vi erano stati fatti ne' primi secoli) vi fu tra i più magnifici quello d'Appollo con portico, e libreria fabricato a lato della sua casa da Augusto; al quale ivi fu dedicato altro tempio non meno magnifico da Livia sua moglie. Oggi non vi si veggono se non che laceri avanzi di fabriche sotanto magnifiche.

Nella cima del Monte a sinistra è un altro Giardino già de' Mattei, ora della famiglia Spada, al lato del quale è la nuova Chiesa di S. _Bonaventura_ col Convento de' PP. Francescani, detti della Riformella. Per la medesima strada a mano dritta è è l'Ippodromo, o Cavallerizza dell'Imperatore, nella quale fu saettato, e battuto a morte S.Sebastiano, appunto nel luogo dove è la Chiesa dedicata al detto Santo chiamata in _Pallara_, e dedicata anticamente a S. Maria, S. Zotico, e S. Andrea. Quì fu eletto Pontefice Gelasio II; ed in queste vicinanze erano le antiche abitazioni de' Frangipani.

Quasi alle falde di questa strada è la fabrica del salnitro: e dirimpetto sono gl' orti Farnesiani, la porta de' qual fu architettata dal Vignola.

Per la strada, che è lungo le mura di questo giardino (la quale fu verisimilmente l'antico vico Sandalario, che imboccando nell' arco di Tito giungeva alla meta Sudante) riconoscerete sull' erto del monte il luogo, dove fu l'antico Lupercale, cioè la spelonca in cui ritirossi la
lupa

lupa lattante Romolo e Remo all'apparire di Fauſtolo paſtore. Appreſſo fu il Fico Ruminale, ſotto del quale furono ritrovati i due bambini dal paſtore ſuddetto, che poi
li diede a nutrire ad Acca Laurenzia. Incontro al lupercale fu il Vulcanale, cioè una piazza con ara dedicata a Vulcano; e appreſſo il piccolo Tempio della Concordia eretto
da Flavio Edile.

Paſſate ſa Chiſa di S. Maria Liberatrice, e nel vicino
reſiduo di antico edifizio ravviſerete la Curia Oſtilia, della quale furono veriſimilmente le tre colonne ſcannellate,
che ſono appreſſo la Chieſa ſudetta, credute da alcuni del
tempio di Giove Statore: Dall'altro lato verſo S. Lorenzo
in Miranda vi fu il Comizio, fabrica che con la Curia cor-
riſpondeva ſu l'antico Foro Romano, maraviglioſo per la
copia delle ſtatue, ed edifizj che l'adornavano: innanzi
alla Curia furono i roſtri, cioè i tribunali ornati co' roſtri
delle navi tolte da' Romani a' popoli d'Anzio, da' quali
tri-

tribunali si perorava al popolo. Nel mezzo del Foro fu il lago Curzio, così detto o perchè vi fosse la palude, in cui nella guerra di Tazio con Romolo ebbe a restar sommerso Mezio Curzio Sabino; o perchè vi fosse la spaventora voragine, nella quale si gittò Curzio armato. Che questa fosse innanzi alla Chiesa di S. Maria Liberatrice; ne fa fede il Curzio a cavallo in marmo di mezzorilievo, quivi ritrovato, ed ora murato el Campidoglio a piè delle scale del palazzo de' Conservatori, come riferisce Flaminio Vacca. Quì appresso vedrete un fonte con una gran tazza di granito, chiamata di Marforio, perchè fu ritrovata sotto la statua di Marforio nel cantone tra il carcere de' Ss. Pietro e Paolo, e la chiesa di S. Martina.

In questa piazza, e Foro Boario era il tempio d'Ercole, chiamato da molti *Ara Maxima*, atterrato nel Pontificato di Sisto IV. In detto tempio fu ritrovato l'Ercole di bronzo, che si conserva nel palazzo Senatorio, del quale rapporta l'effigie il Marliano al lib. 8, cap. 15.

GIORNATA VI.

Da S. Salvatore in Lauro per il Campi-
pidoglio alle Carine.

A Chiesa di *S. Salvatore in Lauro*, in cui si conservano i corpi de' Ss. Martiri Orso, Quirino, e Valerio, appartiene alla nazione de' Marchegiani insieme col Monastero, che fu già abitazione de' Canonici di S. Giorgio in Alga di Venezia. Sebbene non siano disprezzabili le altre pitture, che quivi si veggono, la più bella però senza contradizione è la natività di G. C. primo lavoro di Pietro da Cortona: sicchè dopo aver scorsa la strada de' Coronari, e data una occhiata al palazzo Lancellotti ragguardevole per la sua architettura, per i busti antichi, i bassirilievi, e le statue, tra le quali è insigne una Diana Efesia, e per i molti quadri negli appartamenti, ed in particolare per un Sileno portato da due Fauni, pittura egregia di Annibale Caracci, passar potrete a considerare la Chiesa *della Pace* offiziata da' Canonici Lateranensi di S. Agostino. Fu questa Chiesa fabricata da Sisto IV, e terminata da Innocenzo VIII e da Alessandro VII abbellita con architettura di Pietro da Cortona, che la ornò al di fuori di bellissima facciata, e portico semicircolare sostenuto da colonne, fatto ad imitazione d'altro portico antico, che era alla porta delle Terme Diocleziane. Dentro la Chiesa vedrete l'altar maggiore cospicuo per i marmi, statue e metalli, e per la volta dipinta dall'Albano. Il bassorilievo di bronzo nella prima cappella a destra quando si entra, è opera insigne del Francelli, che fece ancora la statua di S. Caterina; ed il vicino deposito dall'altra parte è del Ferreta: e le
due

due Sibille ftimatiffime, dipinte nel muro fuperiore, furono difegnate da Raffaele d'Urbino, e colorite da Giulio Romano. Nella feconda cappella il quadro con la B. Vergine, e S. Anna, fu dipinto da Carlo Cefi: e la vofta dal Sermoneta: i Sepolcri laterali furono fcolpiti da Vincenzo Roffi da Fiefole, che fi ftima autore anche delle ftatue de' Ss. Pietro e Paolo. Nella terza cappella il San Giovanni Evangelifta è opera del Cavalier d'Arpino: e il quadro di fopra con la vifitazione di S. Elifabetta è di Carlo Maratti. Nella quarta il Battefimo del Signore è d'Orazio Gentilefchi; e il quadro di fopra con la Prefentazione della B. Vergine di Baldaffarre Peruzzi da Siena. Dall'altro lato nella feconda cappella la Natività del Redentore è del fudetto Sermoneta: il tranfito di M. Vergine affiftita dagli Apoftoli nel quadro di fopra è di Gio: Maria Morandi. Nell' ultima cappella il quadro con S. Ubaldo è di Lazzaro Baldi: e le pitture di fopra fono del fudetto Peruzzi.

Trasferitevi alla proffima Chiefa di S. Maria dell'Anima della Nazione Tedefca, ornata di bella facciata con porta d'Africano fatta in tempo di Adriano VI: vi fono belliffimi altari con pitture di Carlo Veneziano, Giacinto Gimignani, Frencefco Salviati, ed altri autori. Fra i depofiti fono cofpicui quelli di Adriano VI, del Duca di Cleves, e del Card. Andrea d'Auftria. Nella Sagreftia il quadro dell' altare con la B. Vergine, ed altri Santi, è di Giulio Romano. Il pavimento è ftato fatto in quefti giorni.

Quafi incontro è l'altra Chiefa di S. Niccola de' Lorenefi, con facciata di travertino, e dipoi è ftata rinovata con incroftature di diafpro, ftucchi dorati, ed altri ornamenti, che la rendono affai vaga.

Paffate alla gran fabrica dello Studio generale detto la Sapienza. Fu quefto fabricato per ordine di Leone X con architettura di Michel'Angelo Buonaroti; indi ampliato da di-

diverfi fommi Pontefici, e arricchito da Aleffandro VII. di una copiofiffima libreria, che già fu de' Duchi d'Urbino.

S'infegnano in detto Studio tutte le lingue e fcienze da 32. Lettori. Evvi ancora l'Accademia teologica, nella quale due volte la fettimana fi difputa fopra queftioni fcolaftiche, iftoriche, fcritturali, e dogmatiche; oltre gli atti publici, che fi tengono dodici e più volte l'anno. Nell' ampio, e ben difpofto Cortile tutto circondato di portici, vedrete una Chiefa di vaghiffima architettura, ideata dal Boromini, e dedicata a S. Ivo; il di cui quadro fu principiato da Pietro da Cortona, e terminato da un fuo difcepolo.

Ufcirete nella piazza, dove era la dogana prima chè da Innocenzo XII. foffe trasferita alla nuova fabrica in piazza di Pietra. Quindi oltrepaffando il palazzo de' Lanti; anderete alla Chiefa, e Monaftero di S. Chiara; architettati già da Francefco da Volterra. Poi paffando fotto l'arco detto della Ciambella incontrerete la Parrocchiale di S. Maria in Monterone. Voltate a man finistra verfo il palazzo già della cafa d'Efte, ora de' Marefcotti, e vedrete per la ftrada avanzi delle terme di M. Agrippa, accanto alle quali erano gl'orti, e lo ftagno; e poi andate al Palazzo degl'Altieri architettato da Gio. Antonio de Roffi. Vi vedrete gli appartamenti ricchi di fegnalate pitture, e ftatue; fra le quali fono in gran pregio due Venèri, una tefta di Pefcennio Nero, e una Roma trionfante di verde antico.

Nelle ftanze vi fono le quattro ftagioni di Guido Reni: due battaglie del Borgognone: Venere, e Marte di Paolo Veronefe: un S. Gaetano del Maratti: la ftrage degli Innocenti del Pufino: una Madonna del Coreggio: e la cena del Signore con gli Apoftoli del Muziano.

Ufcite poi fu la piazza dev'è la Chiefa del Gesù, principiacipiata dal Card. Aleſſandro con diſegno del Vignola, e terminata dal Card. Odoardo ambedue Farneſi; e queſto vi aggiunſe l'abitazione contigua. Oſſervate la nobiliſſima facciata di travertini: e nella Chieſa l'altar maggiore con quattro colonne di giallo antico, e col quadro della Circoncifione di N. S. dipinta dal Muziano. Ammirate la ſontuoſiſſima cappella di S. Ignazio, fatta con diſegno del P. Pozzi, ſopra modo ricca di colonne di lapislazuli, di metalli, e di pietre di gran valore, con la ſtatua de' ito, e Angeli di puro argento. Sotto l'altare il corpo del edeſimo Santo, collocato in una belliſſima urna d'argento, e pietre prezioſe. Riguardate la volta della Chieſa, la cuppola, e la tribuna, ornata di ſtucchi dorati, e pitture di Gio: Battiſta Ganlli, detto il Baciccio; e nella caſa le camere abitate da S. Ignazio.

Incaminatevi poi verſo il Campidoglio, uno de' ſette colli di Roma; il più rinomato per gli antichi trionfi. Il ſuo primo nome fu Saturnino, da Saturno, che diceſi ivi abitaſſe; e poi Tarpejo da Tarpeja, vergine ucciſa da' Sabini, ed ivi ſepolta; finchè cavando ivi Tarquinio Priſco i fondamenti del tempio di Giove, dal Cranio di un capo umano in eſſi ritrovato preſe il nome di monte Capitolino, e di Campidoglio.

Vi ſi aſcende per nobile cordonata fiancheggiata da balauſtri di travertino, a piè di cui ſono due antichi belliſſimi sfingi di marmo egizio, che gettano acqua, e dietro quello a man ſiniſtra una ſtatua di porfido mancante della teſta, ma di un mirabile panneggiamento. Chiudono queſta cordonata altri ſimili balauſtri, ſopra de' quali ſi veggono Caſtore e Polluce co' loro cavalli, i trofei di Mario, che prima erano ſul caſtello dell'acqua Marzia, due ſtatue rappreſentanti i figli di Coſtantino ritrovate nelle terme di lui ſul Quirinale, e due colonne milliarie, una vera ed anti-

antica r e l'altra moderna, che foſtiene una palla di metallo dorato, ove ſi crede foſſero le ceneri di Trajano.

Si apre la bella piazza quadrata, nel mezzo di cui fu da Paolo III collocata la inſigne ſtatua equeſtre di M. Aurelio Antonino Pio ritrovata nelle rovine della piazza Lateranenſe, ed a cui il Buonaroti fece il piediſtallo con un pezzo dell'architrave delle terme di Trajano. Tre palazzi di ben inteſo diſegno adornano queſta piazza: il primo a deſtra per uſo de'Conſervatori; il ſecondo in mezzo, ſolita reſidenza del Senatore, che per mezzo de' ſuoi miniſtri vi eſercita la giudicatura civile e criminale, e perciò ſotto di eſſo vi ſono le carceri; il terzo detto propriamente *Muſeo Capitolino*, per la numerofa e ſcelta raccolta di ſtatue, buſti, baffirilievi, iſcrizioni, ed

ed altri monumenti antichi, i quali vi fi confervano. E'
neceffario dunque di vifitarli ad uno ad uno per ammi-
rarne le rarità, e le magnificenze.

Incominciando pertanto da quello de'Confervatori;
nell'atrio fi veggono le ftatue militari di Giulio Cefare,
e di Cefare Augufto. Nel cortile alcuni framment coloffali
parte di marmo, e parte di bronzo; un belliffimo cavallo, che combatte con un leone; Roma fedente fotto
di una gran nicchia; due Re ai lati, colle braccia tron-
che di marmo negro, e lavoro fingolare, e due idoli.
Nel ripiano incontro la fcala la colonna roftrata, ma
non già l'antica, perchè quefta avea i roftri di metallo.
Incontro l'altro ripiano della fcala quattro baffirilievi
appartenenti al trionfo di Marco Aurelio, che adornavano il di lui arco efiftente nella ftrada del Corfo, che fu
dipoi chiamato *l'arco di Portogallo*, nel fecolo paffato fatto demolire da Aleffandro VII per dare una veduta più
libera al fuo palazzo. Nella gran fala dell'appartamento,
il Cav. d'Arpino colorì a frefco i primi fatti di Romolo,
di Numa, di Tullo Oftilio, il ratto delle donne Sabinefi,
e la battaglia degli Orazj, e de' Curiazj. Altre azioni parimente de'Romani dipinfe Tommafo Laureti nella feconda fala, ove fono ancora alcunne ftatue moderne, ed i
bufti antichi di Giulio Cefare, di Antonino Caracalla, di
Settimio Severo fopra una delle belliffime colonne di verde antico ritrovate nelle vicine carceri, ed un termine
di affai bella maniera. Nell'anticamera che fiegue, il
cui fregio fu dipinto da Danielo di Volterra, fi ammira la bella lupa di bronzo, che porge le mammelle a Romolo, e Remo bambini; un giovinetto dello fteffo metallo, che fi cava dal piede una fpina: il bufto di Bruto,
e molti altri bufti nella fala di udienza, ove parimente
v'è un quadro rapprefentante la fagra Famiglia colorito da

G   Giu-

Giulio Romano. Tutte le altre camere di questo appartamento sono ornate di simili busti, e statue antiche di somma rarità, e di pitture buonissime di Annibale Caracci, e Pietro Perugino.

Sortendo da questo appartamento si entra nell'atrio, le cui mura sono ricoperte di tavole del magistrato antico e moderno, e tra le altre è considerabile quella che fu scolpita in tempo di Pertinace. Dopo pochi passi si ascende alla bella Galleria eretta da Benedetto XIV, e divisa in due gran sale, nelle quali sono disposti con buon ordine 300 quadri opere de più celebri pittori, comprati col proprio denaro dallo stesso Pontefice, che nulla attaccato alla sua famiglia, volle quì aprirne un ateneo per comodo degli studiosi della pittura; e sotto fece adattare altra comoda sala per lo studio del disegno.

Nel fondo della piazza si erge il palazzo di abitazione del Senatore di Roma, la cui facciata fu ideata dal Buonaroti, ed ornata a piè con una bella fonte. Nel mezzo di questa vedesi Roma trionfante con sopraveste di porfido, e li due fiumi Nilo e Tevere scolpiti in marmo greco. Nella sala sono i sedili per i Giudici, ed alla destra si va alle carceri, vicino alle quali meritamente fu collocata la statua di Gregorio XIII.

Il terzo edifizio è quello che comunemente chiamasi *Museo Capitolino* mirabile per la numerosa raccolta de' più belli e più rari monumenti antichi. Dirimpetto alla cancellata, che ne dà l'ingresso, si vede la rinomata statua di Marforio, che fa vago ornamento ad una fonte, e fu così detta, perchè rinvenuta nel principio del vicino *Foro de Marte*. Siccome chi volesse minutamente osservare ogni pezzo che in questo Museo si conserva, impiegar vi dovrebbe molti giorni; così la esatta descrizione di essi formarebbe un volume, e perciò noi ci contenteremo

remo di accennarne que' pezzi, che ci sembrano più degni di considerazione. Nel Cortile ove è la statua di Marforio, due gran satiri con canestri di uve in testa e grappoli nelle mani, tre fasci Consolari, alcune inscrizioni pretoriane, ed una Scrofa lattante i suoi porcelli ritrovata già nella *Via Appia*.

Nel mezzo dell'atrio un Tripode di finissimo marmo pario: sotto gli architravi laterali due Idoli egizj, uno di pietra basalte, e l'altro di granito rosso: nelli riquadri delle pareti molte lapidi sepolcali, e cippi. Nel fondo la gran cassa sepolcrale, dentro di cui si dice fossero le ceneri di Alessandro Severo, e Giulia Mammea sua madre le figure de' quali sono egregiamente scolpite nel coperchio. Tra le Statue nelle nicchie, e sopra i piedistalli, meritano di essere vedute quelle di Pomona intiera, e l'altra di Apollo mancante della testa, l'Endimione col suo cane, due Amazoni posate sopra due piedistalli, che furon già dentro il sepolcro di Cajo Cestio, la Diana, il Giove fulminante seminudo, il Silvano, l'Imperatore Adriano, e Pirro Re degli Epiroti. Compisce l'atrio una colonna di alabastro orientale alta palmi 19, e di diametro $2\frac{1}{3}$. Contigua è la stanza, in cui Benedetto XIV fece collocare alcuni Idoli egizj: e quindi si ascende la gran scala, ove oltre le statue, e i bassirilievi, merita di essere osservata la pianta di Roma antica ritrovata già nella Chiesa de' Ss. Cosmo e Damiano, ma che vedesi chiaramente fatta ne' tempi bassi.

Il piano della Galleria sembra custodito da un bel Leone di marmo bianco, e v'è un bel busto di Meleagro, ed un antico mosaico rappresentante Ercole, che lotta col Leone.

Le pareti della prima stanza sono rivestite d'iscrizioni singolarissime, come quelle che contengono rare erudizioni . Molto belle fono qui le urne fepolcrali , ed i cippi , e affai più il vafo di marmo bianco , e l'ara che gli ferve di bafe .

Anche la feconda ftanza è ornata di antiche lapidi nelle mura , e di tre baffirilievi : fonovi ftatue di fomma bellezza , cippi , ed are .

Nella gran fala , di cui occupano poco a profitto due intere facciate le ftatue d' Innocenzo X , e di Clemente XII poftevi dal fafto e dall'adulazione , oltre alli bufti , e tra le altre ftatue meritano attenzione un Antino , due centauri di marmo nero con un Amorino in groppa ritrovati nella villa di Adriano in Tivoli , il Dio del filenzio , una Venere , un Fauno , ed il Gladiatore moribondo .

Seguono due ftanze con gradinate , fopra le quali fono difpofti moltiffimi bufti antichi . Nella prima fono collocati quelli de'Filofofi , Oratori , Poeti , e molte ermi , alcuni baffirilievi nelle mura , e nel mezzo un erme con due tefte rapprefentanti due figli di Niobe faettati da Apollo , uno mafchio , e l'altra femina , che ftà col capo chino .

Nella feconda pofano fimilmente fopra giardini i bufti di perfonaggi imperiali : nelle pareti fono incaftrati alcuni baffirilievi : e vi fi veggono due ftatue : la prima eretta fopra nobile piedeftallo è di pietra bafalte , e rapprefenta un Ercole giovine nudo con pelle di leone fopra la tefta , che gli fcende fopra le fpalle ; e fu ritrovato nel monte Aventino , ove dicefi foffe un tempio a lui dedicato . L' altra di marmo bianco , rapprefentante una Sabina giovane in forma di Flora : e finalmente una Venere non inferiore a quante altre fono in Roma .

V' è altresì a fianco di tutte quefte cinque ftanze una longa Galleria , nelle di cui pareti veggonfi ripartite in dodici riquadri , 188 lapidi appartenenti al Colombario di Livia Augusta e comentate dal Bianchini. Vi sono altresì alquanti cippi , urne , busti , e le statue di Cerere con spiche e papaveri nella destra , di Apollo nudo , di Bacco , di Lucio Silla , di Diana Lucifera , di una Musa in mezza statua , di Esculapio , di Giove , e di Marciana sorella di Trajano. Viene in appresso una camera che dicesi delle Miscellanee , e nel cui mezzo resta un Fauno in marmo rosso antico , e quasi innumerabili rarità.

Osservato dunque il Campidoglio nella forma descritta , si passa alla contigua Chiesa di Araceli , eretta , ove fu il tempio di *Giove Feretrio* , dedicato da Romolo , o più verisimilmente di *Giove Capitolino*. Questa Chiesa fu una delle 20 Abadie di Roma , posseduta dipoi da Monaci Benedettini fino al 1252 , nel qual tempo da Innocenzo IV fu data a' Frati Francescani. Da due ordini di gotiche colonne prese dal Tempio antico è divisa in tre navi , ed è Chiesa speciale del Senato Romano. Il quadro che è dietro al ciborio verso il coro fu dipinto da Raffael d' Urbino. Al lato dello stesso altare vi è la cappella in cui dicesi che Augusto erigesse un' ara con l' iscrizione *Ara Primogeniti Dei* : dal che questa Chiesa ebbe il nome di *Araceli*. Fu poi tal cappella nobilitata da Monsig. Centelli Vescovo Cavallicense , che vi aggiunse una bellissima urna di porfido , e vi fece una cuppola sostenuta in giro da colonne con capitelli di metallo. Dirimpetto a questa è l' antica , e divota cappella della famiglia Savelli , dedicata a S. Francesco. La scala fuori della porta grande è composta di cento e più gradini di marmo tolti dall'antico Tempio di Quirino presso S. Vitale l'anno 1158.

Ritornate di nuovo su la piazza del Campidoglio , e salite all'altra sommità , detta Monte Capriuo , e Tarpeo. Quivi nella parte , che riguarda l'Aventino , fu l'antica

G 3   Roc-

Rocca di Roma e la capanna di Romolo fatta di paglia, e conservata con gran cura anche ne' tempi, ne' quali più fioriva il lusso delle fabriche e poco lontano v'era il tempio di Giunone Moneta.

Scendete dal Campidoglio verso il Campo Vaccino, e vi osserverete tre colonne nobilmente scannellate, con

CAMPO VACCINO.

superbissimi capitelli, e cornici, residui del tempio di Giove Tonante dedicato da Augusto: il piano sul quale posano le dette colonne coperte quasi tutte dalle rovine, era la piazza nella falda del monte, donde si partivano strade, che rendevano agevole il salire su la cima anche ai carri de' trionfi. Di là dal tempio sudetto si vede un portico colonnato del tempio della Fortuna Primigenia, il quale incen-

dadiato (come indica l'iscrizione) in tempo di Massenzio, fu poi rifatto da Costantino.

Vedrete poi l'arco di Settimio Severo, coperto quasi a mezzo dalle rovine; dal che si può congetturare quanto più basso fosse il piano dell'antico Foro. Da quest'arco anticamente s'imboccava in una strada, per cui si andava alla piazza, che era innanzi al Tempio di Giove Tonante.

Al lato dello stesso arco, sotto il monte Capitolino, scrive il Fauno essersi ritrovati vestigj di antico edifizio con iscrizioni, che indicavano esservi stati gli scrittori degl'atti publici. Tal'edifizio fu verisimilmente la scuola Xanta, a cui era prossimo il tempio dedicato a Vespasiano; e nel piano del medesimo foro, presso il residuo del portico, che dicemmo esser Tempio della Fortuna Primigenia, vi fu il Tempio di Saturno; dove era anche l'Erario che fu saccheggiato da Cesare. Innanzi a questo ultimo Tempio stava il Milliario Aureo, nel quale erano descritte tutte le strade Romane, e appresso l'Ospedale della Consolazione fu l'arco di Tiberio, erettogli per le ricuperate insegne di Varo. Da quest'arco incominciava la salita del Clivo Capitolino, che portava al primo ripiano: da dove poi costeggiando il monte, principiavano i cento gradi della Rupe Tarpea. Corrispondente al sudetto arco di Tiberio fu eretto ne' tempi seguenti l'altro arco simile a Settimio Severo, dove cominciava l'altra salita del Campidoglio.

Al fianco di quest'arco vedrete la Chiesa di S. Giuseppe de' Falegnami, fondata sopra l'antico carcere Mamertino. E' la detta Chiesa ornata di bel soffitto, di buone pitture, fra le quali è il quadro con la Natività di N. Signore, dipinto da Carlo Maratti, e quello con l'Assunzione della B. Vergine colorito da Gio: Battista Lenardi. Nel congiunto Oratorio è un bell'altare con quattro colonne di diaspro, che hanno capitelli, basi, ed altri ornamenti di rame dorato;

G 4   il

il di cui quadro con la B. Vergine, S. Giuseppe, e S. Gioacchino è opera di Pietro Leone Ghezzi.

Vedrete sotto di questa Chiesa la prigione de' SS. Apostoli Pietro e Paolo, ed il miracoloso fonte che scaturì alle preghiere de' medesimi per battezzare i Ss. Processo, e Martiniano. Al lato di questo carcere situarono alcuni le scale Gemonie, dalle quali si gettavano i rei a vista del Popolo, che si tratteneva nel foro Romano.

In queste vicinanze, o come altri vogliono, dirimpetto al Carcere Mamertino fu ritrovata quella statua di Marforio, che ora vedesi nel cortile del Museo Capitolino. Nè molto lungi era l'Archivio del Senato Romano. Il Martinelli però ha fondamenti per assicurarci, che nel mezzo tempo il Magistrato Romano vi teneva il suo tribunale: e per fine altri sono di opinione, che la Chiesa di S. Martina fabricata fosse sopra le rovine del tempio di Marte: e Sisto V avendo demolita una picciola Chiesa di S. Luca sul Viminale per farvi la sua villa Montalto, diè questa in compenso all'accademia de' pittori e scultori. Fu detta come l'altra di S. Adriano, *in Tribus Foris*, per la vicinanza del Romano, e de' Fori di Cesare, e di Augusto. Nell'altar maggiore, il quadro con S. Luca fu mirabilmente colorito da Raffaele d'Urbino; e la statua di S. Martina giacente sotto questo quadro, fu scolpita da Niccolò Menghino. Nella Chiesa sotterranea in una ben'ornata cappella si conserva il corpo della Santa titolare dentro un ricchissimo altare di metallo, fatto con maestosa invenzione di Pietro da Cortona. Le quattro statuette di peperino nell'ingresso del Fancelli. Il nobilissimo altare di bronzo fu gettato da Giovanni Piscina. I due bassirilievi d'alabastro che si vedono nel ciborio disegnato dallo stesso Cortona, sono del sudetto Fancelli. Le pitture a sinistra quando si entra, sono di Lazzaro Baldi, e quelle a destra di Guglielmo Cortese.

Le

Le tre ſtatue nella cappelletta a mano manca furono lavorate dall'Algardi. Anneſſo alla Chieſa è il luogo, dove da' pittori ſi tengono le loro virtuoſe accademie.

Segue l'antichiſſima Chieſa di S. Adriano, già Colleggiata per ſoſtentamento di alcuni preti ſecolari, e dov'era quella porta di bronzo, la quale in oggi vedeſi in S. Gio: in Laterano. Se è vero, come alcuni riferiſcono, che nel riſtorarla vi ſi ritrovaſſe tra le laſtre una medaglia di Domiziano, convien credere, che quì prima foſſe qualche antico tempio. Ed in fatti il Donati vi ſtabiliſce quello di Saturno. In oggi oltre i corpi de' Ss. Adriano, Papia, Mauro, e Flavia nulla più v'è di conſiderabile, ſe non che il quadro di S. Pietro Nolaſco dipinto dal Guercino, o come altri vogliono dal Savonanzo.

Proſſima vi fu la Baſilica di Paolo Emilio, annoverata fra i più ſtupendi edifizj della città. Più oltre ſi vede un portico colonnato con la Chieſa di S. Lorenzo in Miranda degli ſpeziali, e fu eretto a Fauſtina, ed Antonino Pio ſuo marito. In detta Chieſa il martirio di S. Lorenzo nell'altar maggiore è pittura di Pietro da Cortona; e la cappella della B. Vergine con due Apoſtoli, è opera del Domenichino miſeramente guaſtata dal Vanni, allorchè penſò di levarla da queſto altare. Avanti al ſudetto portico fu il tempio di Pallade, demolito come alcuni ſcrivono da Paolo III.

Appreſſo al detto tempio fu l'arco Fabiano, eretto a Fabio Cenſore, che dopo aver debellata la Savoja, fu chiamato l'Allobroge: e quì gli fu eretta ancora una ſtatua.

Vicino a queſt'arco era il Puteale di Libone coſì detto da un pozzo, a cui ſerviva di coperchio il tribunale del Pretore fabricato dallo ſteſſo Libone.

E' in queſto campo un'altra Chieſa, dedicata a' Ss. Coſmo e Damiano, la quale era già ſotto terra; ma
Urba-

Urbano VIII la riduſſe al piano preſente con maſſicćio pavſmento, ornandola di belle pitture, di nobil ſoffitto ed altri ornamenti. Fu eretto queſto tempio a Romolo e Remo; e il Pontefice Felice IV lo dedicò a' ſudetti Santi, de' quali qui ſi venerano i corpi inſieme con quelli de' SS. Martiri Marco, Marcellino, Tranquillino, Antimo, Leonzio, Euprepio, e Felice PP. II.

Veggonſi appreſſo le rovine del tempio della Pace, fabricato da Veſpaſiano, dopo la guerra giudaica ſopra

TEMPIO DI PACE.

le rovine del portico della caſa Aurea di Nerone, e che fu uno de' più ſuperbi di quel tempo. Era longo 300 piedi e largo 200, diviſo in tre navate, di una delle quali certamente laterale veggonſi anche in oggi tre grandi volte. Accanto vi è la Chieſa di S. Maria Nuova, che

pre-

prefe tal nome ne'tempi di Leone IV, il quale la rinovò
da fondamenti: e ne' tempi di Paolo V fu ornata della
fua bella facciata da' Monaci Olivetani, che l'hanno in cura. Nel fito di quefta Chiefa fu il veftibolo della cafa
aurea di Nerone. Venerate in effa l'Immagine della B.
Vergine, trafportata dalla Grecia. Confervafi quivi entro nobiliffimo fepolcro di metalli, e pietre di gran valore, fatto con difegno del Bernini, il corpo di S. Francefca Romana. Al lato dell'altar maggiore vedrete la memoria di Gregorio XI, che d'Avignone riportò la fede Pontificia in Roma. In quanto alle pitture non v'è da confiderarfi, fe non che il quadro del B. Bernardo Tolomei,
che fu dipinto dal P. Pozzi Gefuita. Negli orti di quefto Monaftero fi veggono gli avanzi di due antichi edifizj,
che alcuni credono effere ftati due tempi eretti al Sole,
e alla Luna; altri alla Salute, e ad Efculapio; ed altri ad
Ifide, e Serapide: ma più probabilmente furono i tempj
di Venere, e di Roma fabricati dall'Imperador Adriano.
Quefti erano quafi al lato della ftrada detta *Summa Sacra
via*, o dalla confederazione e fagrifizj di Romolo e Tito
Tazio per la unione de' due popoli Romano e Sabino dopo
il ratto delle donne, o perchè per effa paffar foleano i Sacerdoti *Auguri*, allorchè portando le cofe fagre dal Campidoglio andavano a prendere gli augurj, ficchè incominciando dall'arco di Settimio Severo, paffava dinanzi al
tempio della Pace, e dall'arco di Tito andava a finire
nella piazza dell'*Anfiteatro Flavio*. Livio ci dice, che in
effa era la ftatua di metallo eretta a Clelia per il paffag-
gio fatto a nuoto per il tevere dalle tende di Porfenna
Re de' Tofcani al campo de' Romani.

L'arco di Tito è dagli fcrittori Ecclefiaftici chiamato *Septem lucernarum*, dal candelabro, che ivi fi vede
fcolpito, infieme con la menfa chiamata dagli fcrittori

pa-

Panum propositionis. Da quella parte del Palatino, che stava sù la via Sacra, fu il tempio di Roma; il cui tetto era coperto con tavole di bronzo trasportate al tempio Vaticano da Onorio I Pontefice. Inoltrandovi verso il Coloseo si offre agli occhi un pezzo assai rozzo di antica fabrica: e questa era la meta sudante, cioè un fonte su di cui sono varie le opinioni; ma può credersi che vi andasseto a bere, ed a lavarsi quelli che aveano corso, lottato, o fatti altri giuochi nel vicino anfiteatro: ma prima di entrarvi, date uno sguardo sulla destra all'arco di Costantino, eretto a questo Imperatore per la vittoria riportata contro Massenzio: ma fabricato in gran parte con gli ornamenti dell'arco di Trajano, come dimostrano alcune sculture di esatto lavoro, e che non sono certamente de'tempi di Costantino, ma molto più dall'effigie situata da ambi i lati dell'arco di mezzo, la quale non può dubitarsi che sia di Trajano.

L'Anfiteatro dunque essendo stato fabricato da Flavio Vespasiano, pigliò il nome di *Flavio*, e perchè fu eretto nel luogo appunto, ove erano i stagni di Nerone, avanti di cui eravi la statua di lui colossale, suol chiamarsi *Coloseo*. Fabrica più bella, più bene intesa, più magnifica di questa non può imaginarsi, e se in vece di andarla distruggendo, come hanno fatto Paolo II per fabricarne il palazzo di S. Marco, il Card. Riario per ornarne quello della Cancelleria, e Paolo III per il Palazzo Farnese, pensato si fosse a custodirla, attrarrebbe la curiosità, e l'ammirazione del mondo tutto. Vespasiano dunque impiegò nell'opera 30 mila Ebrei schiavi: la festa della sua apertura, o vogliam dire della sua dedicazione, durò per 100 giorni, dentro de'quali vi comparvero, e furono uccise 50 mila fiere di tutte le specie. La forma esteriore è rotonda, la interiore ovale, ha quattro ordini
ni

ni di archi, ed era capace di 80 mila perſone a ſedere,
oltre il gran numero di qnelle, che ſtar vi poteano in
piedi. I forami che vi ſi veggono, parte ſono effetti

IL COLISEO.

dell'avidità de' barbari per toglierne i perni, i quali u-
nivano i travertini, e parte ſervivano per porvi alcune
travi, le quali al di dentro, e al di fuori ſoſtenevano
le tende per riparare il ſole agli ſpettatori. Fu riſtorato
da Antonino Pio, e poi da Eliogabalo, e da Aleſſandro
Severo, perchè era ſtato danneggiato da un incendio.
V'era nel mezzo un'ara, ſopra di cui ſi ſagrificava in o-
nore di quello, per cui facevanſi i Giuochi. Il ſuo terreno eſſendo ſtato bagnato col ſangue di molte migliaja
di Martiri, Benedetto XIV dedicollo alla Paſſione di G. C.
mediante il divoto eſercizio della *via Crucis*.

Sortendo dalla porta poſta alle falde del *Celio*, potrete aſcendere queſto colle, ov'è la Chieſa di SS. Quattro più antica di S. Leone IV, perchè queſti vi traſferì
i cor-

i corpi de'Ss. Quattro fratelli martiri Severo, Severiano, Carpoforo, e Vittorino, i quali insieme con altri cinque si venerano dietro una cappelletta sotto l'altar maggiore. Nelle rovine del palazzo contiguo fabricato da Pasquale II, dopo l'incendio del Lateranense, Pio IV collocò le Monache, e zitelle orfane, che prima erano nell' *Isola Tiberina*.

Per passare a quella di *S. Clemente* è necessario scendere per la strada medesima, che avete prima tenuta, e voltare a destra. Credesi, che qui fosse la casa paterna di questo Pontefice, e che vi alloggiasse S. Barnaba. In essa già-Collegiata di Sacerdoti secolari, recitò S. Gregorio M. una delle sue omelie, e vi fu eletto il sudetto Pasquale II nel 1099. Da Urbano VIII. fu conceduta a' PP. Domenicani Ibernesi; e Clemente XI avendola ristorata nella forma, che ora si vede, avvertì che nulla si rimuovesse di ciò che riguarda l'antichità sagra: e perciò vi si scorge il Santuario, ossia Presbiterio rialzato dal restante della Chiesa, il Nartece, e l'Ambone, da dove il Suddiacono, ed il Diacono rivolti al popolo leggevano l'Epistola ed il Vangelo. Quivi si conserva il corpo dello stesso S. Clemente PP., di S. Ignazio martire, del B. Servolo paralitico, e di S. Cirillo Apostolo di Moravia. Sono considerabili le molte colonne, delle quali 4 sono di porfido, 16 di granito, e le altre di marmi diversi. Le pitture tutte furono fatte in tempo dello stesso Clemente XI da que' pittori, che allora vi erano, cioè Sebastiano Conca, Antonio Grecolini, Giovanni Odazj, Tommaso e Giuseppe Chiari, e Leone Ghezzi.

Traversando la strada a sinistra del portico della Chiesa medesima di S. Clemente, nello stradone dritto che dal Laterano porta a S. Maria maggiore, troverete la Chiesa de' *SS. Marcellino, e Pietro* eretta ne' primi secoli, e nel 1256 consecrata da Alessandro IV. Minacciando rovina

Bene-

Benedetto XIV fece rifabricarla con difegno del March. Girolamo Teodoli, e trafportati nelle vicinanze di S. Pietro in vincoli i Monaci maroniti, che prima l'occupavano, collocò nel nobile contiguo Monaftero le Monache terefiane dette *Cinnaſi*, che prima ſtavano preſſo S. Lucia alle botteghe oſcure.

Nella vicina vigna a ſiniſtra ſi veggono gli avanzi delle *Terme di Filippo*; e poco più avanti a deſtra la Chieſa di *S. Matteo in Merulana* eretta nel fine del VI ſecolo, ove per altro nulla v'è di conſiderabile. Proſeguendo dunque il viaggio per lo ſtradone medeſimo fino al palazzo de' Signori Caetani, qui volterete a ſiniſtra per giungere alla Chieſa di *S. Martino* edificata da Simmaco Papa ſu le terme di Trajano, che ampliò le proſſime di Tito. La vedrete riſtorata e abbellita: e fra gli altari, che l'adornano, oſſerverete quello di S. Alberto colorito dal celebre Muziano: oltre i Paeſi di gran pregio dipinti intorno alla Chieſa dal famoſo Gaſparo Puſſini. Vedrete ancora la Chieſa ſotterranea, e l'anneſſo Convento de' Carmelitani. Poco diſtante è una vigna de' Canonici regolari di S. Pietro in Vincoli, nella quale potrete vedere le Sette Sale, le quali però ſono nove conſerve di acqua, e ſervirono probabilmente alle vicine Terme di Tito: o al giardino, che ivi era di Nerone; o furono il celebre Ninfeo dell'Imperadore M· Aurelio. Ma poichè ſono fatte con tale artifizio, che entrandoſi da una ſtanza all'altra per molte porte, le quali per ogni banda tra loro corriſpondono, e mentre ſi ſta in una di eſſe, ſi vedono tutte le altre ſei; molti dubitano dell'opinione ſudetta, parendo che ſimile manifattura per una conſerva d'acqua foſſe ſuperflua.

Su queſto colle medeſimo troverete il Monaſtero della Purificazione, indi il nobiliſſimo tempio di S. Pietro in Vincoli vicino alle terme di Tito, o al di lui palazzo. Fu

que-

questo tempio eretto da Eudosia Augusta , moglie dell'Imperadore Valentiniano ; poi rinovato da Adriano I , e ristorato da Giulio II , che lo concedette ai Canonici Regolari di S. Salvatore . Venerate in esso i sagri Vincoli dell'Apostolo ; indi osservate negl'altari il quadro di S. Agostino , e l'altro di S. Margherita dipinti dal Guercino da Cento . Osservate ancora i bei depositi del Card. Margotti , e del Card. Aguecchio , opere insigni del Domenichino . Ma sopratutto ammirate la gran machina del sepolcro di Giulio II fatto dal Buonaroti , che scolpì di sua mano il Mosè .

Vedrete appresso la bella Chiesa di S. Francesco di Paola , fabricata da' Frati minimi ; e il loro Convento accresciuto , ed ornato modernamente : e più al basso un Monastero di monache pur moderno .

Scendendo entrerete nel vico Scelerato , così detto dalla sceleragine ivi commessa da Tullia , con passare sopra il cadavere di suo Padre . Ove è la Chiesa di S. Pantaleo , anticamente vi fu il tempio di Tellure . Andrete poi ad una Chiesuola di S. Andrea chiamata volgarmente in Portogallo , la quale credesi fabricata nell' antico sito detto *ad Busta Gullica* , dalle ossa de' Francesi quivi accumulate dopo la strage , che di loro fece Cammillo . Quivi ancora vedrete il Conservatorio delle zitelle mendicanti , dette del P. Caravita . Non molto lontano , verso la moderna Suburra , fermano gli Antiquarj il Tigillo Sororio , che era un legno traversato sopra la strada per purgare il parricidio commesso da quell'Orazio , il quale dopo aver vinti i Curiazj , uccise qui la sorella . Prima di allontanarci da queste parti convien parlare delle *Carine* , le quali incominciavano dal Colosseo , ed inoltrandosi per la *via Labicana* , alli trofei di Mario , indi all'arco di Gallieno , lungo la *Suburra* ritornavano al Colosseo medesimo , e tutta questa parte fu detta *Carine* dalla forma del sito basso simile allora al fondo di una barca .

Avan-

Avanzandovi vedrete la Torre de' Conti, fabricata, da Innocenzo III, e smantellata perchè minacciava rovina. Vicina è la Chiesa di S. Maria degli Angeli della Compagnia de' Tessitori, detta abusivamente *in Macello Martyrum*; e incontro a questa un avanzo del bellissimo tempio di Pallade, d'onde questo luogo prese il nome di foro Palladio; il quale poi corrotto dal volgo, ne' secoli susseguenti, fu chiamato la Palude, e finalmente i Pantani. Quivi considerarete un antico muro fatto a punta di diamanti residuo della Basilica di Nerva, ove altri pongono altresì l'erario militare. Ma le tre belle colonne scannellate, che ivi sono a destra, ed il nobile cornicione sovrapostovi sono vestigj di una fabrica assai più magnifica. Quindi vi ricondurrete alla colonna eretta dal popolo Romano all' Imp. Trajano dopo le due guerre Daciche, che vi sono rappresentate con bassirilievi di ottimo lavoro. Ne fu architetto Apollodoro; e secondo Vittore è alta piedi 128. Nella sommità eravi la statua di bronzo di Trajano coll' asta nella sinistra, ed un globo nella destra, in cui vogliono alcuni che riposte fossero le ceneri di lui; ma Cassiodoro asserisce che le di lui ossa furono collocate sotto la colonna dentro una urna di oro. I suddetti bassirilievi sono divisi da un cordone di 13 giri, e contengono 2500 figure dell' altezza rispettiva di palmi 3. Nell' interno v' è una scala a lumaca di 184 gradini tagliati nella rotondità del marmo, ed i quali ricevono il lume da 43 picciole finestre. Il gran basamento essendo col lasso del tempo restato coperto da molta terra e cementi fu fatto discoprire da Paolo III. ma errano coloro, i quali credono che fosse posto sul piano della strada antica; perchè Dione ci attesta, che per porre questo piedestallo fu cavata all' intorno la terra: e certamente il vicino Mausoleo di Cajo Publicio Bibulo ci fa

H   com-

comprendere, che in questa parte di Roma aſſai poco è ſtata rialzata la ſtrada. Finalmente Siſto V fecela riſtorare, nel 1588 e collocarvi ſopra la ſtatua di S. Pietro alta

COLVMNA TRAIANI

palmi 23 ſopra un zoccolo di palmi 8. Eravi ancora quì vicino il foro, il portico, e la Baſilica dello ſteſſo Trajano, delle quali maravigliofe fabriche ſi è laſciato perire ogni veſtigio.

Ora in questa piazza v'è la Chieſa della *Madonna di Loreto de' Fornari*, con doppia cuppola, architettata da Antonio da Sangallo. A i lati dell' altar maggiore, architettato da Onorio Longhi, ſono due Angioli ottimamente ſcolpiti dal Maderno: e le altre quattro ſtatue ſono anche di eccellenti ſcultori. Nelle cappelle l'Iſtoria de' Re Magi è opera di Federico Zuccheri, o ſecondo altri di Niccolò Pomerancio. Appreſſo è la nuova Chieſa di S. Bernardo, dove è l'Archiconfraternità del Ss. Nome me di Maria fondata da Innocenzo XI in occasione della nuova Solennità instituita dal medesimo nella Domenica frà l'ottava della Natività della B. V. M. per la memorabile liberazione di Vienna seguita l'anno 1684. Quindi nella strada, che dal Palazzo de' Colonnesi guida al Corso, vedrete l'Ospizio de' PP. Camaldolesi, e la loro Chiesa dedicata a S. Romualdo.

Entrando nel Corso, avete innanzi il palazzo che fu già della famiglia d'Aste, architettato da Gio. Antonio de' Rossi: e voltando poi a sinistra sù la piazza vi troverete l'altro palazzo già de' Bigazzini, oggi de' Bolognetti.

Potrete terminare il vostro viaggio alla Chiesa Collegiata di S. Marco, detta anticamente *ad Palatina* e *in Palatinis*, edificata da S. Marco Papa, successore di S. Silvestro. Fu poi ristorata da Adriano I, e Gregorio IV, e ultimamente dal Cardinal Quirini. Tra i diversi altari, de' quali è ornata, sono da osservarsi quello della Resurrezione del Signore, dipinta da Giacomo Palma: l'altro de' Re Magi, colorito da Carlo Maratti: e quello di S. Michele Arcangelo, opera di Francesco Mola. Negli altri vedrete opere di Pietro Perugino, di Giro Ferri, del Gagliardi: nè è di minor pregio per la qualità de' marmi il nuovo altare dedicato al B. Barbarigo. Sotto la Tribuna dell'altar maggiore si conservano i corpi di S. Marco Pontefice, e de' Ss. Martiri Abdon, e Sennen Persiani; e alcune Reliquie di S. Marco Evangelista. Il palazzo contiguo alla detta Chiesa fu fabricato da Paolo II per abitazione de' Pontefici, che poi donollo alla Republica di Venezia per residenza de' suoi Ambasciadori, e vi fu alloggiato Carlo VIII Re di Francia, quando si portò in Roma per andare alla conquista del Regno di Napoli sotto il Pontificato di Alessandro VI.

H 2 GIOR-

GIORNATA VII.

Dalla piazza di S. Agostino per i monti Viminale, e Quirinale.

S. AGOSTINO

A Chiesa di S. Agostino fu edificata nel luogo, dove fu l'antico Busto, fabrica in cui si ardevano da' Gentili i cadaveri degl'Imperadori. Minacciando rovina è stata ultimamente riparata, disposte le lapidi sepolcrali, e adornata la scala al di fuori in maniera corrispondente alla facciata. Entrando in detta Chiesa, venerate nell'altar maggiore, architettato dal Bernini, una miracolosa Immagine della B. Vergine trasportata da Grecia, e creduta pittura di S. Luca. Nella cappella a destra della crociata osservate l'altare di S. Agostino dipinto dal Guercino da Cento: e nel lato sopra due porte siegue il deposito del Card.

Card. Renato Imperiali ricco di metalli dorati, marmi antichi, ed il bel ritratto in mofaico dello fteffo Cardinale : il tutto di nuova invenzione di Paolo Pofi : ma le ftatue di marmo fono lavoro di Pietro Bracci . Dall'altro lato vedefi l'altare dedicato a S. Tommafo di Villanova, con la ftatua del Santo abbozzata dal Maltefe, e terminata da Ercole Ferrata . L'altra cappella al lato, dedicata a'SS. Agoftino, e Guglielmo, fu colorita dal Lanfranchi, e nella proffima è il corpo di S. Monica, madre di S. Agoftino : e dirimpetto il bel fepolcro del Card. Imperiali Seniore di bizzarra invenzione e fcoltura di Domenico Guidi . Non meno ragguardevoli fono le altre cappelle d'ambedue le navate : quella di S. Elena fu colorita da Daniele da Volterra, e in un pilaftro della navata di mezzo evvi un Profeta di Raffaelle d'Urbino . Congiunto alla Chiefa è il nuovo magnifico Convento con una copiofa libreria, raccolta a publico benefizio da Angelo Rocca Sagrifta Pontefizio, che la nominò *Angelica*, ed ultimamente accrefciuta con quella che fu del Card. Domenico Paffionei .

Vicina è la Chiefa di S. Appollinare eretta da S. Silveftro nel tempio di Apolline, a cui dedicar foleanfi i giuochi Apollinari nel vicino foro Agonale : e da pochi anni nuovamente rifabricata da' fondamenti . Venerata nel portico la miracolofa Immagine della Ss. Vergine, paffate ad offervare il nobil altare maggiore incroftato di vaghi e preziofi marmi e ftucchi dorati a fpefe di Benedetto XIV con quadro rapprefentante S. Apollinare colorito da Ercole Graziani Bolognefe, e la volta da Stefano Pozzi . In quefta Chiefa fi conferva un braccio del Santo titolare, e de'Ss. MM. Euftazio, e compagni, ed altre Reliquie. V'è anneffo il Collegio Germanico Ungarico eretto circa l'anno 1552 per l'iftruzione de' giovani ftudenti della Germania, ed Ungaria, i quali fi applicano allo ftudio delle fcienze, e della ecclefiaftica difciplina.

In poca diftanza è il palazzo de'Duchi Altemps, in cui vedefi una cappella nobilmente ornata di pitture, marmi, e fupellettili fagre, dove fra molte fagre Reliquie fi conferva il corpo di S. Aniceto Papa e martire. Le pitture, che in quefta cappella rapprefentano la vita del Santo Pontefice, fono di mano di Otravio Leoni; e quelle, che avanti di effa moftrano alcuni Santi e Sante, furono colorite da Antonio Pomerancio. Nel medefimo palazzo fi veggono diverfe ftatue antiche e ftimate. Offervate nel cortile una Flora, un'Ercole, una Fauftina, e un Gladiatore di maniera affai buona: nella fcala un'Efculapio, un Mercurio, un Bacco; e più oltre due colonne di porfido con due tefte fopra: in altra fala un rariffimo fepolcro di marmo greco ornato di baffirilievi; e quattro belle colonne di giallo antico: e finalmente nella galleria altre ftatue rapprefentanti Apollo, Mercurio, Cerere, un Fauno, ed un Gladiatore.

Non lungi è la Chiefa di S. Luigi de'Francefi, la di cui facciata fu difegnata da Giacomo della Porta, e da pochi anni a quefta parte la nave di mezzo è ftata ricoperta di buoni marmi, e la volta ornata di ftucchi dorati. Sonovi belli depofiti e pitture infigni. Il quadro dell'altar maggiore è del Baffano. Le pitture nella cappella di S. Cecilia fono del Domenichino. Nell'altra di S. Matteo operarono il Cav. d'Arpino, e il Caravaggio. In quella di S. Luigi il quadro con l'effigie del Santo fu colorito da Plautilla Bricci Romana, che fece ancora il vago difegno della fteffa cappella.

Da quefta Chiefa dipende l'altra picciola di *S. Salvatore in Thermis*, che anticamente fu chiamata *S. Jacobi in Thermis*, perchè eretta dentro le terme di Nerone delle quali orora parleremo. Vogliono alcuni, che foffe

con-

consagrata da S. Silvestro, e che S. Gregorio M. vi ripo-

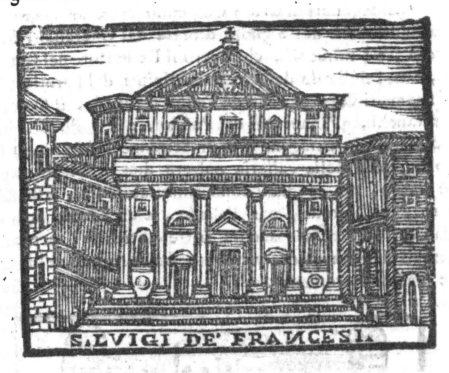

S. LVIGI DE' FRANCESI.

nesse sotto l'altare molte reliquie di Martiri. Tutte le pitture però sono di poca considerazione.

Passate al palazzo de' Principi Giustiniani pieno di bellissime pitture e statue, che passano il numero di 1500. Vedrete nel cortile diversi bassirilievi antichi, e due teste credute di Tito, e di Tiberio. A piè della scala una statua di Esculapio: per la medesima un bassorilievo stimatissimo e le statue di Appollo, M. Aurelio, Caligola, Domiziano, ed Antinoo. Nella sala una bellissima statua di Roma trionfante, e un'altra di Marcello Console, oltre la rara testa di una Sibilla. Sono nella prima anticamera i famosi quadri rappresentanti il Signore condotto alla presenza di Pilato fatti da Tiziano, che dipinse ancora il medesimo Signore nell'Orto. La Cena co i dodici Apostoli dipinta dall'Albano: una Madonna colorita da Raffaele: un

grup-

gruppo di trè Amorini addormentati di marmo. Sono nelle stanze seguenti il Cristo Crocefisso del Caravaggio: la Trasfigurazione del Signore dipinta dal Guercino, la Madalena, e i miracoli, che operò il Redentore nel Cieco nato, e nel figliuolo della Vedova dipinti dal Permigianino; le nozze di Cana espresse da Paolo Veronese, il Seneca dal Lanfranchi, gl'Innocenti dal Pusino, e le teste di Alessandro Magno in paragone, e di Scipione Affricano in marmo Egizio. Nella galleria vedrete due ordini di moltissime statue, fra le quali sono ammirabili una testa di Omero, un Caprone, una Pallade, e un Ercole antico di bronzo. Vi vedrete ancora altre antichità, e pietre orientali di gran valore ritrovate fra le ruine delle prossime Terme Neroniane.

Erano queste di molta estensione, e magnificenza. Il Marliani ci attesta di averne veduti i condotti di piombo nelle cantine delle case poste in piazza Navona. Furono

rono chiamate *Neroniane* dal nome di Nerone, che aveva
fatte erigerle: ma effendo venute in odio per il fuo autore, Aleffandro Severo, dopo averle accrefciute, e magnificamente adornate, le chiamò *Aleffandrine*. Per met-
terle in maggior credito preffo del popolo, ordinò quefto Imperatore, che a fue fpefe con vaghiffimi lampadari
di criftallo di monte carichi di lumi ad olio, tra le te-
nebre della notte fi rendeffero più del giorno luminofe,
febbene foffe ftato fino allora coftume di aprir le terme
allo fpuntar dell'aurora, e chiuderle al tramontare del
Sole. Ma Tacito Imp. defiderofo di ovviare ai tumulti e
difordini, che nafcere pur troppo fogliono nelle adunan-
ze notturne, tolfe l'ufo introdotto da Severo. Quefti

PALAZZO DI MEDICI.

poi avendo avuta in quefte vicinanze la fua cafa privata,
fece dimolirla, e piantarvi un deliziofo bofchetto: al
che forfe alludevano que'grandi alberi, che pochi anni indietro adombravano il cortile del vicino palazzo prima
det-

detto *Madama* perchè edificato con disegno di Paolo Ma-
ruscelli da Caterina de' Medici, che fu poi Regina di
Francia, ed ora del *Governo nuovo*, perchè avendolo com-
prato Benedetto XIV. vi collocò il Tribunale, che suol
chiamarsi del Governo.

E' vicino il bel palazzo de' Carpegna, e dipoi si passa
alla piazza, ove era già la Dogana di terra confinante
col palazzo Lante, nel cortile di cui tra i busti, e le
statue sono considerabili due Amorini, un Bacco, due Muse, ed un Apollo.

Passate all' antica Diaconia di S. Eustachio, ove Celestino III nel 1196 collocò sotto l' altar maggiore (ultimamente adornato di belle pietre e metalli dorati dal Card.
Neri Corsini) i corpi de' Ss. Eustachio, Teopista sua moglie,
e de' figliuoli loro Agapito e Teopisto.

Di qua con pochi passi potrete giugnere al Pantheon
chiamato in oggi la Rotonda. E questo uno de' più belli
edifizj antichi, che si veggono in Roma, conservato intiero nel suo massiccio, forse perchè di buon ora fu convertito in Tempio sacro, qualità per altro, che non è stata
bastante per conservargli i suoi più belli ornamenti. Si vuole da taluni, che M. Agrippa lo erigesse da' fondamenti per
dedicarlo ad Augusto suo socero, che per modestia ricu-
sollo. Egli è certo, che il muro del portico, sulla di cui
facciata leggesi il nome di Marco Agrippa, non è unito
con quello del Tempio; e la differenza medesima si scorge nell' ordine del Cornicione. Questo portico, o sia vestibolo, è sostenuto da 16 colonne di granito orientale,
quasi tutte intiere, e della grossezza ognuna di palmi 32,
e nelle due gran nicchie laterali alla gran porta per testi-
monio di Dione nel lib. 35, furono la statua del suddetto Augusto a destra, e quella di Agrippa a sinistra. In questa a giorni nostri vedevasi quella grande Urna di porfido,

che

che ora fa il più bell'ornamento della *Cappella Corsini* in
S. Gio: in Laterano. La gran porta era ed è di bronzo, di
cui parimente erano le travi, i chiodi, le coperture del
portico, e del Tempio, e tutto l'ornato interiore della
gran Volta.

LA RETONDA.

Vuole il Panciroli, che da principio il Tempio fosse
al di fuori coperto di grosse tegole di argento, le quali
essendo state dipoi distrutte da' fulmini, Adriano Imperatore lo ricoprisse di bronzo circa l'anno 200 di N. R. Si vuole ancora, che fosse edificato con una sola porta, ed una
finestra sola, acciò fosse più sicuro dalle invasioni degli e-
steri: non dovendosi supporre, che fosse per soffrirle per
parte di quelli, che avrebbono dovuto procurarne la con-

ser-

fervazione. E' alto palmi 200, e largo 218, e l'apertura di mezzo è larga palmi 38.¼, e vi fi afcende dalla parte efteriore per 190 gradini.

La parte interiore è compofta di travertini, ed altre
molto più rare pietre, (alcune delle quali fono ftate tolte
a giorni noftri) con molte nobili colonne di marmo nu-
midico, e di giallo antico.

Dall' accennato Agrippa fu dedicato a Giove Ultore,
per alludere alla vittoria ottenuta da Cefare contro di
Marco Antonio e Cleopatra; e perciò nella Tribuna collocato avea una ftatua coloffale di Giove, come parimente
quella di Cibele madre de' Dei della gentilità, la di cui
tefta ci dice il Fanucci di aver veduta gittata per terra
verfo l'altar maggiore, e farebbe defiderabile, che fi
fapeffe, ove adeffo poffa ritrovarfi. Le otto cappellette,
che ftanno fotto il Cornicione, erano dedicate alli Dei
celefti, de' quali v' erano le ftatue: tra le quali era molto
confiderabile quella di Minerva, che Lucio Fauno afferi-
fce intagliata in avorio dal celebre Fidia. E certo che il
Tempio fu riftorato da Settimio Severo, e da Antonino
Pio, e che oltre i danni fofferti da' fulmini, e dal fuoco,
fu molto danneggiato da Coftanzo figlio di Eraclio, il quale nel 636 gli levò molte ftatue, ed altri preziofi ornamenti: non avendo giovato, che fino dal 607 S. Bonifazio IV Papa l'aveffe convertito in Chiefa Criftiana fotto il
titolo di *S. Maria ad Martyres*, riponendo fotto l'altar
grande i corpi de' Ss. Rafio ed Anaftafio preti, e martiri,
e fotto il pavimento dell'altar medefimo 28 carri di reliquie raccolte da diverfi antichi Cemeterj. Nel 830 Gregorio IV v' iftituì la fefta di tutti li Santi; ma già da più
di un fecolo vi fi venerava quella S. effigie di N. S. G. C. la
quale nel 1410 fu da Gregorio XII trafportata alla Bafilica
Vaticana, ove fi moftra al divoto popolo nel giovedì, e ve-

ner-

nerdì Santo ed in altre fefte principali . Eugenio IV rinovò
la Cupola , che minacciava rovina : Urbano VIII dopo aver
levate dal portico quelle groffe travi di metallo , che ne
foftenevano il tetto , per iormarne il belliffimo Ciborio ,
che copre l'altar Papale nella fudetta Bafilica Vaticana , e
gettarne alcuni pezzi di artiglieria , che fi veggono colle
fue Api gentilizie nel Caftello S. Angelo , rifarcì il frontefpizio del portico , e vi fece inalzare due Campanili : Clemente IX fece rinchiudere il portico medefimo con groffe
cancellate di ferro . Clemente XI fece ripolire le colonne
ed i preziofi marmi interni : ve ne aggiunfe alcuni , ornò
di mofaici la volta della Tribuna , e di porfidi e metalli dorati l'altar maggiore . Finalmente Benedetto XIV riftorò
la porta , ed i fuoi grandi ftipiti , fece riconofcere e riparare in molte parti la gran volta , ed il ripiano , che po-
fa fopra il gran Cornicione : ed in tal congiontura ne furono tolti e difperfi non pochi preziofi avanzi dell'antichità .

La Statua di S. Giufeppe nella fua cappella è fcoltura
di Vincenzo de Roffi da Fiefole : le pitture laterali fono
del Cozza ; il Padre eterno al di fopra è lavoro di Giovanni
Perugino . Oltre le memorie fepolcrali di Pierino del Vaga ,
e Giovanni da Udine fonovi li depofiti di alcuni celebri
fcultori , e pittori co' loro bufti molto ben lavorati . La
tefta di Taddeo Zuccheri fu fcolpita da Federico di lui fratello , e Flaminio Vacca fece la propria : quelle di Annibale Caracci , e di Raffaello da Urbino fono fcolture del Nardini fatte a fpefe di Carlo Maratti . Nelle prime tre nicchie
o altari a lato del maggiore fono le ftatue di Maria V , lavorata dal Lorenzetto , l'altra di S. Agnefe da Vincenzo
Felici , e la terza di S. Anna da Lorenzo Ottone .

La piazza ha una bella fonte erettavi da Greg. XIII
con architettura di Onorio Longhi , e fa più bella comparfa dopo che Aleffandro. VII fece abbaffarla al piano prefente :

te : poichè prima si discendeva nella Chiesa per due gradini ; e ne restava sepolta la soglia colle basi, e parte delle
colonne del portico. Finalmente Clemente XI inalzò nel
mezzo di essa sonte il piccolo Obelisco, che Paolo V avea
fatto porre nella piazzetta di S. Mauto, ossia di S. Ignazio.

Di qua inviatevi alla Chiesa di S. Maria sopra Minerva
fabricata appresso o sopra le rovine del Tempio di Minerva,
eretto da Pompeo Magno dopo le sue vittorie. Prossimo
vi fu il Tempio d'Iside, come dimostrano i molti avanzi
di antichità Egizie, quivi ritrovate, e specialmente il piccolo Obelisco che stava nel giardino del prossimo Convento
de' PP. Domenicani, e che da Alessandro VII fu dirizzato
nella piazza, facendogli servire di piedistallo un Elefante
di marmo scolpito dal Ferratà. Entrando in Chiesa nella
prima cappella il quadro principale con S. Lodovico è del
Baciccio, e le altre pitture sono del Cav. Celio. La cappella di S. Rosa fu dipinta da Lazzaro Baldi. Nella contigua il S. Pietro Martire è opera di Ventura Lamberti : le
pitture laterali sono di Battista Franco, e le superiori di
Girolamo Muziano. Più oltre, la cappella della Ss. Nunziata fu dipinta da Cesare Nebbia ; e la Statua di Urbano VII fu scolpita da Ambrogio Malvicino. Il quadro con
la Cena di N. Signore nella nobil cappella Aldobrandini(della quale furono architetti Giacomo della Porta, e Carlo Maderno) è opera di Federico Barocci : e le pitture nella volta sono di Cherubino Alberti. Nella crociata della Chiesa,
il Crocefisso è opera di Giotto Fiorentino. La cappella de'
Caraffa fu dipinta nel basso da Filippo Lippi, e nell'alto da
Raffaellino del Garbo, e il quadro con S. Tommaso d'A-
quino si crede opera del B. Giovanni da Fiesole Domenicano. Nella cappella de' Principi Altieri, il quadro è di
Carlo Maratti, le pitture superiori sono del Baciccio, e le
scolture di Cosimo Fancelli. Nella seguente cappella del

Rosa-

Rofario le pitture della volta con i quindici mifterj fono di Marcello Venufti : le iftorie laterali di S. Caterina furono colorite da Giovanni de Vecchi : la coronazione di fpine da Carlo Veneziano , e la Ss. Vergine nell'altare ftimafi lavoro del fudetto B. Giovanni , chiamato dal Vafari pittore Angelico . Venerate il corpo di S. Caterina da Siena , che ripofa fotto l'altar fudetto . Il gruppo in marmo con la Madonna , Cesù , e S. Gio: Battifta pofto da quefto lato dell' altar maggiore , è fcoltura di Francefco Siciliano ; dall'altro lato , la famofa Statua di N. Signore in piedi con la Croce , è di Michel'Angelo Buonaroti . I depofiti affai cofpicui di Leone X , e di Clemente VIII nel coro fono fcolture di Baccio Bandinelli : ma la ftatua di Leone fu lavorata da Raffaele di Monte Lupo , e quella di Clemente da Giovanni di Baccio Bigio . Il depofito del Card. Aleffandrino nipote di San Pio V fituato preffo la porta vicina , fu difegnato da Giacomo della Porta ; l'altro dirimpetto , che è del Card. Pimentelli , fu architettato dal Bernini : e quello di mezzo eretto al Card. Bonelli , fu ideato dal Rainaldi ; le fcolture fono tutte di artefici rinomati , cioè di Monsù Michele , di Antonio Raggi , d'Ercole Ferrata , di Cofimo Fancelli , ed altri . La cappella di S. Domenico fu difegnata dal Rauzzini e fatta ornare di colonne , e marmi da Benedetto XIII : la di lui ftatua , con altra figura furono fcolpite da Pietro Bracci , il reftante da Carlo Melchiori , che ne fu ancora l'architetto . Il S. Pio V fu colorito nel fuo altare da Andrea Procaccini . Il depofito di Maria Raggi incontro al detto altare , è bizzarro difegno del Bernini . Ne' due altari fuffeguenti , il San Giacomo è di Marcello Venufti ; e il S. Vincenzo Ferrero di Bernardo Caftelli . La cappella di S. Gio. Battifta fu dipinta dal Nappi ; e la Maddalena nell'altra dal fudetto Venufti . Nell'ornata fagreftia venerate la Camera di S. Caterina da Siena , trafportatavi

dal

dal Card. Antonio Barberini. Il Crocefisso, che è nell'altare della fagreftia medefima, fu dipinto da Andrea Sacchi; e il S. Domenico nel dormitorio del Convento è opera dell' Algardi. Il Chioftro fu dipinto a frefco da Giovanni Vallefio Bolognefe, da Francefco Nappi Milanefe, da Antonio Lelli Romano, e da altri. In detto Convento v'è una copiofa Libreria, che fi apre giornalmente a publico comodo, e vi fu lafciata dal Card. Girolamo Cafanate.

Dalla porta laterale portandovi alla ftrada del *Piè di marmo*, troverete a deftra la Chiefa di S. Stefano del Cacco de' PP. Silveftrini, dove già fu il Tempio di Serapide infieme con quello d'Ifide arricchiti d'ornamenti dall'Imperator Aleffandro Severo. Quivi prima di entrare nella piazza del Collegio Romano, fi vedeva un Arco antico detto di Camiliano, e perciò falfamente creduto eretto in onore di Camillo, effendo affai più verifimile che foffe un refiduo d'alcuna delle molte fabriche, che ornavano il campo Marzo. Entrando nella piazza fudetta vedrete a deftra il Monaftero delle Monache di S. Marta ed il magnifico Palazzo de' Principi Panfili, fatto con architettura di Francefco Borromini, in cui fono molte ftatue antiche, e pitture di celebri Autori, cioè di Tiziano, del Domenichino, di Andrea Sacchi, di Carlo Maratti, ed altri.

Dirimpetto fi erge la gran fabrica del Collegio Romano inalzato a fpefe proprie da Gregorio XIII con architettura di Bartolommeo Ammannato per adunarvi nelle fcuole la gioventù ftudiofa, la quale dopo la foppreffione della Compagnia di Gesù fatta dal defonto Clemente XIV, da fcelti maeftri vi è iftruita nelle fcienze e nelle belle Arti. V'è una celebre copiofa libreria, che fu già de' PP. Gefuiti, e buona parte del Mufeo Kirkeriano, perchè l'altra parte, e forfe migliore è ftata trafportata alla Biblioteca, e Mufei Vaticani. Vi è ftato altresì trafferito e nuovamente te aperto il Seminario Romano per iſtruirvi a ſpeſe del Cleſo di Roma i Chierici, ſecondo ciò che preſcrive il S. Con-

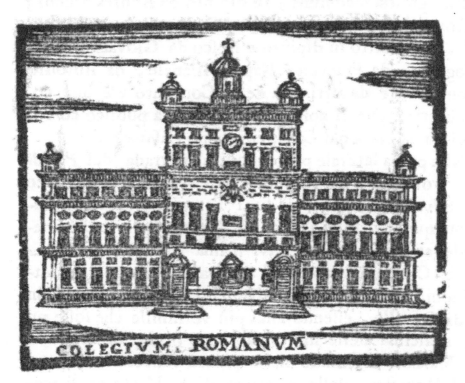

COLEGIVM. ROMANVM

cilio di Trento, col comodo dell'anneſſa Chieſa dedicata a S. Ignazio Lojola. Fu queſta fabricata a ſpeſe del Card. Ludovico Ludoviſio con penſiero del P. Graſſi Geſuita, del Domenichino, e dell'Algardi. Nel cavarſene i fondamenti ſu ritrovato un Acquedotto incroſtato di marmo, ed ornato di colonne, il quale conduceva l'Acqua Vergine alle Terme di Agrippa: e vi ſi videro ancora antichi avanzi di altra fabrica, la quale ſu creduta parte della Villa pubblica, ove ſi alloggiavano gli Ambaſciadori de' nemici. Merita di eſſer conſiderata la ſua facciata ma richiederebbe una piazza più ampia. Entrando nella Chieſa, la quale è diviſa in tre Navi, attrae a ſe gli ſguardi la ſeconda cappella a deſtra fabricata a ſpeſe del Card. Giuſeppe Sacripante, che fece dipingere il tranſito di S. Giuſeppe da Franceſco Treviſani.

I   Non

Non è difprezzabile il quadro nella cappella che fiegue di
S. Gioachino dipinto da Stefano Pozzi. Ma è bene di paf-

SANCTI IGNATII

far fubito ad ammirare la gran cappella eretta da' Signori
Lancellotti ad onore di S. Luigi Gonzaga col difegno del
P. Andrea Pozzi, che vi dipinfe la volta. Il bafforilievo del
Santo, il di cui corpo fi venera fotto l'altare ripofto in bel-
la e ricchiffima Urna di lapislazuli, fu fcolpito da Pietro le
Gros. Siegue in facciata vicino alla porta laterale il bel
depofito di Gregorio XV fatto con difegno e fcoltura dello
fteffo le Gros: ma le due fame fono di Pietro Stefano Mon-
not, e le quattro ftatue nelle nicchie di Camillo Rufconi.
Tutta la tribuna dell'altar maggiore è lavoro del fuddetto
P. Pozzi, il quale colorì parimente tutta la gran volta della Chiefa, e la tela, con cui fi rapprefenta in piano la Cup-

Po-

pola, nella maniera con cui era di lui penfiero che foffe elevata. Nell'altra nave laterale fu nel 1749 ornato il gran Cappellone ful modello del di contro di S. Luigi col baffo-rilievo fcolpito da Filippo Valle ful difegno dell'accenna-to P. Pozzi : ma i due Angeli in piedi nella balauftrata fono lavoro di Pietro Bracci. Siegue l'altare del Crocefiffo ador-nato con due colonne di giallo antico, capitelli dorati, e molte pietre orientali di gran pregio ; e d'intorno al Croce-fiffo, che è di buono, ma incerto autore, veggonfi colloca-te molte reliquie. Quefta Chiefa è uffiziata dagli Alunni del Seminario Romano.

Entrando nella ftrada del *Corfo* s'incontra a finiftra il Palazzo de' Principi di Carbognano detto comunemente di *Sciarra* fabricato con architettura di Martino Longhi il vec-chio, eccettuatone il maeftofo portone, che fu difegnato da Antonio Labacco. L'ultimo Cardinale di quefta famiglia lo accrebbe di nobili mezzanini di ottimo gufto. Siegue quafi fubito quello de' Signori Millini ridotto in gran parte alla odierna bellezza dall'ultimo Card. Millini : e dirim-petto fa bella comparfa quello de' de Carolis, dopo de'qua-li effendo paffato in potere de' PP. Gefuiti, per la foppref-fione della Compagnia fu applicato alla R. C. A. da cui lo hanno ottenuto in emfiteufi i Simonetti.

Non lafciate però di confiderare la Chiefa di S. Mar-cello, già cafa di S. Lucina Matrona Romana, e luogo dove il detto Pontefice morì. Fu riftorata dalla famiglia Vitelli ; e nobilitata con bella facciata di travertini con architettura del Fontana. Nella prima cappella a deftra il quadro della Ss. Nunziata è di Lazaro Baldi. Nella terza tutte le pitture fono di Giovan Battifta da Novara. Nella quarta, dove fi venera un Crocefiffo affai celebre, e miraco-lofo, vi fono molte pitture di Pierino del Vaga, e alcune di Daniele da Volterra. Nell'altar maggiore tutte le pit-

I 2 ture,

ture, che adornano la tribuna, sono del sudetto Novara, il quale dipinse anche tutte le Istorie, che si vedono intorno alla nave della Chiesa. Dall'altra parte, la cappella di S. Filippo Benizio fu colorita dal Cav. Gagliardi. Nella susseguente la Conversione di S. Paolo è di Federico Zuccheri; le pitture a fresco sono di Taddeo suo fratello : e le teste di marmo, che sopra alcune iscrizioni vedrete, furono scolpite dall'Algardi. Nell'ultima il quadro con la Madonna de' sette dolori, e tutte le altre pitture, sono di Paolo Naldini. Osservate ancora i depositi, e particolarmente quello del Card. Cennini presso la porta grande scolpito da Gio. Francesco de Rossi. Venerasi quivi il corpo di S. Marcello PP. e M. e quello di S. Foca Martire, collocati in bell'Urna di marmo negro sotto l'altar maggiore : e altri corpi di Santi, e parte del Ss. Legno della Croce nella sudetta cappella del Crocefisso. Nell'annesso Convento, in cui sono i Padri Serviti, fu ritrovato un residuo d'antico tempio creduto d'Iside Esorata.

Avanzandovi su la strada del Corso, vedrete la Chiesa Collegiata di S. Maria *in via lata*, albergo già de' Ss. Pietro, e Paolo, Luca, Marziale, Marco, ed altri, ornata da Alessandro VII di nobile facciata, e portico con architettura di Pietro da Cortona. Nell'altar maggiore arricchito dalla famiglia d'Aste di marmi, e metalli, si conserva una miracolosa immagine della B. Vergine, e nel vago soffitto si vedono belle pitture di Giacinto Brandi. Congiunto a questa Chiesa era un'antico Arco trionfale, atterrato da Innocenzo VIII, il quale probabilmente fu eretto all'Imperatore L. Vero, o a Gordiano.

Conducetevi alla piazza detta di Ss. Apostoli, e venerate i corpi de' Ss. Giacomo, e Filippo. In essa osserverete principalmente la cappella di S. Antonio, fatta di vaghi marmi dal Duca di Bracciano Odescalchi, con disegno di di Ludovico Saffi: e il quadro del Santo fu dipinto da Benedetto Luti: offervate poi il quadro dell'altar grande, effendo il maggior di quanti quadri fono nelle Chiefe di Roma, opera di Domenico Maria Muradori Bolognefe. Contiguo alla Chiefa è il Palazzo del Conteftabile Colonna fabricato da Giulio II e abitato da Martino V. Fu quefto nella fua maggior parte interna, ed efterna rimodernato con vago difegno degli Scolari di Paolo Pofi.

Nell'appartamento ful pian tetreno dipinto dai Pufino, Stanchi, Tempefta, ed altri, vedrete molte ftatue, bufti, e baffirilievi antichi, fra quali la deificazione di Omero, ed alcune Veneri degne di particolar ammirazione, le ftatue di Flora, di Germanico Drufo, e di D. Marc'Antonio Colonna famofo guerriero. Sonovi ancora molti quadri del detto Pufino, del Guercino, di Guido Reni, e di Salvaror Rofa, e una camera dipinta in guifa di romitorio con difegno di Gio. Paolo Scor. Per le fcale vedrete una bella ftatua di un Re barbaro, un bufto di Aleffandro Magno, e una tefta di Medufa in porfido. La gran fala fu dipinta nella volta dal Lanfranco.

Nell'appartamento nobile fi vede quanto fi può vedere di magnifico. Vi fono fei quadri del Brugoli, un Crifto in età giovenile di Raffaele, una Madonna di Tiziano, ed altre opere infigni. Nella camera degli fpecchi, dipinta da Mario de' Fiori, fono due ftudioli mirabili, e molti camei antichi. La galleria che è una delle maravigie di Roma, fu principiata con architettura di Antonio del Grande, é terminata da Girolamo Fontana. Nella fua volta vi fu dipinta da' pittori Lucchefi la guerra di Lepanto, amminiftrata dal fudetto D. Marc'Antonio. Contiguo alla Galleria è il belliffimo giardino, che giunge con la fua ampiezza ful Quirinale. Nell'Appartamento fuperiore fono altri quadri affai buoni, fra quali meritano maggior confiderazione

I 3

ne una Madonna in tavola di Pietro Perugino; un S. Francesco di Tiziano; Adamo ed Eva del Domenichino; la Pietà di Guido Reni; l'Europa dell'Albani, e molte pitture del Rubens.

Dal palazzo per quattro ponti, due de' quali furono inalzati sopra la strada pubblica dal Contestabile D. Filippo Colonna, e due dal Card. Girolamo, si passa all'accennato giardino. Gli avanzi di mura antiche che in varj luoghi quivi si veggono, fanno congetturare, che vi fossero edifizj di grande ampiezza. Stimano alcuni che vi fosse il palazzo de' Cornelij, ed il Nardini appunto è di parere, che il *vico de' Cornelij* fosse, dove ora è la strada che chiamasi della Pilotta: nè mal si apporrebbe chi credesse che la parte superiore occupi non picciola porzione delle terme di Costantino, ii cui mezzo era, ove in oggi è situato il palazzo de' Rospigliosi.

Noi fratanto ritornando alla piazza de' Ss. Apostoli; dopo aver data una occhiata alli due Palazzi de' Muti Papazurri, ci rivolgeremo a considerare quello de' Duchi di Bracciano eretto con pianta di Carlo Maderno, ornato di facciata dal Bernino, ed accresciuto di molto nel 1745 da D. Baldassarre Odescalchi, che ne fece l'acquisto. Vi sono nel portico le statue di Massimino e Claudio Imperatori, di Cerere, di Appollo, e nel principio della scala quella di Talestri Regina delle Amazoni; l'appartamento terreno composto di più camere, e di una Galleria, contiene molte colonne di varj marmi preziosi con diversi busti d'Imperatori. Nella prima stanza v'è una bella statua di Cleopatra, quelle di Giulio Cesare, di Augusto, di Adone, di un Bue, di una Vacca, e di un Fauno. Sono notabili nella seconda le statue di Apollo, e delle Muse, e le colonne di giallo antico, che reggono i busti de' dodici Cesari. Nella terza due belle colonne di verde antico, e
la

la ftatua di Clizia cangiata da Apollo in Elitropio. Si rac-
chiúdono nella quarta le ftatue di Caftore e Polluce; di
una Venere ricoperta con un panno finiffimo: i bufti di A-
leffandro Magno, di Antinoo, e di Pirro, e due colonne
di alabaftro cotognino. Nella quinta una ftatua di Cefare,
il cui corpo è formato di agata antica, il manto di alabaftro, ed il reftante di bronzo dorato; altra di Tolomeo
Re di Egitto, di due Veneri, il bufto della Regina Cri-
ftina di Svezia fcolpito dal Bernini, due colonne di agata, una ftatuetta di Seneca, un antico Sepolcro di pietra
egizia accomodata ad ufo di vaga fonte, e due colonne di
marmo bigio ornate di varj fiori. Nella picciola galleria
feguente una tefta di Aleffandro il Macedone, ed un ara
antica pofta in bilico con un Baccanale efpreffovi all' intorno. Negli appartamenti fuperiori cinque cartoni tirati fopra tele di Giulio Romano; tre pezzi del Rubens con altri buoni quadri: una Madonna col Bambino dell' Albani, due Veneri, e l' adultera di Tiziano, un Baccanale del Maratti, cinque ftorie di Ciro colorite dallo ftefio
Rubens, il ritratto di Tommafo Moro dipinto dal Wan-
dik, ed altre pitture del Coreggio, e di Paolo Veronefe, con 36 arazzi teffuti con oro, i quali rapprefentano
le ftorie di Cefare, Marco Antonio, e Cleopatra difegnati da Raffaele, da Giulio Romano, e dal Rubens. Deve
per fine riguardarfi il Mufeo, che fu della fovrannomina-
ta Regina di Svezia, per la copia e rarità delle medaglie
e medaglioni, e di diverfe gemme, e camei, fra quali ve
n' è uno fingolariffimo lavorato in agata orientale alto tre
quarti di palmo, e largo mezzo, in cui fi ravvifano in
profilo le tefte di Aleffandro Magno, e della fua madre
Olimpia.

In fondo della piazza vedefi il Palazzo de' Bonelli,
ora *Imperiali*, ove è fituata la copiofa Biblioteca raccolta

dal Card. Renato di questa famiglia, ma che la Repubblica de' letterati desiderarebbe fosse accessibile agli studiosi.

Salirete quindi per la strada, che da un picciolo fonte ivi situato chiamasi *delle tre Cannelle*, e dopo aver considerata una bella Torre eretta da' Colonnesi, come indicano le armi gentilizie ivi poste, vi condurrete al Monastero di *S. Caterina da Siena* dell'ordine di S. Domenico, e quivi si vedono i vestigj de' bagni di Paolo Emilio: e dal vocabolo *Balnea Pauli*, ha preso corrottamente il nome di *Bagnanapoli*, e *Magnanapoli*, questa parte del monte. Appresso al Monastero è la Chiesa dedicata alla Santa, ornata al di fuori con vaga facciata e portico architettato dal Soria; e al di dentro con nobili altari. E' degna di osservazione quella Torre che serve ora di Campanile, e che credesi quella sia, che chiamavasi *Turris Militiarum*, ovvero *de' Vigili*: ma è del tutto falsa la opinione di quelli, che credono, da questa torre Nerone si facesse spettatore dell'incendio di Roma.

Discendendo per il palazzo, e torre de' March. Grillo, ove è un acqua perfettissima, quella forse, che servì agl' accennati bagni di Paolo Emilio, inoltratevi alle Chiese de' Ss. Quirico e Giulitta, e della Madonna de' Monti, fabricata in tempo di Greg. XIII con architettura di Giacomo della Porta, e conceduta ultimamente a' PP. Pii operari. E' ornata di buone pitture, fra le quali tutta la cappella di S. Carlo fu dipinta da Giovanni di S. Giovanni. La Pietà nella cappella contigua fu dipinta dal Viviano: e ai lati, la flagellazione del Signore è di Lattanzio Bolognese; e la pittura incontro è di Paris Nogari. Nella cappella dirimpetto, la Natività di Gesù Cristo è opera del Muziano, e le istorie nella volta sono del detto Nogari: le altre fuori sono di Cesare Nebbia. La cappella della Nunziata fu dipinta tutta da Durante Alberti. Presso la detta Chie-

Chiefa vedrete il Collegio de' Neofiti, el a cafa de' Catecumeni, edificata dal Card. S. Onofrio fratello di Urbano VIII, e dirimpetto il Monaftero della Concezione.

Paffando poi alla piazza della Suburra, e falendo per la medefima contrada incontrerete il Monaftero, e Chiefa di S. Lucia in felci, preffo la quale furono il palazzo e le Terme di Tito. Nel primo altare a deftra il quadro di S. Lucia è del Lanfranchi: il S. Agoftino nel fecondo è dello Speranza; il quale dipinfe anche l'altro dirimpetto con S. Giovanni Evangelifta, che comunica la B. Vergine; la di cui Annunciazione vedefi dipinta con maniera affai buona nell'altar maggiore. Il quadro con S. Monica è opera del Cav. d'Arpino, che dipinfe ancora il Padre Eterno fu la porta: e le pitture nella volta fono di Gio: Antonio Lelli.

Poco lontano è il palazzo e giardino della cafa Sforza; dove fu probabilmente la regia di Servio Tullo: e quafi incontro il nuovo Monaftero detto delle Turchine, fondato dalla Principeffa Borghefe: e l'altro delle Filippine.

Inoltrandovi verfo la porta Maggiore vedrete gli archi dell'antico acquedotto dell' acqua Marzia, o Marcia (perchè fu condotta dal Re Anco Marzio) la quale fboccava ful principio della ftrada, che conduce a S. Bibiana. Giunto a porta Maggiore, offervate l'antico ornamento di effa con l'ifcrizione di Tiberio Claudio, che ora ferve per l'acqua Felice di Sifto V. Ufcirete per la detta porta, e voltando a finiftra, conducetevi alla Bafilica di S. Lorenzo, fabricata nel luogo detto il campo Verano, che fu di Ciriaca Matrona per pietà, e per nobiltà chiariffima. Sotto la detta Chiefa è un Cimiterio di Santi Martiri, e fotto il fuo altar maggiore fi confervano i corpi de' Ss. Lorenzo, e Stefano Martiri. Vi fi confervano ancora una parte della graticola, fu la quale fu arroftito il S. Titolare: una pietra

tra su la quale fu posto il suo corpo : uno de' saffi , co' quali fu lapidato S. Stefano : le teste de' Ss. Ippolito , e Romano Martiri : un braccio di S. Giovanni Martire , e di

S. LORENZO.

S. Apollonia, vergine e martire , con altre insigni Reliquie :
Osservarete gli ornamenti di mosaco , e di pietre fine , le
pitture , le colonne , e le altre divote curiosità che vi sono . Avanti questa Chiesa aprì Clemente XI una bella piazza , con una cordonata , ed altri ornamenti .

Inviatevi alla porta della Città chiamata presentemente di *S. Lorenzo* , ed anticamente detta *Tiburtina* , e voltando nel secondo vicolo a man sinistra troverete la Chiesa
di S. Bibiana , edificata da Simplicio Papa , appresso l'antico palazzo Liciniano , il quale è incerto se fosse dell' Imperatore di tal nome , o di Licinio Sura , ricchissimo citta-
dino Romano . Urbano VIII la ristorò con disegno del Bernini (da cui fu scolpita nell' altar maggiore la statua della

San-

Santa) e la ornò di pitture Pietro da Cortona . Sotto l'altar maggiore dentro una nobil urna d' alabastro orientale antico si conservano i corpi della S. martire Titolare , di S. Demetria sua forella, e di S. Dafrosa loro madre ; e vicino alla porta di mezzo vedesi la colonna , alla quale S. Bibiana fu flagellata . Sotto della Chiesa è l'antico Cimiterio di S. Anastasio Papa , dove furono sepolti 5266 Martiri , non compresovi il numero delle donne , e de' fanciulli ; il suo ingresso rimane tuttavia ignoto . Quì era l' antica contrada detta *ad Urfum Pileatum* , e vedesi ancor oggi nel giardinetto della Chiesa la picciola statua d'un Orso col capo coperto . In una vigna contigua osserverete un Tempio in forma decagona , creduto dalla maggior parte degli antiquarj la basilica di Cajo e Lucio , eretta loro da Augusto . Ma perchè la sua struttura non è di basilica , potrebbe più tosto essere il Tempio d' Ercole Callaico , fatto da Bruto , e detto il Calluzio per corruzione di Callaico , ovvero di Cajo e Lucio , come scrive il Fulvio . Ciò si conferma dall' essere composto di mattoni , poichè di questi afferisce Plinio essere stato fabricato il sudetto Tempio ; oltre l' Iscrizione in esso ritrovata , e registata dal Grutero al foglio 50. n. 5 . Fu detto Callaico da i Callaici popoli dalla Spagna , de' quali trionfò Giunio Bruto , che visse 500 anni in circa dopo la fondazione della Città : e nello stesso Plinio si ha , che in questo luogo Bruto aveva il Circo , presso al quale fabricò un Tempio a Marte .

Incaminatevi per la strada aperta incontro alla sudetta Chiesa , e passati gli alberi che la circondano , troverete a destra la Chiesa di S. Eusebio , fondata su le rovine del palazzo , e delle Terme di Gordiano . E' governata da PP. Celestini , che la ristorarono , e vi fecero un coro di noce egregiamente intagliato . Sono in detta Chiesa i corpi de' Ss. Martiri Eusebio , e Vincenzo , Orosio , e Paolino .

Di

Dirimpetto vedrete la Chiesa di S. Giuliano, con l'Opizio de' PP. Carmelitani, cognominata dal volgo i trofei di Mario, perchè in questo luogo erano anticamente i detti trofei oggi collocati nel moderno Campidoglio: e sebbene tutta questa contrada tra detta Chiesa, e le altre di S. Eusebio, e di S. Matteo, si chiama dagli Ecclesiastici *Merulana*, e da altri *Mariana*, doverebbe forse chiamarsi *Marziana* dall'Emissario, che quivi era dell'acqua Marzia.

Proseguendo troverete a mano destra la Chiesa di S. Antonio de' Padri di S. Antonio Viennese, nel cui Monastero è la Chiesa vecchia, chiamata di S. Andrea in Catabarbara, con una Tribuna antichissima di mosaico, fatta da S. Simplicio Papa. La detta Chiesa, e Ospedale, furono fondati, e dotati dal Card. Pietro Capocci: e il Card. Fazio Santorio vi aggiunse il palazzo, ed i Granari vicini. L'altar maggiore, e la cappella a man sinistra, sono tutte pitture di Niccolò Pomerancio. L'obelisco di granito orientale, che prima era ricoperto da un Ciborio sostenuto da quattro colonne, fu eretto del 1595 nel Pontificato di Clemente VIII in memoria dell'assoluzione data ad Enrico IV Re di Francia.

Di quà ritornerete verso la Suburra, per l'Arco eretto all'Imperadore Gallieno, ora chiamato di S. Vito dalla contigua Chiesa dedicata a questo Santo, uffiziata da' Monaci di S. Bernardo. Qui fu il macello Liviano, d'onde la detta Chiesa prese il nome di S. Vito in macello; e appresso vi fu la basilica di Sicinio. Passando innanzi al Monastero della Concezione, vi condurrete all'antico tempio di S. Prassede, eretto su le terme di Novato, nel vico chiamato già Laterizio. E in esso la divotissima cappella detta anticamente l'*Oratorio di S. Zenone*, poi *l'orto del Paradiso*, e altramente *S. Maria libera nos a penis Inferni*.

fat.

fatta e ornata da Pasquale I Pontefice, dove si venera fra le altre sagre Reliquie la colonna, alla quale fu flagellato Cristo Signor Nostro portata in Roma dal Card. Giovanni Colonna. Vedesi nel mezzo di detta Chiesa un pozzo, in cui questa nobilissima vergine Romana, ad imitazione della sua Santa sorella Pudenziana, faceva collocare i corpi, e il sangue de' Ss. Martiri. Vedesi ancora nel muro della nave sinistra una lunga pietra, sopra la quale S. Prassede dormiva. Fra le cappelle quella degli Olgiati fu dipinta nella volta dal Cav. d'Arpino: ma il quadro dell'altare è di Federico Zuccheri. Nella sudetta cappella della colonna il Cristo flagellato è di Giulio Romano. Nella contigua il Cristo morto credesi di Giovanni de Vecchi: la volta fu dipinta da Guglielmo Borgognone. Nella nave di mezzo l'istorie del Redentore, quando fa orazione nell'orto, e quando porta la Croce, sono di Giovanni Cosci: la Coronazione di spine, e la presentazione al tribunale di Caifas, sono di Girolamo Maffei: l'*Ecce Homo* è del Ciampelli, il rimanente è di Paris Nogari, e di altri. Questa Chiesa è offiziata da' Monaci di Vallombrosa; e contigua ad essa era la casa, dove abitava S. Carlo Borromeo, che ne fu titolare.

Per la porticella vi condurrete nella piazza di S. Maria Maggiore, ove si erge una bellissima colonna scannellata, che essendo una dell'antico tempio della Pace fu qui collocata nel 1614 per ordine di Paolo V, che vi aggiunse una nuova base, e capitello, e la maestosa statua di Maria Vergine, e quella fontana a'piedi, la quale getta una copia di acqua abbondante.

Passando ora alla Basilica, questa ebbe diverse denominazioni: cioè *Liberiana* da S. Liberio PP. che la edificò; *S. Marie ad Præsepe*, per la preziosissima Culla di N. S. G. C. che in essa si venera, e *S. Marie majoris* a distin-

ftinzione di altre Chiefe dipoi dedicate alla SS. Vergine
Liberio dunque la edificò nel 352 nel luogo medefimo,
come alcuni vogliono, in cui era il tempio di Giunone
Lucina, ma certamente ove fu il campo e foro Efquilino
celebre per il martirio di moltiffimi Martiri. Sifto III la

S. MARIA   MAGGIORE.

riftorò ed ampliò di molto, e fimilmente l'arricchirono
i feguenti Pontefici fino a Benedetto XIV che prima del
1750 la riduffe allo ftato prefente con facciata foftenuta
da un portico di otto colonne, le quali erano nell'antico portico eretto da Eugenio III, colla loggia per le benedizioni Papali, e che contiene il mofaico fattovi per
ordine dello fteffo Eugenio PP. e col finimento di alcune
di travertino, e per fine vi fi offerva la ftatua di bronzo
di Filippo IV Re di Spagna infigne benefattore di quefta
Bafi-

Basilica . Entrandosi nella Chiesa devesi considerare il nobilissimo soffitto principiato da Calisto III e terminato da Alessandro VI coll'oro trasmesso in Roma dalle Indie, e col fondo di colore azzurro, che a'tempi nostri fu mutato in bianco perla . Le pitture in mosaico da ambi i lati sopra le colonne rappresentanti varj fatti del vecchio Testamento, e della vita della B. V, sono del tempo di Sisto III . Si offre quindi a destra il deposito di Clemente IX fatto erigere dal successore Clemente X, ed ornato di statue lavorate da più celebri scultori di quel tempo, ed incontro quello di Niccolò IV disegno del Fontana . Segue la cappella della famiglia Patrizj, e poi la nobil sagrestia . Quindi gli altari fatti erigere da Benedetto XIV, tra'quali quello del SSmo Crocefisso, che veneravasi nell'antico portico, merita qualche considerazione, essendo adornato di varii marmi specialmente con 12 colonne, e pilastri in fianco di porfido, ma più ancora per le Reliquie, che si conservano quivi in due armarj ; e tra esse la S. Culla di Cristo Signor Nostro rinchiusa in una custodia di argento con un Bambino similmente di argento, ed ornamenti di Angeli all'intorno con varj forami da tutte le parti, da'quali comodamente si vede la venerabil Culla, consistente in cinque tavolette di legno . L'ornamento che le racchiude fu dono di Margherita di Austria moglie di Filippo III Re di Spagna, che avea questa Reliquia in somma venerazione .

Passando ora alla cappella del SS. Sagramento, detta comunemente di Sisto V, che la eresse, e che in oggi per diritto di eredità si possiede da'Duchi Sforza Cesarini ; qui non v'è cosa che sì per riguardo alle pitture, come ancora alle scolture non attragga l'ammirazione de'risguardanti, e troppo lunga cosa sarebbe il descriverne ogni parte . Il deposito di Sisto V architettato da Salvator Fon-

Fontana, e l'altro di Pio V ne fanno una gran parte, e questo secondo riscuote un giusto culto, perchè nella nobil urna di verde antico ricoperta di metallo dorato si conserva il corpo di questo S. Pontefice. Nell'altare sotterraneo si venera del fieno, sopra cui giacque N. S. G. C. e delle Fasce, colle quali fu involto. Il bassorilievo sopra di esso è bel lavoro di Cecchino da Pietrasanta: ed il S. Gaetano nella nicchia incontro rappresenta il Santo, che in una notte di Natale ricevette Gesù bambino dalla B. V. nelle sue braccia.

Deve ora passarsi alla Tribuna fatta nella forma che ora vedesi col denaro di Benedetto XIV, con quattro grandi colonne di porfido fasciate con palme di metalli dorati; e sopra di ognuna un grande Angelo di marmo, che insieme con altri due sostengono una gran corona e Croce, che in mezzo a due gran palme le dà finimento.

L'urna similmente di porfido, che forma l'altar papale, è quella, che prima vedevasi situata a piè della Chiesa di singolar grandezza e bellezza, ed ha il coperchio di bianco e nero antico, il quale sostenuto negli angoli da quattro puttini in piedi di bronzo dorato serve di mensa all'altar medesimo. L'arcone che divide il Presbiterio dal restante della Chiesa è quello stesso, che fu eretto da Sisto III, di cui vi si legge il nome. I mosaici della volta furon fatti dal Turrita in tempo di Niccolò IV. Il quadro dell'altare del coro, ove si cantano le messe conventuali, fu dipinto da Francesco Mancini. Il pavimento è ricoperto di fini marmi, e di questi incrostati parimente i muri laterali, e tra i pilastri fanno nobile comparsa quattro quadri di bassorilievo, che prima adornavano l'altar papale.

Entrasi quindi sotto l'altra nave minore, ove subito si presenta agl'occhi la cappella eretta da Paolo V,

dota-

dotata coll'unione di alcuni benefizj e specialmente co'
Canonicati della Collegiata di S. Lorenzo in Lucina, e
concednta in juspadronato alla sua famiglia de' Borghesi.
E questa ornata tutta di fini marmi nobilissimi. Alla destra dell'ingresso v'è il deposito di Clemente VIII ornato di statue e mezzirilievi. Le pitture a fresco ne'sordini
è nell'ovato in mezzo all'arcone, come ancora i Santi
Greci e le Imperatrici, sono tutte opere di Guido Reno.
Alla sinistra v'è l'altro deposito di Paolo V di egual bellezza : ma nulla v'è di più bello, quanto il magnifico altare composto di quattro colonne scannellate di diaspro
orientale con basi e capitelli di metallo dorato, piedistalli parimente di diaspro ed agata con finimenti di bronzo dorato : del qual metallo sono ancora gli Angeli del
frontespizio, ed i puttini, che in campo di lapislazzuli
reggono l'ornamento dell'imagine di Maria Santissima.
Questa col Bambino nelle braccia è ornata di corona di o-
ro e pietre preziose, e dicesi comunemente dipinta da
S. Luca; sebbene sembri più verisimile, che una di quelle sia, le quali trasportate furono in Roma da' Greci in
tempo della persecuzione di Leone Isaurico, e suoi setta-
rj; ma è incontrastabile che v'era ne' tempi di S. Gregorio M. mentre la portò processionalmente da questa Basilica all'altra di S. Pietro in occasione della peste, e giunta a vista della mole Adriana sentissi cantar dagli Angeli
l'antifona *Regina Cæli &c.* : e da ciò ebbe origine la Processione che si fa nel dì 25 Aprile.

Le pitture sopra il cornicione, quelle dalle bande,
l'ovato in mezzo, ed i quattro angoli, che reggono la
cuppola, sono opere del Cav. di Arpino; e la cuppola col
Dio padre nel lanternino di Lodovico Civoli. Ha questa
cappella la sua sagrestia particolare molto ragguardevole
per il pregio delle gioje, per la ricchezza delle supellet-

K   tili

tili fagre, e per il gran numero di bufti, reliquiarj, candelieri e vafi di argento, che tutt'ora fi vanno accrefcendo dalla pietà della nobiliffima famiglia Borghefe. Sortiti da questa cappella, e lafciate le erette a noftri tempi, potranno confiderarfi le due più antiche, cioè quella de' Signori Sforza, che fuol effere ufiziata dal capitolo nell'inverno, e l'altra de' Signori Cefi o Duchi di Acquafparta. La prima con architettura del Buonaroti fu dedicata alla Vergine Affunta, di cui Girolamo Sermoneta ne dipinfe il quadro ed i ritratti ne' due depofiti, ma le altre pitture fono del Nebbia. Nell'altra le pitture e ftatue fono tutte di celebri autori. Per fine vicino alla porta Santa tra gli altri depofiti fi fa ammirare quello di Monfig. Sergardi: e con ciò offervata la parte interna di quefta Bafilica, e fortendo dalla parte oppofta ragguardevole, anch'effa per alcuni depofiti, conviene attentamente confiderare la parte efteriore dalli due lati di ponente, e levante, e verfo il mezzo giorno coperta dall'alto al baffo di groffi travertini e ftatue, ed ornata di maeftofa comodiffima fcalinata.

S'inalza nel mezzo della piazza un obelifco alto palmi 32. Servì già di ornamento al maufoleo di Augufto, nelle di cui vicinanze effendo giaciuto per molto tempo, fu fatto riunire, e quì collocare da Sifto V.

Per non fare varj giri inutili dopo di aver data una occhiata al Confervatorio e Chiefa del Bambino Gesù, ove fi ricevono gratis per otto giorni le Zittelle per iftruirle a fare la prima Comunione, e vi fi ammettono alla fcuola quelle che abitano in quefti contorni, farà giovevole di paffare alla Chiefa pofta incontro, e dedicata a S. Pudenziana. E quefta fituata nel principio della ftrada *Urbana*, così detta perchè fu dirizzata da Urbano VIII, ma che anticamente chiamavafi *Vico Patrizio*, ed eretta nel palazzo fteffo e

ter-

terme di Pudente Senator Romano e padre delle Ss. Pudenziana, Praffede, Novato e Timoteo, quali tutti ricevet-
tero la luce del Vangelo, e le acque del Battesimo dall'Apostolo S. Pietro, che quivi fu benignamente accolto. Il
Pontefice S. Pio I che dedicolla, l'affegnò in titolo al suo
fratello Pastore, da cui essa pigliò il titolo, che tuttavia
conserva, *di Pastore*. Fu ristorata da Adriano I, e successivamente Innocenzo II nel 1130 la concedette a' Canonici regolari di Bologna. Il Gardinale Errigo Caetani titolare la ristorò nuovamente nel 1598. Sonovi 12 colonne
antiche racchiuse dentro i pilastri, e 2 fatte a spira alla
porta. La cappella ch' egli fecevi fabricare per la sua famiglia, è molto vaga per il bassorilievo dell' altare, per 4
colonne di giallo antico, e per il pavimento di belli marmi. L'altar maggiore è di graziosa simetria, e sotto di
esso si venera il corpo della Santa titolare. Sotto la mensa dell' altar laterale dedicato a S. Pietro, conservasi una
tavola, sopra di cui si vuole che il Principe degli Aposto-
stoli fosse solito di celebrar la messa, e poco distante si vede un'antichissimo pozzo, ove si conservano le Reliquie di
tre mila Martiri.

Passerete quindi alla Chiesa di S. Lorenzo in Fonte
(che fu casa di S. Ipolito Cavalier Romano, poi carcere
del medesimo S. Lorenzo) rinovata di fabriche dalla Congregazione de' Corteggiani, ivi eretta da Urbano VIII, e
perciò detta Urbana. Salirete quindi sul Viminale (che fu
aggiunto alla Città dal Re Servio) così detto dalla copia
de' Vimini, da' quali era inralciato, o dagli altari ivi
eretti a Giove Vimineo. Vedesi quivi il monastero, e
Chiesa consagrata a S. Lorenzo detto in *Panisperna*.

E' tradizione stabilita coll'autorità di tutti gli Antiquarj, che in questo luogo fosse arrostito S. Lorenzo Martire: ma è incerta l'edificazione della Chiesa, e l'etimolo-

gia del fopranome in *Panifperna*, fe pure non deriva da quel Perpenna Quadraziano, che riftorò le terme di Coftantino. E' credibile, che dopo il battefimo di quefti foffe confagrata una memoria tanta fegnalata in onore del S. Martire, quarant'anni in circa dopo il fuo martirio, anche fecondo l'opinione dell'Ugonio, che raccoglie da ge-

S. LAVRENTII IN PALISPERNA

Ri di S. Lorenzo effere ftata fatta la Chiefa poco dopo il fuo Martirio : ma è certiffimo, che nel fefto fecolo di Gesù Crifto fu con molto fplendore, e divozione venerata. Vogliono molti, che in quefto luogo foffero le terme Olimpiadi, dietro alle quali nella parte, che guarda il Quirinale, furono i bagni d'Agrippina madre di Nerone : e più oltre verfo la Suburra il palazzo di Decio Imperadore.

Alle falde appunto del Quirinale da quefta parte s'incontra a deftra la Chiefa di S. Agata, che alcuni erroneamen-

mente dicono *alla Suburra*, la quale fin quà non si stende, ma che dir devesi *de' Goti*, perchè fu da Goti profa-
nata verso il fine del secolo VI. S. Gregorio il grande, che
la purgò e consagrolla, ne fà menzione nelle sue lettere.
Essa è Diaconia cardinalizia, e Gregorio XIII nel 1579
la concedette a' Monaci Olivetani, e dipoi i due Cardinali
Barberini la ridussero allo stato presente in tempo di Urbano VIII loro Zio. Formano le tre navate 12 colonne
quasi tutte di granito orientale. Tra le pitture le più considerabili sono quelle della tribuna, e della navata di mezzo, lavoro di Pietro Paolo Perugino allievo del Cortona :
e per maggior decorazione nella Urna, che stà dentro l'altar maggiore, si venerano i corpi de' Ss. Martiri Ippolito,
Adria, Maria Neone, Paolino, Dominanda, e delle due
sorelle Mantaria ed Aurelia.

Nell'altra dicontro dedicata a S. Bernardino da Siena, come anche nell'annesso Monastero di Monache Fran-
cescane nulla essendovi di particolare, basterà riflettere,
che per quanto scrive il Marliani, ne' suoi tempi vi si vedeva un residuo di antico tempio, il quale fu creduto di
Nettuno. Più oltre è la Villa già degli Aldobrandini, ora
de' Borghesi piena di belle statue, bassirilievi, e quadri
rarissimi di Tiziano, Caracci, Coreggio, Giulio Romano, ed altri.

Qui credesi fosse il tempio del Dio Fidio de' Sabini
riputato dalla superstiziosa gentilità preside all'osservanza
della parola, e perciò invocato ne' giuramenti. Dirimpetto è il Monastero e Chiesa de' Ss. Domenico e Sisto
ornata di stucchi dorati e pitture, nel cui altar maggiore
conservasi un'antichissima e divotissima Immagine della B.
Vergine. La cappella della Maddalena fu fatta con disegno
del Cav. Bernini; e le statue furono scolpite da Antonio
Raggi. Il quadro dell'altar di S. Domenico fu dipinto dal

Mola, quello del SSmo Crocififfo dal Lanfranchi, e quello della Madonna del Rofario dal Romanelli.

Voltate alla deftra più oltre per il Quirinale, e andate a vedere la Chiefa di S. Silveftro de' Padri Teatini. La prima cappella a man finiftra quando entrate fu dipinta da Gio: Battifta da Novara. Le due iftorie nell'altra dj S. Maria Maddalena co' bei paefi di Polidoro, e di Maturino da Caravaggio furono dipinte infieme colla volta, e facciata efteriore dal Cav. d'Arpino. Nella terza lz Natività del Signore è di Marcello Venufti; e le pitture nella volta fono di Raffaéllino da Reggio. Nella nobil cappella della famiglia Bandini architettata da Onorio Longhi, i quattro Tondi ne' peducci della cuppola fono del Domenichino; e le ftatue di S. Maria Maddalena e di San Giovanni fono dell'Algardi. La volta dell'altar maggiore fu colorita da Gio: Alberti; e quella del coro dal P. Matteo Zoccolino Teatino: le figure fono di Angelo da Sorriento. Dall'altra parte, il S. Gaetano con altri Santi della fua Religione, fu dipinto da Antonio da Meffina. L'ornamento all'immagine della B. Vergine nella cappella feguente, è di Giacinto Gimignani: il reftante è di Cefare Nebbia. Il quadro nella penultima è di Giacomo Palma Veneziano: e le pitture a frefco fono di Avanzino Nucci, che fece ancora il quadro di S. Silveftro con altre pitture nell'ultima cappella.

Confiderabile parimente è il vicino palazzo eretto già dal Cardinale Scipione Borghefe nel luogo medefimo, ove erano le terme dell'Imperator Coftantino, come ne fa fede il Marliani, e più ancora il Nardini, che ne videro le veftigia, le ifcrizioni, e tre ftatue, cioè una del medefimo Coftantino; e le altre due di Coftantino, e Coftanzo fuoi figliuoli, le quali da quefto luogo trasferite dipoi furono nel moderno Campidoglio. In oggi entrafi

in

in un gran cortile circondato di mura, ove i Cavalieri giovani efercitar fi fogliono nella Cavallerizza. A finiftra fi
apre un vago giardino, a cui fovrafta una belliffima Cal-
leria. Quivi tutte le pitture fono de' più celebri Autori. Le nove mufe fono di Orazio Gentilefchi; le profpettive di Agoftino Taffi; i pergolati, i paefi, e la favola
di Pfiche di Paolo Brilli, e Luigi Civoli; il carro dell'
Aurora di Guido Reni; le due Cavalcate nel fregio di
Antonio Tempefta, ed i paefi del fuddetto Brilli: la
ftoria di Armida, che trova Rinaldo addormentato del Baglioni, ed Armida medefima nel fuo carro del Paffignani.
Nel portico del giardinetto Adamo ed Eva con animali,
come ancora il David ed il Sanfone fono del Domenichino; l'Andromeda del Sirani, non già di Guido, come
taluni hanno creduto. Fuori del giardino fi vede un marmo co' fafci confolari. Nell'appartamento terreno è degna
di offervazione la vita umana con quattro donzelle lavorate
da Niccolò Pufino. V'è il bufto di Scipione Africano di
Bafalte fatto forfe in tempo degl'Imperadori. Nella Galleria fi vedono alcune pitture antiche, le quali erano prima nelle accennate tèrme: v'è fimilmente una gran Conca
di verde antico, ed una ftatua rariffima di Domiziano: e
per fine nel contiguo portico Guido colorì li puttini. Nell'
appartamento principale tra molti quadri del Caracci, di
Guido, del Lanfranchi, del Cortona, e di altri infigni
Artefici meritano fpeciale confiderazione i dodici Apoftoli del Rubens; il fanciullo Gesù tra diverfi Angeli, che
tengono varj iftromenti della fua paffione dipinto dall'Albani; un Baccanale del Pufino; il Sanfone del Domenichino, ed il S. Filippo Neri di Carlo Maratti.

GIORNATA VIII.

Dalla strada dell'Orso per il Quirinale alle Terme di Diocleziano.

L A strada *dell'Orso*, che incomincia dal ponte S. Angelo fu già detta *Siftina* da Sifto IV, che l'addrizzò, e poi *dell' Orfo* da un bell' orfo di marmo, che vedefi in un angolo ful fine di effa. In questa strada, ove prima era la *Corte Savella*, cioè le carceri trasferite dipoi nella *ftrada Giulia* da Innocenzo X, ed ora il teatro di *Tordinona*, nulla effendovi di confiderabile, eccettuate le due Chiefe parrocchiali di *S. Maria in Pofterula* fervita da' PP. Celeftini, i quali abitano nell'anneffo loro monaftero, e l'altra di *S. Lucia della Tinta*, la quale è infieme collegiata di giufpadronato de' Principi Borghefi, e dove era già l'Ara fotterranea, in cui da' gentili fi facevano i fagrifizj alli Dei infernali Dite e Proferpina; inoltrar vi potrete alla piazza, ove da Clemente VIII fu eretto un Collegio per la educazione de' nobili, e che dal fuo nome fu chiamato *Clementino*. Fu dato in cura a' PP. della Congregazione Somafca, i quali non mancano di far iftruire i giovani nelle fcienze e nelle arti cavallerefche, delle quali poi danno faggio con pubbliche academie.

Non molto lungi è la Chiefa di *S. Antonio de' Portoghefi*, ove è fepolto il celebre moralifta Martino Azpilqueta detto il Navarro. Deftrutta un'antica piccola Chiefa che quì prima era, donata da Sifto IV alla nazione portoghefe, quefta ereffe la prefente nel paffato fecolo con difegno di Martino Longhi il giovine, ma la fua ben intefa

tefa facciata di travertini con pilaftri di ordine dorico fu
terminata coll'affiftenza di Criftoforo Schor. Il quadro nella prima cappella a deftra dell'ingreffo è d'incerto ma vir-
tuofo pennello. Quello della feconda colle altre pitture è
di Giacinto Calandrucci, che colorì ancora il S. Antonio
nell'altar maggiore. Il rioderno che fiegue ornato di belle
pietre, e col depofito del Gavalier Sampajo, che fu mi-
niftro in Roma di Portogallo, è difegno del Vanvitelli.
La Chiefa è ufiziata da' Sacerdoti nazionali, i quali fervono altresì l'anneffo fpedale.

Paffate al Monaftero e Chiefa delle monache di campo Marzo ue' tempi di Lione Ifaurico affegnato per abitazione ad alcune monache Bafiliane, che dalla Grecia fe-
co portarono una miracolofa immagine di M.V. ed il corpo
di S. Gregorio Nazianzeno. La prima fi venera nell'altar
maggiore, ove Placido Coftanzi colorì la volta; ed il fecondo da Gregorio XIII fu trafportato alla Bafilica Vaticana, e ripofto fotto l'altare della prima crociata a deftra, il
quale perciò fu chiamato cappella Gregoriana. Eftinta quivi la regola di S. Bafilio, fu foftituita l'altra di S. Benedetto; il di cui quadro con tutte le altre pitture nell'altare
dedicatogli fono di Lazzaro Baldi.

In quefte vicinanze fono due palazzi, uno de' Ca-
fali, ove fi vede una ftimatiffima tefta di Cicerone, e
l'altro de' gran Duchi di Tofcana, nuovamente rifabricato,
lafciatavi per dentro il cortile la profpettiva di bel penfiero
del Vignola.

Profeguite il viaggio alla Chiefa di *S. Maria Madda-*
lena de' PP. Miniftri degl' Infermi incominciata con difegno di Gio. Antonio de' Roffi, ed ornata dipoi al di dentro di ftucchi dorati, foffribili pitture, e belle ftatue, ed
al di fuori di vaga facciata con penfieri diverfi. Il quadro
della Maddalena nell'altar maggiore è opera di Michele

Roc-

Rocca detto *il Parmigianino* : i baffirilievi laterali fono di
Pietro Bracci ; e la volta fu dipinta dal Milani. Il nobile
altare di S. Cammillo de Lellis fondatore di quefti Religiofi, il di cui corpo quì fi conferva, è opera moderna, ed
il quadro principale è pittura del fudetto Coftanzi : quella
di M. V. è del B. Giovanni da Fiefole, e li due feguenti
degli Ghezzi. Nell'altro lato la cappella di S. Niccolò di
Bari fu incominciata con architettura di Mattia de Roffi ; il quadro principale è del Gaulli, ed i laterali fono
di Ventura Lamberti. Le ftatue di marmo nelle nicchie
della navata fono di buoni, ma non rinomati profeffori :
e per fine la fagreftia è ornata di vaghi Credenzoni.

Paffate al Collegio Capranica, dove è il teatro di quefto nome : indi alla Parocchiale di S. Maria in Equirio (corrottamente chiamata in Aquiro) la quale ebbe tal nome
da i giuochi Equirj, che fi facevano co i Cavalli nel vicino
campo Marzo. Fu edificata dal Pontefice Anaftafio I nel
luogo, dove fi crede foffe il Tempio di Giuturna, e fu poi
rifatta dal Card. Antonio Maria Salviati, con difegno di
Francefco da Volterra. Congiunta vi è la cafa degl' Orfani,
ed il Collegio Salviati.

In quefta piazza, o nel fuo contorno furono i Septi,
che erano uno fteccato di tavole, detti perciò anche Ovili,
dove fi radunavano le Centurie per l'elezione de' Magiftrati. Lepido la nobilitò con portici, e poi Agrippa con
marmi, chiamandoli Septi Giuli in onore di Giulio Augufto.

Per la ftrada detta de' paftini, preffo la quale fu la
Villa Publica, anderete in piazza di Pietra così detta (fecondo Flaminio Vacca) dalla quantità delle pietre tolte
all' antico edifizio ftimato da molti la Bafilica di Antonino, e da altri il Tempio di Nettuno, e portico degli Ar-
gonauti fatto da Agrippa. Le colonne fcannellate, e il fregio di tale edifizio, fervono ora di ornamento alla fac-
cia-

ciata della moderna Dogana delle merci, che si conducono

DOGANA NOVA A PIAZZA DI PIETRA

per terra; fatta da Innocenzo XII cón difegno del Cav.
Francefco Fontana.

Avanzandovi verfo piazza di Sciatra, pafferete per la
ftrada delle Muratte alla piazza, ove è la maeftofa Fontana di Trevi così detta, o dallè tre vie, che anticamente
vi foffero; o dalle tre bocche, d' onde sgorga. La sua for-
gente principale è nella tenuta del Capitolo di S.Maria Maggiore, chiamata *Salone*, fu la via Collatina, otto miglia
lontano dalla Città. Ebbe queft' acqua il nome di vergine,
perchè cercandofi (al riferir di Frontino) da' foldati, fu
loro additata da una donzella. Marco Agrippa fu il primo
che la conduffe dopo il fuo terzo Confolato, e denominolla
Augufta, per onorarne l' Imperadore. L'acquedotto fu in
parte diftrutto da Cajo Cefare; indi rifatto da Tiberio Claudio:

dio : e poi da Trajano come dimoſtrano alcune iſcrizioni
poſte in varj luoghi dell' acquedotto medeſimo, il quale
fu dipoi nuovamente rifarcito da Adriano I e da altri Pon-

tefici ſuoi ſucceſſori. Eſſendo nondimeno ſtato guaſto in
occaſione de' faccheggi di Roma, la Città reſtò priva di
queſt' acqua per molti ſecoli. Pio IV nel 1560 fece ripa-
rarli, reſtando però inculta e rozza la facciata della fontana fino al Pontificato di Clemente XII, il quale con ſpe-
ſa veramente da ſovrano di grand' animo, com' egli era,
dopo di aver fatto viſitare, ripulire, riſtorare, e fortifi-
car gli acquedotti decorò quel magnifico Proſpetto, che
ora ſi vede.

Fu queſto inalzato nella facciata del palazzo Conti,
che riſponde nella detta piazza di Trevi, ſtendendoſi da
un

un angolo all'altro della medesima con disegno di Niccolò Salvi Romano. Il mezzo di esso serve all'ornato, e sgorgo dell'acqua, restando le due parti laterali arricchite di finestre, ed altri ornamenti proprj per uso del palazzo.

Nella parte di mezzo dunque si erge uno scoglio, che frà le sue rotture, e caverne lascia scoperto un zoccolo parte lavorato e parte rustico, che sopra i suoi risalti sostiene un ordine corintio di quattro colonne. Il detto corintio è unito ad un attico, che ha sopra una balaustrata. Nel mezzo si vede una grandiosa nicchia, la cui volta riquadrata, ed arricchita d'intagli, fiori, e chiocciole marine viene sostenuta d'altre quattro colonne isolate di ordine jonico composto con contrapilastri, e cornice architravate, con altre due nicchie laterali, con quadro sopra per ciascheduna. La statua principale è quella dell'Oceano, il quale stà sopra maestoso carro formato da conche marine, tirato da due grossi cavalli marini, uno tutto feroce ed impaziente, l'altro docile e quieto, per dinotare la natura del mare ora placido, ora tempestoso. Sono essi diretti da due Tritoni, l'uno col freno nella sinistra, e con flagello nella destra trattiene a viva forza il primo: l'altro sicuro della mansuetudine del secondo, colla buccina alla bocca, figura di annunciare al popolo la venuta dell'Oceano. Posano queste statue dentro un ampio lago d'acque, che sorgendo, e distillando in bizzarrissimi modi cadono nella prima conca abbozzata dentro alcuni scogli, e sostenuta da una corona de' medesimi; dalla quale poi si rovesciano nell'ultima gran vasca, termine di questa nobile fontana.

Nella prima nicchia a destra dell'oceano ergesi la statua dell'abbondanza, e quella della salubrità a sinistra scolpite da Filippo Valle. Nel riquadro destro Giovanni Grossi rappresentò in bassorilievo l'Imp. Trajano, a cui
è pre-

è presentata la pianta per una nuova fontana : e Andrea
Bergondi scolpì nell'altro bassorilievo la Vergine , che mostra alli soldati sitibondi la sorgente dell'acqua da essa ritrovata . Terminano il prospetto quattro statue di travertino rappresentanti l'abbondanza de' fiori , la fertilità de'
Campi , le dovizie dell'Autunno , e l'amenità de'Giardini . Cade per fine l'acqua da una gran Conchiglia , che
forma il carro di Nettuno e da varj zampilli nella prima
conca abbozzata dentro di alcuni scogli , e sostenuta da
una corona di essi , dalla quale si rovescia nell' ultima
gran vasca , che è cinta da una corona di picciole colon-
nette unite con ferri gentilmente accomodati ad uso di
sedili : opera magnifica , in cui concorsero i pensieri , e
la spesa di tre Pontefici Clemente XII , Benedetto XIV , e
Clemente XIII .

Tenendovi a man sinistra , troverete il palazzo de
i Carpegna , riattato con disegno del Borromini : indi
quello de'Panfilj , fabricato con architettura di Giacomo
del Duca . Ritornando su la piazza , vi condurrete al Convento , e Chiesa de' Ss. Vincenzo , e Anastasio , ristorata
dal Card. Mazarino coll'opera di Martin Longhi , che vi
fece una nobile , e ben intesa facciata .

Salirete ora a vedere il palazzo Pontificio di monte
Cavallo , incominciato da Gregorio XIII con architettura
di Flaminio Ponzio , e Ottavio Mascherino ; e proseguì-
to da Sisto V e Clemente VIII , finchè Paolo V lo perfezionò con la giunta di una gran sala , stanze , e nobilissima
cappella . Indi lo ridusse in isola Urbano VIII , circon-
dando il giardino di mura , e Alessandro VII vi aggiunse
comodi appartamenti per la famiglia Pontificia , come pure hanno fatto altri Pontefici , ed in specie Innocenzo XIII,
Clemente XII , il quale terminò il nuovo braccio degli
sudetti appartamenti già principiato da Innocenzo XIII,

e re-

e reſtato imperfetto per la di lui morte : ed ultimamente Clemente XIII fece fabricare quel gran braccio , che

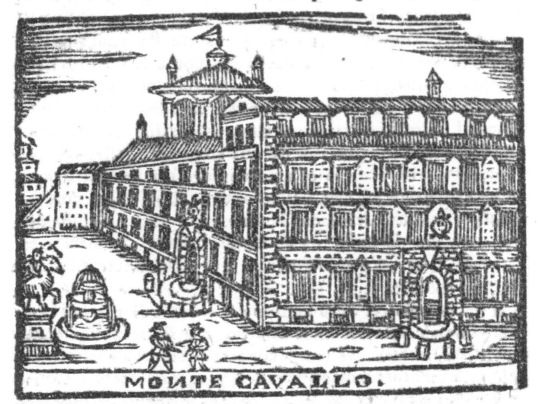

MONTE CAVALLO.

uniſce al palazzo la Dateria ; colle quali aggiunte poco
manca , che il palazzo quirinale acquiſtato da Gregorio XIII per una ſpecie di abitazione di villeggiatura , non
uguagli nella ſua vaſtità e magnificenza il Vaticano , vera
reſidenza de' Romani Pontefici , dopo che abbandonarono
il Laterano .

Nel mezzo della piazza ſi vedono due cavalli più
grandi del naturale con due giovani , che moſtrano di reg-
gerli , e ſi vuole rappreſentino il Bucefalo con Aleſſandro il
Macedone : non ſono però lavoro di Fidia , e di Praſſitele ,
ſebbene di queſti ſi legga il nome nel gran zoccolo : ma
ſcolpiti piuttoſto in tempo di Coſtantino , nelle cui vicine terme furono ritrovati , e quì collocati per ordine di
Si-

Sisto V. Dietro di essi, ove ora è il quartiero de' soldati, e la scuderia pontificia, v'erano alcuni avanzi di un
antico tempio creduto della Salute, de' quali Urbano VIII
fece diroccare una gran parte per ampliar questa piazza:
e l'altra porzione fu demolita in tempo d'Innoc. XIII per
farvi la sudetta scuderia, e quartiero, le quali fabriche
furono dopoi finite sotto Clemente XII.

Entrando ora per la porta principale del palazzo,
la vedrete accompagnata da due colonne di marmo, che
sostengono una loggia di travertini, destinata per le pu-
bliche Benedizioni. Le statue de' SS. Pietro e Paolo ivi
poste furono scolpite dal Maderno, e la superiore della
Vergine col Bambino da Pompeo Ferrucci.

Passate nel gran cortile, tutto circondato di portici, la cui lunghezza è di passi 150, vedrete in esso un
nobile oriuolo con un'Immagine della B. Vergine, lavorata a mosaico da Giuseppe Conti con disegno di Carlo Maratti. Contiguo al detto cortile è un bellissimo giardino, che ha di giro circa un miglio; e sono in esso viali, passeggi, prospettive, fontane, scherzi d'acque, e
tutto ciò che può desiderarsi d'amenità, e di magnificenza. Vi è ancora un bambinetto ornato di mosaici che
chiamasi il monte Parnaso; e un'altro monticello, sul
quale siedono Apollo, e le nove Muse co i loro strumenti musicali, che ricevono il suono dagli artifiziosi giuochi dell'acque: e per fine un palazzino di ritiro fattovi
erigere da Benedetto XIV, ed ornato di belli vasi di por-
cellana.

Ascendete poi la magnifica scala, che dalla parte sinistra conduce agli appartamenti pontificj; e dalla destra alla nobilissima sala Paolina, riccamente ornata di un
soffitto intagliato e dorato, e di un pavimento di belle
pietre. Dipinsero nel fregio della medesima diverse istorie

rie del vecchio Teſtamento i primi pennelli di quel tempo. La parte verſo la cappella, e l'altra incontro, furono dipinte dal Lanfranchi : gli altri due lati verſo la porta, e verſo le fineſtre, da Carlo Veneziano. Il baſſorilievo di marmo, in cui ſi vede N. Signore, che lava i piedi agli Apoſtoli, è lavoro di Taddeo Landini Fiorentino. La detta cappella è ampia, e magnifica, e la ſua volta fu ornata di ſtucchi dorati con diſegno dell'Algardi, e di altri celebri virtuoſi.

Nell'appartamenro contiguo ad eſſa ſono molte camere, i fregi delle quali furono dipinti da Paſcale Cati da Jeſi, eccettuata la picciola ſtanza verſo la loggia, che fu dipinta da Annibale Caracci.

Appreſſo è una nobile galleria con buone pitture rappreſentanti molte iſtorie ſagre. Nell'ovato della prima feneſtra a mano dritta Gio. Franceſco Bologneſe vi dipinſe il Roveto ardente ; e nello ſpazio tra le fineſtre Giovanni Miele eſpreſſe il paſſaggio degl'Ebrei per il mare roſſo. Il medeſimo Giovanni Franceſco Bologneſe fece nell'altro ovato della fineſtra la terra di promiſſione : e l'altra iſtoria del paſſaggio ſudetto fu colorita da Gnglielmo Corteſi, detto il Borgogone. Il Gedeone, che dal vello d'una capra cava la rugiada, fu dipinto nell'ovato della terza fineſtra da Salvator Roſa ; e il David col gigante Golia nel ſito ſeguente è pittura di Lazzaro Baldi. Nel terzo ovato dipinſe Carlo Ceſi il giudizio di Salomone : e l'iſtoria di Ciro fu colorita da Ciro Ferri, che dipinſe ancora l'annunziazione nell'ultimo ovato. Nella facciata, che termina la Galleria, la Natività di Noſtro Signore vi fu dipinta da Carlo Maratti. Nell'ovato ſu la prima fineſtra dall'altra parte Egidio Scor Alemanno vi dipinſe la creazione dell'Uomo ; e nel primo intervallo fra le due fineſtre Giovanni Angelo Canini vi colorì il diſcacciamento di Adamo, ed Eva dal Paradiſo terreſtre. Il Sagrifizio di Abele nell' ovato della ſeconda fineſtra è del ſuddetto Scor: e l'arca di Noè nello ſpazio ſeguente è di Paolo Scor fratello d'Egidio; il quale dipinſe ancora il diluvio nell'altro ovato: e il ſagrifizio di Abramo nell'intervallo è pittura del ſuddetto Canini. Iſacco e l'Angelo ſu la ſeguente fineſtra ſono del ſuddetto Gio. Franceſco Bolo-gneſe; e Giacob, ed Eſaù nell' ultimo ſpazio ſono di Fa-brizio Chiari Romano: e finalmente il Giuſeppe nell'ovato ultimo è opera dello ſteſſo Bologneſe.

Dalla parte, dove ſi entra nella galleria, France-ſco Mola dipinſe Giuſeppe ebreo co'ſuoi fratelli: le figu-re, ed altri ornamenti di chiaroſcuro, che uniſcono tut-te le deſcritte pitture, ſono del Chiari, del Canini, e del Ceſi: le proſpettive, e colonne ſono de' ſuddetti fratelli Scor.

Negli appartamenti ſotto l'oriuolo vedrete una pic-ciola galleria ornata da Urbano VIII co' diſegni delle ſue fabriche, accompagnati da belle vedute, e paeſi con penſieri del Bologneſe ſuddetto; che dipinſe ancora l'al-tra galleria minore contigua inſieme con Agoſtino Taſſi.

Gli appartamenti fatti da Gregorio XIII hanno quan-tità di ſtanze con ſoffitti dorati, e fregi del Cav. d'Arpi-no; che dipinſe ancora in una cappella ivi eſiſtente di-verſe iſtorie di S. Gregorio Magno. Sono in dette ſtanze molte pitture a freſco nelle muraglie, e ad oglio ne'qua-dri aſſai buone e ſtimate. Nell' altro appartamento, che riſponde ſul Giardino dalla parte di levante, vedeſi una picciola cappella in forma di Croce Greca, dipinta da Guido Reni; il quale fece anche nell'altare il quadro del-la Santiſſima Nunziata: e tutte l'altre pitture ſono lavo-ri belliſſimi dell'Albani. Nella volta della gran ſala, do-ve ſi tiene il Conciſtoro publico, dove termina il giro vastiſſimo del palazzo, vedrete una perfetta proſpettiva di Agoſtino Taſſi, e diverſe virtù colorite da Orazio Gentileſchi : ed inoltre molti cartoni d'iſtorie ſagre, fatti da Andrea Sacchi, da Pietro da Cortona, e da Ciro Ferri.

Quindi uſcito ſiete a viſta della nuova fabbrica della Conſulta. S'inalza queſto edifizio in figura di trapezio in forma piramidale con tutti li quattro angoli irregolari. Si riparte la facciata principale in tre portoni ſervendo quello di mezzo per l'introduzione alla ſcala, e al gran

LA CONSULTA

cortile, e gli altri due laterali per entrare ne' corpi di guardia, il deſtro de i Cavalleggieri, e il ſiniſtro delle Corazze, ſopra dei quali rimangono ſituati alcuni Trofei di marmo alluſivi alle memorate guardie. Girano d'intorno al ſopradetto edifizio le fineſtre del pian terreno,

L 2   ſopra

sopra le quali vengono li finestrini dei mezzanini a'quali sovrastano le finestre del piano nobile, sopra del quale ricorona il piano e la facciata insieme un magnifico cornicione sostenuto da i suoi medaglioni con conchiglia sopra, e rasa nel soffitto, e per ultimo compimento viene terminato il prospetto da una balaustrata superiore di travertini, in mezzo della quale sopravanza un parapetto piano, dove rimane gentilmente collocata l'arma di Clemente XII sostenuta da due gran statue alate, che rappresentano due fame, il tutto con disegno del Fuga.

Entrarete nella strada, che incomincia col monastero delle monache di S. Maria Maddalena dell'ordine di S. Domenico; e vi condurrete all'altro delle cappuccine, appresso al quale fu l'antichissimo tempio di Quirino (così Romolo fu chiamato dopo la sua morte) sovrastante alla soggetta valle; avendo data occasione d'alzargli tal tempio Giulio Proculo, allorchè fece credere all'addolorata plebe l'essergli apparso esso Romolo in quella valle circondato di maestà sovrumana.

Più oltre è la Chiesa di S. Andrea posseduta da'PP. della missione, dopo la soppressione de'Gesuiti, edificata da i Principi Panfilj con disegno del Bernini. Ella è tutta fornita di bellissimi marmi, con volta dorata, e ornata di figure fatte dal Raggi. Nell'altar maggiore il quadro con S. Andrea è del Borgognone. A destra la cappella di S. Francesco Saverio fu dipinta dal Baciccio; e l'altra contigua da Giacinto Brandi. Incontro è l'altare di Santo Stanislao Kotska, dove riposa il suo corpo, e il quadro fu dipinto da Carlo Maratti. Nell'ultimo altare il quadro principale è di Ciro Ferri. Annessa vi è una nobile sagrestia.

Alla stessa mano è l'ospizio de'Carmelitani scalzi di Spagna, con la loro Chiesa dedicata a i Ss. Gioacchino,

ed

ed Anna; e appreſſo la Chieſa di S. Carlo dei Riformati Spagnuoli del Riſcatto fabricata con ingegnoſo e vago ma irregolare diſegno del Borromini.

Giunto dove nelle quattro cantonate ſon altrettante fontane, che danno nome al luogo, voltando a deſtra, vi vedrete ſubito innanzi il Palazzo del già Card. Maſſimi, oggi della famiglia Albani, la quale mediante l'opera di Filippo Barigioni lo ha modernamente ampliato e rinovato, incorporandovi il contiguo palazzino del Duca Bonelli. Le pitture antiche nelle volte ſono di Niccolò degli Abecci; le moderne ſono di Paolo de Mattei, e di Giovanni Odazj. L'Appollo, che ſeguita Dafne, è opera di Niccolò Puſino: l'Ercole, che uccide il Serpente, è di Annibale Caracci: e i paeſi ſono di Claudio Loreneſe.

Oltre le iſcrizioni, e ſtatue, che erano in detto palazzo ſin dal tempo del ſuddetto Card. Maſſimi, celebre antiquario, vi ſono ora in gran numero buſti, e ſtatue e lapidi antiche, raccolte dal Sig. Card. Aleſſandro Albani. Fra queſti ſono in gran pregio la ſerie de' Filoſofi, e i ritratti de' Ceſari in buſto: una gran quantità d'Iſcrizioni Conſolari, che poſſono dar molto lume per mettere in chiaro i faſti: un'altra gran quantità d'urne iſtoriate, e baſſirilievi d'ottime maniere: e molte ſtatue di Greca, ed Egizia ſcultura; fra le quali ſtimabiliſſime, e di ſtraordinaria bellezza ſono quelle di Antinoo, e di Zenone. Evvi ancora un muſeo di metalli, medaglie, ed altro. Vi ſono molti quadri de' più celebri pittori; e ſingolarmente ſi vede unito in un ſolo gabinetto quanto di più vago, e piacevole può vederſi in genere di pitture.

Nella Libraria, che è fornita di circa 30000 libri, moltiſſimi de' quali ſono delle prime edizioni, vi è una

L 3
rac-

raccolta infigne di volumi, che contengono quanto di più bello e di più curiofo fi è mai ftampato con figure intagliate in rame, ed in legno. Vi fono moltiffimi tomi, in cui veggonfi difegnate a penna le antichità di Roma, così di fabriche, fcolture e pitture, come di quanto può appartenere ad un tale ftudio. Vi è una preziofa quantità di tomi difegnati originalmente da' primi maeftri della pittura: altri tomi di miniature e lavori fimili, e finalmente moltiffimi manofcritti.

Incontro al detto palazzo è l'ofpizio de' riformati Francefi del rifcatto, e la loro Chiefa dedicata a S. Dionifio. Poco diftante vedrete un orto, nel quale fu per la prima volta feminato il fellero da un Greco di Scio, che capitò in Roma nel Pontificato di Clemente VIII, e perciò fi chiama l'orto del Greco.

Voltando a finiftra, enterete nel vicolo che va nella valle di Quirino, così detta dal tempio di Romolo, e dalla favolofa apparizione, che già dicemmo; oltre di che vi fu ancora un portico, detto parimente di Quirino. Quivi è l'antichiffima Chiefa di S. Vitale, con una porta belliffima di noce intagliata mirabilmente con figure, ed altri baffirilievi.

Ritornando fu la ftrada maeftra, offervate la Chiefa, e Collegio de' Canonici regolari Fiammenghi di S. Norberto dell'ordine Premonftratenfe; incontro alla quale è l'altra di S. Paolo primo Eremita fabricata da' Religiofi di queft' ordine della Provincia di Ungheria, i quali vi hanno anneffo un comodo convento. E contiguo il Collegio delle Miffioni de' PP. minori Conventuali eretto dal P. Lorenzo Ganganelli, che fu poi Clemente XIV. Apparteneva prima quefta fabrica alli PP. *Fate ben fratelli*, da' quali con tutta l'approvazione d'Innocenzo XII paffò alla nazione Soriana mediante lo sborfo del danaro

rac-

raccolto dal loro Vescovo Giacomo Safar : e per molto tempo servì di alloggio ai Sacerdoti, e Vescovi Soriani dalle persecuzioni degl'infedeli obbligati a procacciarsi un asilo e ricovero ne' paesi de' Cristiani. La Chiesa fu prima conosciuta sotto il titolo *della Madonna della Sanità*; poi di *S. Efrem*, ed in oggi sotto quello di *S. Antonio*.

Prendendo la strada, che conduce alle terme di Diocleziano, s'incontra sulla sinistra il giardino *Strozzi* riguardevole per l'amenità de' viali, e per il numero delle picciole statue e busti antichi, e moderni.

Contigua v'è una fabrica antica di forma rotonda, che era uno de' Calidarj delle terme medesime.

Entrate poi nella piazza, a cui fa prospetto la villa Montalto fabricata dal Card. Peretti, che chiamato dipoi Sisto V finì di ornarla, e nel secolo XVII dalla famiglia Savelli, che ne fu erede, passò ne' Negroni di Genova. Ha due miglia di giro, e contiene due palazzi, uno esteriore architettato dal Fontana insieme col suo bel portone, e l'altro interno. Vi sono diversi bassirilievi, e molte statue antiche, fra le quali sono singolari quelle di Augusto, e di Cincinnato, ed una moderna di Nettuno lavorata dal Bernini.

La piazza fu detta di *Termini* dalle terme Diocleziane, che ivi in parte si veggono, fabrica di stupenda magnificenza. Furono edificate dall'Imperadore Massimiano in sette anni, e furono da esso lui chiamate Diocleziane in onore di Diocleziano suo compagno nell'Imperio. La superba galleria di queste terme, ornata di maravigliose colonne, fu convertita in divota Chiesa, che oggi chiamasi la *Madonna degli Angeli*; ed è offiziata da' Monaci Certosini concedutagli da Pio IV, e fu ristorata, e ridotta in forma di Croce Greca da Michel' Angelo Buonaroti.

L 4   Ve-

Vedefi quefta Chiefa in oggi ftabilita all'ufo modei-
no, colorita e ornata di vaghiffime cappelle e ftucchi,
con i quadri trafportativi dalla Bafilica Vaticana, e con
un belliffimo pavimento di marmo cipollino condotto fino alla metà della Chiefa, ed altri nobili ornamenti. L'inventore di sì bell'opera è Luigi Vanvitelli. Avanzandovi
nella nave traverfa offervate fopra dell'arco l'ovato rapprefentante il Padre Eterno colorito dal Trevifani. Il primo quadro a mano deftra, in cui vi è efpreffa la Croce-
fiffione di S. Pietro, è di Niccolò Ricciolini. La caduta
di Simon Mago nel contiguo è del Cav. Vanni; il quadro nella cappella grande dell'altare del B. Niccolò Al-
bergati è opera di Ercole Graziani Bolognefe, e i due
laterali fono del fudetto Trevifani. Seguendo il giro, il quadro che rapprefenta Tabita è copia del Cav.
Baglioni. L'altro con S. Girolamo è del Muziani: nell'
altar maggiore l'Immagine della B. Vergine è opera di
Monf. Daniele.

Dall'altra parte il quadro col Battefimo di N. S. è
di Carlo Maratti pofto in opera da Sebaftiano Cipriani.
Il S. Brunone nel quadro dell'altare fu colorito da Gio.
Odazj: i laterali fono del mentovato Trevifani: i quattro Evangelifti nella volta fono di Andrea Procaccini.
Nelle cappelle minori, quella della B. Vergine con diverfi Santi, e Sante è del Baglioni. Nell'altra incontro
il quadro con Gesù Bambino corteggiato dagl'Angioli, è
di Domenichino da Modena, e le altre pitture fono di
Giulio Piacentino, e di Enrico Fiammingo. Vi fono ancora molti depofiti d'uomini illuftri, e fra gli altri quello del celebre Pittore, e Poeta Salvator Rofa, l'altro di
Carlo Maratti fabricato nel tempo fteffo, che viveva.
Accanto vi fono i pozzi per confervar l'olio fabricati da
Clemente XIII: e dipoi li Granari pubblici fatti fu le
rovi-

rovine delle medefime terme da Gregorio XIII e dirimpetto un'altro nuovo granaro fattovi da Clemente XI.

Contigua alla gran fontana eretta da Sifto V e che
dicefi *del Mosè*, fi vede la nova fabrica *della Culancà* incominciata dal medefimo Clemente XIII e terminata dal
fuo fucceffore, e dalla quale fi ftà in attenzione di qualche vantaggio per il commercio della città. La fontana
è ornata di colonne, d'archi, e di fcogli, fra quali fta
rifevalo in marmo un Mosè, che con la verga percuote un
faffo. L'acqua precipita da tre ampie bocche in belliffime conche, che hanno ful margine quattro Leoni di marmo. Da man dritta fi vede in bafforilievo il Sacerdote
Aron, che conduce il popolo all'acqua, dall'altra parte
è fcolpito Gedeone, che guida l'efercito al fonte.

Paffando il fudetto Fonte vedrete l'ornatiffima Chiefa
dedicata alla Madonna detta della Vittoria in occafione
della vittoria ottenuta a Praga contro gli Eretici. Fu architettata quefta Chiefa da Carlo Maderno, e la fua facciata dal Soria. Sono in effa nobili cappelle, ornate di
ftucchi dorati, di fini marmi, e di buone pitture. Nel fecondo altare a deftra la B. Vergine, e S. Francefco, come anche i due quadri laterali, fono del famofo Domenichino. Il mezzorilievo coll'Affunzione di Maria Vergine nel terzo altare, è di Pompeo Ferrucci Fiorentino; La cappella di S. Giufeppe nella crociata è difegno
di Gio: Battifta Contini: le fue ftatue furono fcolpite
da Domenico Guidi: e le pitture della cuppola fono di
Gio: Domenico Perugino. La facra immagine di Maria
nell'altar maggiore è circondata di molte gioje di gran
valore, donate da alcuni Imperadori della cafa d'Auftria
e da altri Sovrani. La cappella di S. Terefa nell'altra
parte della crociata è difegno del Cav. Bernini, che fcol-
pi ancora la ftatua della Santa, e dell'Angelo: e le pitture

ture fono dell'Abbatini . Il quadro dell'altar feguente è
opera del Guercino: il Crocefiffo , e il ritratto, che gli
ftà intorno, fono di Guido Reni: e le figure a frefco di
Gio: Francefco Bolognefe . La terza cappella fu dipinta
da Niccolò Lorenefe con le iftorie del B. Giovanni della
Croce. Il Crifto morto con la B. Vergine , e S. Andrea
nell'ultima è opera del Cav. d'Arpino . Contiguo alla
Chiefa è un bel convento de' Riformati Carmelitani .

Quivi fu il Foro di Saluftio , e nella valle foggia-
cente erano i fuoi orti deliziofi , e celebri per i diporti
de' Cefari. Aureliano vi fece un gran Portico, che congiungeva al Pincio il Quirinale. Nel più angufto della medefima valle fi vedevano anticamente i veftigj di un Circo con Obelifco rotto nel mezzo , il quale oggi vedefi e-
retto negli Orti Lodovifiani , Quefto Circo chiamavafi
di Saluftio , perchè era proffimo agli orti di effo , e ferviva per i giuochi Apollinari , quando il Circo Flamminio
pofto in fito depreffo era impedito dalle inondazioni del
Tevere . Ufcito di detta Chiefa ve ne anderete a quella
di S. Bernardo eretta in un Calidario, che era negl'angoli
delle terme Diocleziane , dove è ancora l'abitazione de'
Monaci del fuo Ordine.

Dirimpetto vedrete il Monaftero e Chiefa di S. Sufanna già cafa paterna della medefima Santa . Il Cardinal
Rufticucci la ornò di bella facciata con difegno del Maderno, come anche di cappelle e pitture. L'iftoria della
cafta Sufanna Ebrea fu dipinta da Baldaffare Croce . Il
quadro dell'altare maggiore è opera di Tommafo Laureti Siciliano: la tribuna di Cefare Nebbia; il coro del fudetto Baldaffare , e di Paris Nogari . Fra molte facre
reliquie vi è il corpo di quefta S. Vergine, e di S. Gabi-
nio fuo Padre : parte del corpo di S. Felicita , delle reliquie di S. Andrea , e di S. Simeone Apoftoli, di S. Luca

ca Evangelista, de' Ss. Innocenti, delle vesti del Signore, e della B. Vergine, e del Legno della Ss. Croce.

Più oltre vederete la Chiesa di S. Cajo Zio di S. Susanna fabricata da Urbano VIII, nel luogo dove fu la casa del detto Santo Pontefice. Quì era il Vico di Mamurio, così nominato da una statua di piombo ivi eretta a Mamurio celebre artefice degli Ancilj. Seguono le Chiese, e Monasterj di Carmelitane Scalze, dette dell' Incarnazione, e Barberine.

Scendendo verso Trevi, troverete la Chiesa di S. Niccola in Arcione, dove si venera la memoria del S. Vescovo di Mira. Il quadro dell' altar Maggiore con la Ss. Vergine, S. Niccolò, e S. Filippo Benizj è di Pietro Sigismondi Lucchese, quello di S. Lorenzo è di Luigi Gentile, l'altro contiguo del Cav. d'Arpino, e nel fine di detta strada è la Chiesa di S. Giovanni de' Maroniti, e loro Collegio fondato da Gregorio XIII con buone entrate; dopo la cui morte, il Card. Antonio Carafa le accrebbe di molte con la sua eredità.

In queste vicinanze era il Foro Archimonio, che corrottamente fu detto *Arcione*. Quivi parimente fu la *Pila Tiburtina*, detta ancora *Pilastro Tiburtino*, o perchè fosse fatto di travertino; o perchè solessero i Tivolesi adunarvisi a vendere i prodotti de' loro terreni. La casa di Marziale gli era vicina, perchè posta tra la piazza *Grimana*, in oggi *Barberina*, e la calata verso fontana di Trevi, e la contrada chiamavasi il *Pero*, come scrive egli medesimo nell' Epigramma a Luperco lib. 1.

Longum est si velit ad Pirum venire,
Et scalis habito tribus, sed altis.

Eravi parimente un Tempio dedicato a Quirino da Augusto, ed ornato di settantasei colonne, come riferisce Dione lib. 14, ed all'intorno le botteghe, ove vendevasi il Minio, come esserisce Vitruvio. GIOR-

GIORNATA IX.

*Dal Palazzo Borghese a Porta del Popolo
e a Piazza di Spagna.*

PALAZZO DE BORGHESE.

L belliſſimo Palazzo del Principe Borgheſe fu
architettato da Martin Longhi, e Flamminio Ponzio. Nel ſuo Cortile circondato di
portici ſoſtenuti da 100 colonne di marmo
antico, oſſerverete diverſe ſtatue, e ſpecialmente quella di Giulia Fauſtina, e d'un Amazone.
Vedrete poi la ſua ſcala molto ſingolare, eſſendo ſatta
a chiocciola di un ſol tratto con diſegno di Bramante.

Adornano l'appartamento ſul pian terreno moltiſſi-
me pitture de' più celebri pennelli. Evvi una Venere,
con due Ninfe, e un Baccanale di Tiziano: un Criſto
ed

ed una Madonna di Raffaele : un David con l'arco, e un S. Giacomo del Cav. d'Arpino : il Redentore alla Colonna, e la Ss. Trinità del Caravaggio ; una Pietà di Leonardo da Vinci. I Ss. Cosmo, e Damiano del Dossi di Ferrara, S. Girolamo del Vasari : un Cristo, ed una Madonna di Scipione Gaetani : un Cristo con la Croce di Frà Sebastiano del Piombo : l' incendio di Troja del Barocci : due Buffoni del Giorgione : una Venere in piedi di Andrea Sarto ; un David che uccide il Gigante, di Giulio Romano : un S. Pietro di Annibale Caracci : una Pietà del Zuccheri : Adamo ed Eva di Giovanni Bellino : la Musa tanto rinomata del Domenichino : Diana colle sue Ninfe del medesimo : un S. Antonio di Pietro Perugino : nna Lucrezia, ed una Venere con un Satiro del sudetto Tiziano : diverse Veneri dell' Albani : il bagno di Diana con alcune Ninfe e Satiri del sudetto Cav. d' Arpino ; un Sansone del sudetto Frà Sebastiano : una Susanna del Rubens : un soldato, che mostra la veste insanguinata di Pompeo del Gentileschi : un ballo di Contadini di Guido Reni : Ercole col Toro dell' Antiveduto : una Venere che benda Cupido del mentovato Tiziano, il quale dipinse anche le due femine assise su la sponda d' un bagno : la Cena del Signore con gl' Apostoli del medesimo : il celebre Crocefisso di Michel' Angelo, ed altri molti. Vi vedrete ancora un nobilissimo Bagno di Porfido, e una bellissima Tavola di Diaspro orientale.

In una sala contigua ornata di Stucchi e Mosaici, vedrete diversi specchi con figure di Ciro Ferri, e con fiori dello Stanchi, Brugoli, ed altri eccellenti Pittori : due Fontane di Alabastro, e varie teste degli antichi Cesari in Porfido.

Nell' ultima camera osservarete un gran numero di quadri piccioli assai stimati, fra quali sono i più insigni

la

la B. Vergine, e un Angelo di Guido Reni: il S. Gio. Battista di Leonardo da Vinci: i Re Magi d'Alberto Duro, e la Donna adultera dell'istesso: un Giovane con mazzo di fiori nelle mani di Raffaele: una Santa Caterina del medesimo: una Madonna col Bambino, e S. Gio. Battista del medesimo: una Madalena del Correggio: l'adorazione de' Magi di Luca Olandese: il Salvatore nell'Orto di Paolo Veronese: la B. Vergine col Fanciullo Gesù di Pietro Perugino: S. Pietro che taglia l'orecchio a Malco di Giuseppe d'Arpino: S. Antonio Abbate nel Deserto d'Annibale Caracci: la B. Vergine in atto contemplativo del medesimo: la B. Vergine in atto di leggere del Caravaggio, ed altri quadri. Sonovi ancora alcuni specchi dipinti da Mario, e dal Brugoli sopraddetti.

La sala che segue, fu dipinta dallo Stanchi: e l'Appartamento de' mezzanini da Giuseppe d'Arpino, Filippo Lauri, Gaspare Pussino, e Antonio Tempesta.

Nel primo Appartamento grande nelle camere i fregj furono dipinti da Frà Giacomo Piazza Cappuccino coll' istorie della Regina Saba, del Ratto delle Sabine ed altre. Fra molte preziosissime suppellettili, evvi un gabinetto d'Ebano con istorie di bassorilievo a oro, e gemme di gran valore.

La cancellata, che resta in fondo del gran Cortile, dà l'adito ad un giardino piccolo, in cui sono disposte molte statue antiche frammezzate da picciole fontane, e molti stucchi nelle più grandi.

Dirimpetto vedrete un altro palazzo parimente ampio, eretto per abitazione della famiglia con disegno di Antonio de Battistis.

Di qui vi porterete alla prossima Ripa del Tevere, chiamata volgarmente *Ripetta*, dove approdano Barche di molte robbe usuali trasmesse dalla Sabina. Quivi da
Cle-

Clemente XI con architettura d'Aleſſandra Specchi fu fatto il Porto ornato di fontane, e di due comode cordo-
nate fiancheggiate da gradini di travertino. Contigua è

la nuova fabrica eretta per i miniſtri della Dogana : e
dirimpetto la bella Chieſa di S. Girolamo della nazione
Illirica, fabricata da Siſto V con architettura di Martino Longhi, e Giovanni Fontana. Le pitture nel baſſo
dell' altar maggiore ſono di Antonio Viviano, e di Andrea d' Ancona; quelle nell' alto di Paris Nogari; quelle ne' Triangoli del Guidotti, di Avanzino Nucci, ed
altri . Appreſſo è la contrada già detta Lombardia, e
Schiavonìa.

    Segue la Chieſa di S. Rocco fabricata di nuovo con
vaga architettura, e arricchita di nobile altar maggiore,
con quadro dipinto da Giacinto Brandi, e alla Chieſa è
anneſſo l' Oſpedale aperto dal Card. Antonio Maria Salviati

tl per le povere partorenti , ed il quale in oggi ſi fabrica di nuovo ſotto la direzione degli Amminiſtrarori di
eſſo Oſpedale .

Appreſſo queſta Chieſa , come anche nel palazzo già
de' Fioravanti , ora del Marcheſe Correa , ſi vedono gli
avanzi del Mauſoleo fabricato da Auguſto per ſepolcro ſuo,
e della ſua famiglia : edifizio aſſai magnifico , atteſo che
s'innalzava con più ripiani coronati d'alberi e nella ſom-
mità aveva la ſtatua del medeſimo Auguſto . Accreſceva-
gli delizioſo ornamento un boſco , che lungo la via Flaminia diſtendeváſi fino alla porta del Popolo . Penſò il Fulvio eſſere ſtato tal boſco di Pioppi ; da' quali prendeſſe-
ro il nome la porta della Città , la Chieſa , e la contrada , ſe non lo preſero (come ſoggiunge lo ſteſſo Autore)
dalla frequenza del popolo .

Con pochi paſſi giungerete alla piazza del Popolo ,
detta già del Trullo , in mezzo alla quale vedeſi eretto
un Obeliſco alto palmi 107 inalzato dal Re Semneſerteo ,
che regnò in Egitto 522 anni avanti la naſcita del Salvatore . Da Eliopoli lo conduſſe in Roma Auguſto , e lo
ereſſe nel Circo Maſſimo , d'onde lo traſportò Siſto V ,
e fecelo qui collocare . Vicina vi è una bella fonte d'acqua vergine fattavi da Gregorio XIII .

Si accreſce l'ornamento di queſta piazza dalle due
Chieſe incominciate da Aleſſandro VII , e terminate dal
Card. Caſtaldi . La prima , che è dedicata alla Madonna
di Monte Santo , ed è uffiziata da' Padri Carmelitani , fu
architettata dal Rainaldi , ma poi vi cooperarono il Bernini , e il Fontana . Le ſtatue ſopra la ringhiera della
facciata ſono ſcolture del Morelli , del Rondone , di Antonio Fontana , ed altri . Entrando oſſerverete a deſtra la
cappella del Crocefiſſo con quadri di Salvator Roſa ; e la
terza da Niccolò Berretoni . I due Angeli ſul fronteſpizio
dell'

dell'altar maggiore furono scolpiti da Filippone; e i busti de'quattro Pontefici laterali furono gettati in metallo

PIAZZA DEL POPOLO.

dal Cav. Lucenti. Dall'altra parte, nella cappella de'Mon-
tioni il quadro dell'altare è del Maratti: i laterali sono
di Luigi Garzi e di Monf. Daniele. L'altra cappella di S.
Maria Maddalena de'Pazzi fu dipinta dal Gimignani, e il
quadro di S. Anna nella contigua dal Berettoni.

L'altra Chiesa dedicata alla Madonna de' Miracoli è
uffiziata da' Padri Francescani riformati del terz'Ordine,
e fu parimente architettata dal Rainaldi. I quattro Angeli, che sostengono l'immagine della Sma Vergine nell'altar maggiore, sono scolture d'Antonio Raggi. Nelle memorie sepolcrali del Card. Gastaldi, e del Marchese suo

M   fra-

fratello, i lavori di bronzo sono del Lucenti, e le figure di marmo del Raggi suddetto.

Avete in vista la divota Chiesa della Madonna del Popolo fabricata, dove già fu il sepolcro de'Domizj, in cui fu sepellito Nerone, dopo essersi con le proprie mani ucciso nella villa di Faonte suo Liberto, quattro miglia lontana dalla Città fra le strade Salara, e Nomentana: la qual villa credesi fosse, dove oggi è il Castello detto la Serpentara. Il Pontefice Pasquale II gettandone nel Tevere le abominevoli ossa, consagrò questo luogo alla Madre di Dio; e susseguentemente Gregorio IV. vi trasportò dalla Basilica Laterana l'insigne immagine della B. Vergine, che ora ivi si venera. Dopo il corso di alcuni secoli Sisto IV fabricò di nuovo la Chiesa con disegno di Braccio Pintelli, e Alessandro VII l'abellì, e ridusse nella forma presente con disegno del Bernini. Nella prima cappella a destra le pitture col presepio, e con S. Girolamo sono di Bernardino Penturecchio. Nella seguente architettata del Fontana, il quadro dell'altare è del Maratti: le pitture della cuppola sono di Luigi Garzi: i quadri laterali di Monf. Daniele, e di Gio. Maria Morandi. La terza cappella fu tutta dipinta dal suddetto Penturecchio. Nella crociata la visitazione di S. Elisabetta è del suddetto Morandi: i due Angeli furono scolpiti da Giov. Antonio Mari, e da Ercole Ferrata. Osservate l'altar maggiore ricco di marmi: la cuppola, e gl'angoli dipinti dal Cav. Vanni: e i due depositi, che sono nel coro, scolpiti da Andrea Sansovino. Dall'altra parte l'Assunta nella prima cappella è di Annibale Caracci: le pitture laterali sono di Michel'Angelo da Caravaggio: la volta è d'Innocenzo Tacconi, e il rimanente è di Giovanni da Novara. Le statue e pittura della capella contigua sono di Giulio Mazzoni. Il quadro nell'altare del Crocefisso e l'istorie sono

di

di Luigi Gentile. La cappella dedicata alla B. Vergine di Loreto, fu difegnata da Raffaele, e cominciò a dipingerla Frà Sebaftiano del Piombo co'Cartoni del detto Raffaele. Le pitture del fregio fotto la cuppola, e quelle de'quattro Tondini fono di Françeíco Salviati, ma le lunette fono del Vanni. Delle quattro ftatue pofte negli angoli quelle d'Elia, e Giona fono fcolture del Lorenzetto, con la direzione del mentovato Raffaele: e l'altre due co'depofiti fono opere del Bernini. Non lafciate però di confiderare il belliffimo depofito dall'odieíno Principe Chigi eretto a M. Flaminia Odefcalchi fua moglie, ove con ingegnofo e nuovo penfiero Paolo Pofi ha efpreffe le armi gentilizie di quefte due famiglie, e fatta rifaltare la finezza de'marmi.

Volgetevi poi ad ammirare la bella porta della Città già chiamata Flaminia, ed ora del Popolo. Fu edificata per ordine di Pio IV da Giacomo Barozzi da Vignola con difegno del Buonaroti; e poi riftorata nella parte interiore per ordine d'Aleffandro VII con difegno del Bernini. Le ftatue de' Ss. Pietro e Paolo pofte fra le colonne di effa furono fcolpite dal Mochi.

Pochi paffi più avanti troverete il luogo dove fi feppellifcono gl'impenitenti, e dove fi crede foffe la Chiefa di S. Felice *in Pinciis*. Sovrafta al detto luogo un muro antichiffimo fatto di quadrelli pendente in modo, che pare doveffe effere a terra da mille anni in quà, e nondimeno dura fempre così, nè mai fi è rifarcito. Sarà grato a'curiofi il dirne quì la ragione. Nell'anno 538 affediavano i Goti la Città di Roma, e penfando Bellifario, che la difendeva, rifar detto muro, che fin d'allora pareva minacciaffe rovina, i Romani non vollero dicendo, che S. Pietro, come aveva promeffo, avrebbe difefa quella parte della Città. E così avvenne, poichè in sì lungo

affeassedio i Goti non pensarono mai di assalir quella parte ; per lo che niuno in appresso ha osato di risarcir detto muro, che tuttavia si mantiene così inchinato e quasi cadente ; il che da Procopio si attribuisce a miracolo.

Tornando in dietro, troverete nel mezzo della via Flaminia, oggi detta di Ponte molle ; la Villa Cesi, oggi detta la Vigna di Papa Giulio, perchè fù fabricata da Giulio III con architettura di Baldassare da Siena ; e incontro ad essa vedrete una fontana, fatta di mano ed invenzione propria di Bartolommeo Ammannato. Entrando nel vicolo, che incomincia dalla suddetta fontana, vederete nel fine di esso l'altro palazzo più nobile, fatto, ed architettato dal Vignola per ordine del suddetto Pontefice. Sono in questo Palazzo alcune pitture di Taddeo Zuccheri, e un'altra bellissima fontana con una tazza di porfido ; e con varie figure, architettata dallo stesso Ammannato.

La strada contigua al detto palazzo conduce ad una piazza, d'onde passando sotto un grand'Arco, detto *l'Arco oscuro*, si venera con frequente concorso del popolo una divota immagine di Maria sempre Vergine, indi si passa avanti alla fontana dell'acqua acetosa, ornata di bel frontespizio da Alessandro VII, perchè creduta acqua salubre, e medicinale.

Quando vogliate inoltrarvi poco più verso il Ponte molle, troverete a destra un picciolo tempio architettato dal Vignola, e fatto coll'occasione che del 1462 portandosi a Roma la Testa di S. Andrea Apostolo, fu ivi ricevuta dal Pontefice Pio II.

Riconducendovi alla Città ; entrerete nella strada del Corso (che fu drizzata fino alle radici del Campidoglio da Paolo III, e allargata da Alessandro VII) e a destra vedrete la Chiesa di S. Giacomo degl'incurabili principiacipiata con difegno di Francefco da Volterra , e terminata da Carlo Maderno . La Cena di Gesù con gli Apoftoli nell' altar maggiore , e le pitture a frefco nella volta , fono di Gio: Battifta Novara : l'iftoria del Sommo Sacerdote alla deftra dell'altar fudetto è di Vefpafiano Strada , quella di rimpetto è di Francefco Nappi . L'annelfo Ofpedale fu fon- dato dal Card. Pietro Colonna , ed accrefciuto da France- fco Orfini Prefetto di Roma .

Dirimpetto è la Chiefa di Gesù e Maria , de' Rifor- mati di S. Agoftino , ornata dalla famiglia Bolognetti . Il primo depofito alla deftra , che è del Canonico del Cor- no , fu lavorato da Domenico Guidi ; il feguente , che è de' Bolognetti , fu fcolpito da Francefco Aprile ed il ter- zo è fcoltura del Cavallini . Il quadro colla coronazione della B. Vergine nell'altar maggiore è di Giacinto Brandi , che dipinfe ancora tutta la volta nella Chiefa : le ftatue de' Ss. Gio: Battifta , e Gio: Evangelifta nelle nicchie late- rali fono di Giufeppe Mazzoli ; i due Angeli che reggono il Mondo , fono di Paolo Naldini , e gli altri due del fud- detto Cavallini , dal quale fu anche fcolpito il depofito vicino . La cappella di S. Giufeppe fu dipinta dal fuddetto Brandi : e il depofito contiguo è opera di Mons. Michele, e l'ultimo depofito è lavoro di Ercole Ferrata . Sopra i detti fepolcri fi vedono altrettante ftatue , che rapprefen- tano diverfi Santi , lavorate parimente da buoni Artefici .

Nella piazza più oltre vedrete la Chiefa de' Ss. Am- brogio , e Carlo della nazione Milanefe , incominciata con architettura di Onorio , e Martino Longhi , indi ter- minata con difegno di Pietro da Cortona , e riccamente ornata di ftucchi meffi a oro lavorati da Cofimo Fancelli . Le pitture nella volta di mezzo , la tribuna e gli Angioli della cuppola fono di Giacinto Brandi ; e quelle nelle volte delle navi minori fono di ottimi profeffori . Nell'

M 3 altar

altar maggiore vi colorì il quadro Carlo Maratti. L'altare della Madonna nuovamente modellato da Paolo Posi
è molto ricco di pietre fine vagamente disposte, di stucchi dorati, e di statue di marmo sopportabili ne' tempi
presenti. Il quadro è copia in mosaico di quello, che si
vede nella cappella Cibo nella Chiesa del Popolo dipinto
dal Maratti: negli altri altari il S. Barnaba è del Mola, il
S. Filippo è di Francesco Rosa, il Dio Padre adorato dagl'
Angioli è di Tommaso da Caravaggio. Fra le sagre Reliquie vi si conserva il cuore di S. Carlo Borromeo, e il
Crocefisso, col quale predicava in tempo della pestilenza
in Milano.

   Proseguendo per la strada del Corso, troverete a destra il magnifico palazzo già del Duca Gaetani, ora del
Principe Ruspoli, fatto con disegno dell' Ammannato.
Vedrete in esso una scala assai nobile architettata da
Martin Longhi: a piè della quale sono le statue di A-
driano Imperatore, di Marcello Console, ed altre. Nel
cortile una statua di Alessandro Magno, e nella loggia al
primo piano tre Fauni, una Jole, ed un Mercurio di
maniera eccellente, sopra piedestalli di alabastro orientale. Nell'appartamento terreno sono molti busti moderni
di marmo, con vestimenti d' alabastro Orientale: alcuni
busti antichi, fra quali uno grande di Nerone; due torzi
bellissimi, che rappresentano Adriano, e Antonino Pio;
altri busti di pietra, e di alabastro orientale; diverse teste moderne, un gruppo con le tre Grazie: i busti di Cicerone, di Geta, di Giulia Pia, di Achille, ed altri;
un bassorilievo stimatissimo, nel quale è una donna sedente, tenuta per mano da un giovane che sta in piedi, un
cavallo, ed un serpe avviticchiato ad un albore. Nella
galleria vedrete due Fauni, ciascuno de' quali accarezza
un fanciullo; e dodici antichi busti, fra' quali due Adria-
                                                      ni,

ni, un M. Aurelio, ed un Caracalla. Nell'appartamento
nobile, fra molte egregie pitture, vedrete due Madon-
ne, l'una del Tiziano, e l'altra del Puffino: un Mosè
fanciullo, e altri sei quadri del medesimo; un Presepe
creduto di Raffaele: un'altra Madonna dell'Albani: una
S. Cecilia del Domenichino; quattro marine di Errigo:
una campagna di Michel Angelo de' Bambocci: una Venere
del Mola, una Diana nel bagno del detto Tiziano: Bacco, e Arianna di Andrea Sacchi; il ritratto di Annibal
Caracci, fatto da esso medesimo; una Venere dello stesso, l'istoria di Giuseppe Ebreo di Guido Reni e altri quadri di Tiziano, del Tintoretto, di Salvator Rosa, e di
Leonardo da Vinci. Nella gran sala dell'udienza sono vasi, candelabri, ed altri preziosi mobili, fatti d'argento,
e di pietre di gran valore; e tra le altre magnificenze
di questo palazzo sono da notarsi dieciotto porte tutte
incrostate di alabastro orientale.

    Vicina è la Chiesa Parocchiale di S. Lorenzo in Lu-
cina, così detta, perchè fu edificata da una Matrona
Romana di tal nome, e conceduta da Paolo V a' Chierici Regolari minori, da' quali fu ristorata. Merita particolare osservazione l'altar maggiore, arricchito di marmi dalla Marchese Angelelli, con disegno del Rainaldi.
In esso il quadro del Crocefisso, stimato una maraviglia
della pittura, fu colorito da Guido Reni.

    Annesso alla Chiesa è il palazzo già de' Card. Tito-
lari posseduto in prima dalla famiglia Peretti, poi dalla Ludovisia, ed ora dal Duca di Fiano Ottoboni. Leggesi essere stato tal palazzo fabricato da un Card. Inglese
circa l'anno 1300 sopra le rovine di un grande edifizio, che
allora chiamavasi palazzo di Domiziano. Contiguo al medesimo palazzo era un'arco antico, che attraversava la
strada del Corso, chiamato di Portogallo da un Card., o

amba-

ambasciadore di tal nazione, che ivi abitava. Fu stimato dal Marliano, e dal Fulvio arco eretto a Domiziano,
e dal Donati a Druso; ma considerandosi i bassirilievi,
che erano in esso, ora trasportati in Campidoglio, si co-
nosce di essere stato eretto a M. Aurelio. quando ri-
tornò trionfante dall'Asia; dove essendo morta Faustina
sua moglie la deificò, come in detti bassirilievi apparisce. Fu demolito questo arco da Alessandro VII, perchè
toglieva la veduta, e lo spazio alla strada del Corso.

Poco lungi dal sopradetto palazzo giaceva sotto terra un obelisco rotto, alto piedi 101, cavato per ordine del Re Sesostri, il quale regnò in Egitto, secondo il
computo del Mercati, dieci secoli avanti la venuta del
Redentore. Augusto lo trasportò da Eliopoli, e lo alzò
nel Campo Marzio, accomodato in modo, che dimostra-
va in terra con la sua ombra sopra righe di metallo in-
castrate in marmo, quanto fossero lunghi i giorni, e le
notti per tutto l'anno, come riferisce Plinio nel lib. 36
c. 10. L'anno 1747 dovendo li Padri della Madonna del
Popolo rifabricare le case che vi erano sopra, perchè ren-
deva impedimento alla nuova fabrica, che in oggi si vede; Benedetto XIV lo fece rilevare al piano della strada maestra, e trasportar nel cortile del palazzo incontro,
come presentemente vedesi in terra disteso, ed uniti in
buona forma tutti i pezzi che erano sparsi sotto terra,
posti a proporzione, e con ottima simetria, il tutto ope-
rato con ogni facilità, e bella maniera da Nicolò Zaba-
glia primo ingegnere della Basilica Vaticana.

Avanzandovi troverete il Monastero delle Convertite
e la loro Chiesa di S. Maria Maddalena, ristorata ed ornata anni scorsi. Nella prima cappella a mano destra il quadro del Crocefisso è di Giacinto Brandi. Le pitture dell'
altar maggiore sono del Cav. Moranzone, eccettuata la

Nati-

Natività del Signore, e la fuga in Egitto, che sono di Vespasiano Strada: la Maddalena è opera celebre del Guercino da Cento. La B. Vergine con altri Santi nell'ultimo altare, viene dalla scuola di Giulio Romano.

Incontro alla detta Chiesa è il palazzo de' Teodoli, e appresso a questo l'altro de' Verospi, riattato dal Cav. Francesco Fontana. Vedrete in questo alcune belle statue antiche di Antonino Pio, Marc'Aurelio, ed Adriano Imperadori; una Diana cacciatrice, un Apollo giovinetto r un'Ercole, che combatte coll'Idra, oltre varj bassirilievi. La galleria nel primo appartamento fu dipinta dall'Albani, della cui scuola è ancora la Galatea dipinta altrove. Vi sono tre teste antiche con quella di Scipione Africano: un Idolo Egizio, e una statuetta della Dea Nenia, molto singolari. Ammirasi nel medesimo appartamento la galleria armonica che contiene diversi strumenti, i quali suonano con occulto artifizio ogni qual volta si tocca il bel cembalo principale.

Nel vicolo incontro a questo palazzo potrete vedere la Chiesa, e Ospizio di S. Claudio de' Borgognoni, e nella piazza vicina la Chiesa, e Monastero di S. Silvestro *in Capite*, edificata da S. Stefano Papa nella sua casa paterna, sopra un' antico edifizio, che stimasi essere stato di Domiziano, ed era forse l'Odeo, o lo Stadio fatto dallo stesso Imperadore, il primo per concerti musicali, e il secondo per i corridori, ed altri simili usi. In questa Chiesa si conserva il Cranio di S. Gio. Battista con una Immagine miracolosa del Redentore. La sua volta molto spaziosa fu colorita da Giacinto Brandi, che vi rappresentò la B. Vergine Assunta, S. Gio. Battista, e S. Silvestro con altri Santi. I bassirilievi però sono del Gramignoli, che dipinse ancora gl' Apostoli nella gran lunetta sopra il bell'Organo di detta Chiesa. Le pitture a fresco

sco nel mezzo della Crociata, rappresentanti una gloria, furono fatte dal Roncalli con l'ajuto dell'Agellio, e del Consolano suoi allievi. Il Battesimo di Costantino Magno nella Tribuna è di Lodovico Gimignani. Nella prima cappella a mano destra, il S. Antonio, e le istorie laterali sono di Giuseppe Chiari. La seconda cappella di S. Francesco fu dipinta da Luigi Garzi. La terza di S. Gregorio da Giuseppe Ghezzi. Nella prima a mano sinistra il Crocefisso, e le pitture laterali sono di Francesco Trevisani. La Beata Vergine, S. Giuseppe e altri Santi nelle due cappelle che seguono, sono del suddetto Gimignani. La facciata di detta Chiesa fu fatta con disegno di Domenico de Rossi; la statua di S. Silvestro fu scolpita da Lorenzo Ottone, quella di S. Stefano da Michel Maigle Borgognone, l'altra di S. Chiara da Giuseppe Mazzoli, l'altra di S. Francesco, e i due Medaglioni da Vincenzo Felice.

In queste vicinanze tra il monte Pincio, e la via Flamminia, asserisce il Biondi aver veduti vestigj della Naumachia di Domiziano.

Più avanti è la Chiesa di S. Andrea delle Fratte, offiziata da' PP. dell'ordine de' minimi di S. Francesco di Paola. Fu terminata questa Chiesa dalla famiglia del Bufalo con architettura del Boromini. Osservate i quadri che adornano l'altar maggiore rappresentanti il martirio del detto Apostolo. Quello nel mezzo è di Lazzaro Baldi, quello a destra è di Francesco Trevisani, e quello a sinistra è di Gio: Battista Letardi. La Tribuna fu la prima opera a fresco di Pasqualino Marini, che dipinse ancora gli Angioli, e la Cuppola. Nella prima Cappella a mano destra la Natività del Signore è pittura di Girolamo Mochi. Il S. Giuseppe nella seconda è del Cozza. La quarta col Crocefisso è ragguardevole per i bellissimi marmi, de'

quali

quali è ornata. Le pitture della quinta si credono di Avanzino Nucci. Dall'altra parte la cappella dove è il fonte Battesimale, fu dipinta dal Gimignani. Il S. Carlo e altre figure nella seguente sono lavoro del suddetto Cozza. Il quadro co' Ss. Francesco di Paola, e di Sales nell'altra è di Girolamo Maffei. La contigua dedicata a S. Oliva fu dipinta tutta dal Cav. Nasini, e architettata da Filippo Barigioni.

Venerate la divota e miracolosa Immagine di San Francesco di Paola nella sua vaghissima cappella disegnata dal suddetto Barigioni; li due Angioli in marmo sono del Bernini e gli altri bassirilievi di Gio. Battista Maini. L'altra incontro parimente è ornata di marmi con pensiero di Luigi Vanvitelli ma non finita ancora. Oltre diversi depositi e memorie sepolcrali mirasi quello del Card. Calcagnini, essendo lavoro sofribile di Pietro Bracci Romano; l'altro della Doria è scoltura non disguale del Queirolo, e gli altri del Prencipe di Marocco, e del Primate di Lorena sono bell'opere di Filippo Baldi. Nel Chiostro la vita del S. Fondatore fu dipinta dal Cozza, Gerardi ed altri.

Quindi salirete alla Chiesa, e Monastero di S. Giuseppe delle Carmelitane scalze, situato nel luogo, dove erano gli Orti di Lucullo, che per l'amenità del sito divennero le delizie de' Cesari. In essi Messalina moglie di Claudio, trattenendosi in licenziosi diporti, fu uccisa per ordine del marito. In detta Chiesa osservate il quadro dell'altar maggiore, che è d'Andrea Sacchi; la S. Teresa nell'altare alla destra è del Lanfranchi; e la Natività del Signore nell'altare incontro fu dipinto da Suor Maria Eufrasia monaca del Monastero suddetto.

Ritornando verso la Chiesa di S. Andrea delle Fratte, vedrete al lato della medesima il Collegio di *Propaganda Fide*

Fide, edificato da Urbano VIII con disegno del Bernini, ed accresciuto da Alessandro VII con architettura del Borromini. Nella Chiesa il quadro in mezzo dell'altar maggiore fu dipinto da Giacinto Gimignani, quello di S. Paolo da Carlo Pellegrini, e l'altro di S. Filippo da Carlo Cesi. Il detto Collegio chiamasi di *Propaganda Fide*, perchè fu istituito a fine di educare operarj per le sagre Missioni, i quali dilatino la S. Fede Cattolica ne' paesi degl' infedeli: e perciò vi si ammettono giovani di varie nazioni, particolarmente dell'Asia, e dell'Affrica; come anche Abissini, Bracmani, ed altri: e per istruirli vi sono Maestri di tutte le scienze, e lingue; oltre una copiosa libraria, e una Stamperia con ogni sorta di caratteri specialmente orientali.

Uscirete in piazza di Spagna, così detta dal palazzo degli Ambasciadori di quella corona, che quì risiedono. Vedrete in essa la bella Fontana fattavi da Urbano VIII con disegno del Bernini, la quale per la sua forma di Nave vien chiamata la Barcaccia. Poco distante per la strada aperta da Gregorio XIII, detta volgarmente del Babuino, troverete la Chiesa di S. Atanasio, eretta da questo Pontefice con architettura di Giacomo della Porta; la sua facciata però fu fatta da Martin Longhi, e le pitture sono di Francesco Tibaldese. Annesso alla detta Chiesa è il Collegio Greco, istituito per la gioventù di questa nazione: ed ultimamente rifabbricato con molte largizioni di Clemente XIII. Nel vicolo, che è quasi incontro al detto Collegio, potrete vedere il Teatro detto di Allibert, destinato alle recite de' drammi musicali, e più capace d'ogni altro Teatro per gli spettacoli d'opere regie, ed eroiche.

Volterete quindi per la strada, che chiamasi de' Condotti dagl' acquedotti dell' acqua vergine, parte della quale fu verso tale strada diramata per uso della Naumachia

chia, o d'altre fabriche fatte in quefti contorni da Domiziano; ed in quefta ftrada troverete i Palazzi de' Marufcelli, Nunez, e della Religione di Malta; e la nuova Chiefa e Convento de' PP. Trinitarj del Rifcatto de' Spagnuoli di Caftiglia, vagamente ornata di ftucchi, e pitture con architettura di D. Giufeppe Ermofilla Spagnuolo. Nel primo altare a man deftra S. Agnefe V. e M. fu colorita dal Càv. Benefiali; nel contiguo il S. Felice di Valois dal Lambert. La Ss. Concezione di M. V. è opera di D. Francefco Preziado Spagnuolo. Nel quadro dell'altar maggiore vi efpreffe la Ss. Trinità con Angeli e Schiavi Corrado Giaquinto. Nell'altare feguente vi effigiò il Salvatore con la pecorella D. Antonio Delaques Spagnuolo. Il S. Giovanni de Matha al penultimo è di Gaetano Lapis. Nell'ultimo la S. Cattarina vergine e martire è di profeffore incognito. La cuppola del detto altare maggiore fu dipinta dal fuddetto Belaques: la volta ed il quadro fopra la porta furono coloriti da Gregorio Guglielmi.

GIORNATA X.

*Dal monte Citorio alla porta Pia,
ed al Pincio.*

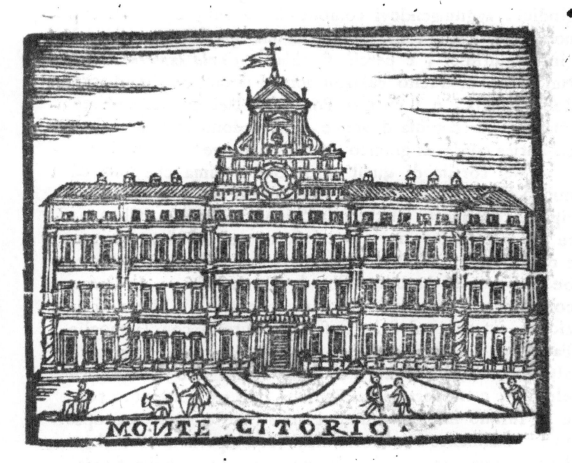

MONTE CITORIO.

Onducetevi al monte Citorio il quale è in
certo se anticamente vi fosse, o sia cre-
sciuto per la terra cavata da' fondamenti
di tanti edifizj, che erano nel campo Marzio, o condottavi ne' secoli a noi più pros-
simi. Contrasse il nome di Citorio dal citarsi quivi le
centurie convocate nel campo ad entrare ne' septi, che
era-

erano a piè di questo colle, per dare ivi il loro voto nella elezione de' Magistrati.

Quivi Innocenzo XII perfezionò il gran palazzo, incominciato dal Principe di Piombino Niccolò Lodovisio, con disegno del Bernini, e destinollo a i tribunali dell' Auditore della Camera, de' suoi Luogotenenti, ed altri giudici: aggiungendovi comode abitazioni, e alzando un nobile campanile, da cui suona una grossa campana ne' giorni giuridici, e perciò si chiama *Curia Innocenziana*. Nel piano di questo palazzo sono i notari dell' Auditore della Camera, e i cursori Pontificj. Nel cortile vedrete una fontana copiosa d' acque, che cadono in una vasta, ed antica conca di granito, fatta condurre da Porto.

Nel cortile di quest' abitazione, prima che fosse di nuovo fabbricata, vedevasi l' estremità d'una gran colonna, riputata da molti scrittori la colonna citatoria. Clemente XI la fece scoprire, e condurre nella vicina piazza; e dall' iscrizione, che ha nel suo piedestallo, si riconobbe dedicata ad Antonino Pio da M. Aurelio, e L. Vero; come apparisce anche nella parte opposta alla detta iscrizione, in cui vedesi lo stesso M. Aurelio con la moglie Faustina. La detta colonna è di un sol pezzo di granito alta palmi 67 e mezzo, e grossa palmi 8 e mezzo. Fu elevata, e trasportata dal Fontana il dì 25 Settemb. 1705, e vi furono impiegati dodici argani, e cinquecento operarj: finalmente Benedetto XIV fece riporla dietro il palazzo, ove ora si vede. Viene adornata la bella fabbrica da una piazza molto nobile circondata da gran casamenti di uguale altezza, e per renderla maggiormente maestosa Clemente XII fece atterrare molti bassi edifizj, aprendovi la gran strada, che presentemente si vede. Contiene la facciata tre porte, 125 finestre, e un orologio assai nobile sulla cima. Tutti gli emolumenti delle pigioni ni, che si ritraggono dalla detta curia, sono assegnati all'Ospizio de'poveri invalidi.

Per rendere più magnifica la piazza lo stesso Benedetto XIV fece inalzar sopra gran fondamento, e proporzionato piedestallo tutto circondato di marmi, la base della detta colonna Citatoria. E di un sol pezzo dell'altezza di palmi 18 e mezzo: la cimasa e sottogola sono intagliate assai perfettamente, ed il primo zoccolo, che è di marmo greco assai corroso, è di palmi tre di altezza, e vi si legge la seguente breve Iscrizione:

DIVQ. ANTONINO. AVGVSTO. PIO
ANTONINVS. AVGVSTVS. ET
VERVS. AVGVSTVS. FILII

Nell'opposto lato dell'Iscrizione vedesi l'Apoteosi, ovvero Deificazione del suddetto Antonino: e gli altri due lati rappresentano in bassorilievo la marchia di molti soldati a piedi, ed a cavallo bene armati, che portano diverse insegne, e labari, con varie immagini, le quali solevano girare intorno al talamo funebre de'Cesari defonti. Le figure principali dell'Apoteosi appariscono assai conservate, e di buona maniera. Vedesi nel mezzo un giovane alato, creduto il genio, oppure un simbolo dell'eternità; e sono ad esso sottoposte alcune faretre, scudi, elmi, ed altro. Sta in atto di volare, tenendo colla destra un panno, e porgendo con la sinistra un globo stellato, con una mezza luna, cinto dalla fascia del zodiaco, il quale dimostra li segni di pesci, e di ariete, ed è circondato da un serpente. Porta esso giovane sulle spalle Antonino, con scettro nella destra, e nella sommità v'è un'aquila, e parimente Faustina sua moglie col capo velato con due aquile volanti, una per parte. Siede de di sotto a mano diritta Roma galeata, e dolente, che distendendo il braccio destro, addita con la mano il detto giovane alato, ed appoggia il sinistro sopra di uno scudo, che dimostra scolpita la lupa co' due gemelli lattanti. Osservasi finalmente dall'altra parte un'altro giovane mezzo nudo, e giacente, che abbraccia un'obelisco, e porge in fuori la destra.

Osservate contiguo alla descritta Curia Innocenziana il gran casamento della congregazione de' Sacerdoti della Missione. Ebbe questa congregazione il suo principio l'anno 1623 nel borgo di S. Lazzaro Diocesi di Parigi dal suo fondatore S. Vincenzo de Paoli. L'Istituto primario è di fare le Missioni alli poveri campagnoli. Il quadro dell' altar maggiore colla Ss. Trinità nella Chiesa fu colorito da Sebastiano Conca, e i laterali sono di Aureliano Milani, le statue del Coro, di S. Gio., e di S. Marco furono scolpite da Agostino Corsini, e l'altre due dal Queirolo. Nelle altre cappelle vi dipinse un allievo del suddetto Conca l'Assunta di Maria Vergine, e la conversione di S. Paolo. Il S. Vincenzo de Paoli, e tutte l'altre pitture di questa cappella sono del suddetto Milani.

Lasciando a destra la strada, che porta al Campo Marzo, ove sono i notarj dell'Eminentiss. Vicario, e voltando a sinistra vi condurrete in piazza Colonna, dove vedesi una bella fontana disegnata da Giacomo della Porta. Nel mezzo di questa piazza ammirate la bellissima Colonna eretta dal Senato Romano ad Antonino Pio. È alta 161 piedi, ed ha internamente 106 scalini che ricevono il lume da 16 finestrelle, acciò si possa comodamente salire alla sua sommità; e poichè vi si vedono intorno scolpiti i fatti di questo grand'Imperadore, e la guerra fatta co' Marcomanni dall'Imperadore Marco Aurelio suo successore, stima il Donati, che detta colonna

N   fosse

fosse terminata in tempo dell' Imperatore Comodo. Essendo molto guasta per l'ingiurie del tempo, e de' barbari, Sisto V la risarcì, collocandovi nella cima la statua di S. Paolo fatta di metallo dorato.

COLONNA ANTONINA.

In questa medesima piazza, ridotta nella forma presente da Alessandro VII, la Chiesa di S. Bartolommeo de Bergamaschi era prima col titolo di S. Maria della Pietà, e v'era lo spedale de' pazzi trasportato da Benedetto XIII alla Longara. I Bergamaschi l'hanno rimodernata, e fattavi una fabrica grande, in una parte della quale stà il Collegio Cerasoli con tutti i commodi, e assistenza necessaria per istruire li giovani nazionali nelle scienze.

Nel lato incontro detta Chiesa vedesi il palazzo del Principe Ghigi, principiato dagli architetti Giacomo della Porta, e Carlo Maderno, e terminato da Felice della Gre-

Greca . Sono in detto palazzo molte pitture di profeſ-
ſori eccellenti, cioè del Tiziano, Albani, Domenichino, Baſſano, Caracci, Guercino, Puſſino, Guido Reni, Claudio Loreneſe, Paolo Veroneſe, Pietro Perugino, Pietro da Cortona, Carlo Maratti, Giacinto Brandi, Salvator Roſa, ed altri. Fra le ſtatue di gran valore, che vi ſi conſervano, ſono aſſai ragguardevoli quattro Glaudiatori in atto di combattere; un' altro Gladiatore affiſo, ed agonizante; una Cerere, ed un Sileno;
dieci ſtatue di varie deità de'Gentili; un buſto di Caligola ſopra una tavola di porfido; due colonne di alaba-
ſtro, e due di giallo antico; alcuni Dei Termini; diverſi buſti di Aleſſandro VII, ed altri uomini inſigni della
caſa Ghigi fatti dal Bernini, ed altri lodati ſcultori. Vi
è ancora una celebre Biblioteca con molte migliaja di libri ſtampati, e centinaja di MM. SS. particolarmente Greci, fra'quali ſono aſſai ſtimabili per le miniature un meſ-
ſale di Bonifazio VIII; e una Genealogia di Gesù Criſto
ſcritta nel quarto ſecolo. In queſta ſteſſa piazza vedonſi
gli Offizj de quattro notari' di camera, ed anche quello
dell'Archivio Urbano, e nelle ſtanze ſuperjori del ſovra-
poſto palazzino dimora Monſignor Vicegerente.

Per la ſtrada, che ſtà incontro all'angolo orientale
del ſuddetto palazzo, andatevene alla Chieſa di S. Maria
in Via, fabricata dal Card. Capoccio, e riſtorata dal Card.
Bellarmino. A mano deſtra la cappella di S. Filippo Benizio ha due quadri laterali, l'uno dove il Santo libera
l'Indemoniata, dipinto da Tommaſo Luigi; e l'altro dirimpetto dal Caravaggio, con diſegno d'Andrea Sacchi.
La Nunziata nell'altra cappella, la Natività del Signore,
e l'adorazione de'Magi ſono del Cav. d'Arpino. La Ss. Trinità nell'ultima cappella è di Criſtoforo Conſolano; la
pittura del deſtro lato di Cherubino Alberti, e quella del

fini-

finistro di Francefco Lombardi . Nella prima cappella dall'
altra parte il S. Andrea è di Giufeppe Franchi de'Monti :
nella feguente la Vergine foftenuta dagli Angeli è di Stefano Pieri : nella terza i SS. Giufeppe , e Girolamo vi furono dipinti dal Baglioni . L'architettura della Chiefa è
di Martin Longhi : e quella della facciata. di Girolamo
Rainaldi . Annefto evvi il Convento de'Padri Serviti .

Ufcito di quefta Chiefa , vi condurrete a quella di
S. Maria in Trivio de' Crociferi conceduta da Aleffandro
VII a' Religiofi miniftri degl' infermi . Questa Chiefa fu
detta anticamente S. Maria *in Fornica* , e la fondò Belifa-
rio in penitenza di aver depofto dal Pontificato Silverio .
Paffate quindi alla piazza , e palazzo del Duca di Poli ,
architettato da Martin Longhi il vecchio , in cui fono quadri ftimatiffimi del Rubens , Caracci , Guido Reni , Pietro da Cortona , Carlo Maratti , &c.

Tenendovi poi a mano deftra , e paffando innanzi
al palazzo , dove abita il Marchefe del Bufalo , nel quale
è un nobile giardinetto , anderete al Collegio Nazareno ;
indi alla vicina Chiefa dell'Angelo Cuftode , e all'altra della Madonna detta di Coftantinopoli ; e poco più oltre
nella piazza , che già fi diceva degli Sforza , vedrete la
nobiliffima fontana detra *il Tritone* eretta da Urbano VIII
col difegno del Cav. Bernini . Qaivi fu il rempio di Flora , e il Circo deftinato alle piacevoli caccie d' animali
imbelli .

Conducetevi ora al belliffimo palazzo de' Barberini ,
che fu già della cafa Sforza , perfezionato con architettura del fuddetto Bernini . Occupa quefto grande edifizio
co' fuoi bracci il fito dell'antico Campidoglio , e co' fuoi
giardini una parte del circo di Flora . Vi fi afcende per
due maeftofe fcale , la deftra delle quali è fatta a chiocciola , e la finiftra affai più magnifica , tirata a dritto fi-
lo .

lo, e tutta ornata di baffirilievi, e ftatue, fra le quali vedrete un leone di maniera fingolare.

Nella prima delle nove ftanze, che compongono l'appartamento terreno, offervate molti cartoni di Pietro da

PALAZZO DE BARBERINI.

Cortona e di Francefco Romanelli, ferviti per teffere gli
arazzi, che fi confervano nella ricchiffima guardarobba.
Sonovi ancora due vafte urne antiche di marmo greco
con baffirilievi, e una gran tavola di granito di un fol
pezzo.

Nell'anticamera feguente veggonfi le ftatue di Appollo, Azzio, e Agrippa, di ftatura gigantefca, una tefta dell'Imperator Caracalla, una mafchera, ufata dagli
antichi nelle comedie, un gruppo di tre putti, che dor-
mono, un baffirilievo con una caccia antica, un Idolo
della Salute col ferpente avviticchiato, due Angeli mo-

derni, un Seneca in marmo, tre idoli Egizj, cioè Iside in granito, il Sole in paragone, e l'Abbondanza in metallo; alcuni Ss. Apostoli dipinti dal Cortona, e dal Maratti, la cena del Signore del Dossi di Ferrara, il Sagrifizio di Diana del sudetto Cortona, un Cristo morto fra molti Angeli di Giacinto Brandi, il ritratto di Cecilia Farnese fatto da Scipione Gaetano, quattro Baccanali dipinti da Tiziano, e molti ritratti di letterati antichi, e moderni, che vengono dalla scuola di Raffaele.

Nell'altra stanza vi sono l'Erodiade di Leonardo da Vinci, e le virtù di Francesco Romanelli, un raro bassorilievo, in cui è scolpito un antico funerale. Nell'ultima stanza v'è un giovine sedente sopra un antico bagno, o sia urna di alabastro orientale, ed uno schiavo, che mangia un braccio umano, con molti bassirilievi.

Nella prima stanza alla destra sono le statue di Marc' Aurelio, di Diana Efesia, della Dea Iside: alcune teste di Satiri, maggiori del naturale: i quadri dell'Angelo, e di Giacob del Caravaggio: il quadro de i tre tempi, passato, presente, e futuro, di Monsù Vveth.

Nella seconda una bellissima statua di Venere, un Bacco giacente sopra un sepolcro antico: la Maddalena tanto rinomata di Guido Reni: il S. Francesco, e la povertà d'Andrea Sacchi; ed il S. Stefano del Caracci.

Nella terza un Cristo morto del Caracci: un'altro del Barocci: una Madonna del Maratti: un bel ritratto di Cola di Rienzo; la statua in bronzo dell'Imperador Settimio Severo; il celebre Narciso di marmo: ed alcuni busti moderni.

Nella quarta un modello a fresco del famoso Ciclope, da Annibale Caracci dipinto nel palazzo Farnese; un Frammento di mosaico rappresentante Europa, presa dall'antico tempio della Fortuna Prenestina; un Bambino a fre-

fresco di Guido Reni. Nell'ultima diversi ritratti di Tiziano, e del Padovanino: oltre quello di Raffaele, che si crede culorito da lui medesimo, e l'altro del sopradetto Card. Antonio dipinto da Andrea Sacchi; una Madonna stimata dello stesso Raffaele, e le statuette antiche delle tre Grazie con altre curiosità.

La vastissima sala vedesi ornata di molti cartoni di Andrea Sacchi, e di Pietro da Cortona, fra quali è una copia del quadro di Raffaele in S. Pietro Montorio, fatta a maraviglia da Carlo Napolitano. La volta poi di detta sala è tutta dipinta con somma eccellenza dal suddetto Pietro da Cortona.

Nell'anticamera dell'appartamento superiore vi sono le statue d'un'Amazone vestita di un delicato panneggiamento, d'una Giovine in atto di correre, d'un Ercole, di un Bruto e de' suoi figliuoli, di una Cerere e della Fortuna, le teste di Minerva, e di Plotina moglie di Trajano, e alcune belle colonne di marmo. Sonovi ancora ottime pitture, e fra queste una Niobe del Camassei, ed un ritratto del Card. Antonio di Andrea Sacchi.

Nell'anticamera seguente veggonsi tre gran quadri fatti con disegno del Romanelli, l'uno de' quali rappresenta il convito degli Dei, l'altro un Baccanale con l'Istoria favolosa di Arianna, e Bacco: e il terzo è la Battaglia di Costantino contro Massenzio copiata dal suddetto Carlo Napolitano su l'originale di Giulio Romano, che è nel palazzo di S. Pietro. Sonovi inoltre due famosi busti di Mario, e di Silla; una testa bellissima di Giove, e un Satiro, che dorme scolpito dal Bernini.

Nella prima Camera a mano destra veggonsi due Busti di giallo antico, una rara testa di Alessandro Magno, e un'altra di Antigono. Nella susseguente due teste di Metallo; l'una di Adriano, e l'altra di Settimio Severo;

N 4   e l'ale l'effigie di Urbano VIII di Andrea Sacchi: Nella terza un belliffimo ritratto della B. Vergine fatto da Tiziano; una Diana cacciatrice, il cui corpo è di Agata orientale, ed una ftatuetta antica di Diana Efefia.

Nella prima ftanza dell'appartamento verfo il giardino veggonfi il S. Sebaftiano del Lanfranchi: il Lot con le figliuole di Andrea Sacchi; un fagrificio di Pietro da Cortona; due Apoftoli di Carlo Maratti, e una Madonna di Pietro Perugino. Nelle altre camere un quadro infigne che rapprefenta Noè nella vigna, dipinto dal fuddetto Sacchi, due belle tefte, l'una di Giulio Cefare in pietra Egizia, l'altra di Scipione Africano in giallo antico; un bufto di Urbano VIII in porfido con la tefta di bronzo, fatto con difegno del Bernini, e un'Erodiade di Tiziano. Nell'ultima ftanza, una bella fonte di metallo, con una Venere fopra; alcuni bufti antichi di Nerone, Settimio Severo, ed altri Cefari: una ftatua d'una Cacciatrice, una Madonna del Guercino, un ritratto grande del Card. Antonio dipinto dal fuddetto Maratti, e due Scarabattoli pieni di rariffime curiofità.

In altre due vicine anticamere vedrete ancora altri quadri infigni di Andrea Sacchi, del Calabrefe, del Romanelli, ed altri celebri profeffori. Il medefimo Sacchi dipinfe a frefco la belliffima cappella come anche la volta dell'anticamera fuffeguente.

Scendendo all'altro appartamento nella prima ftanza dipinta a bofcareccia con pavimento di majolica, vedrete ancora una vaga fonte, che fa varj giuochi d'acqua. Nella feconda due Veneri, una di Tiziano, e l'altra di Paolo Veronefe, e una Sonatrice d'Arpa del Lanfranchi. Nella terza il ritratto dell'Amica di Raffaele dipinto da effo medefimo, due quadri di Claudio Veronefe, un bambino con S. Gio. Battifta del Maratti, e una

Lu-

Lucrezia Romana del Romanelli. Nella quarta una Sonatrice di Leuto, e alcuni giuocatori di carte dipinti dal Caravaggio, e alcune teste del Parmigianino. Nella quinta la Decollazione di S. Gio. Battista dipinta da Giovanni Bellino; la pietà del Barocci, la Maddalena di Tiziano, e una testa antica di Scipione Africano. Nella sesta il Battesimo del Signore dipinto dal Sacchi, un S. Gregorio di Guido Reni, e una santa Rosalia del Maratti. Nella settima l'altra famosa Maddalena di Guido, la Samaritana del Caracci; una Madonna di Raffaele, e tre statue, cioè un Sileno, un Fauno, e una Venere. Nell' ottava il Germanico di Niccolò Pussino, ed altri quadri in questa, ed in altre stanze.

Nella sommità del palazzo v'è una copiosa libreria, nella quale oltre alli libri stampati, si conservano molti manoscritti stimabilissimi. Unito alla libraria è un gabinetto pieno di Camei, intagli, metalli, pietre preziose, medaglie di bronzo, argento, ed oro, oltre a molte statuetre, ed altre scolture, fra le quali è rarissimo un Bacco in marmo, e un vaso di smalto figurato con maravigliosi bassirilievi.

Non tralasciate di vedere anche il giardino, in cui è comune opinione degli Antiquarj esservi stato il Campidaglio vecchio fabricato da Numa, che abitò in questo monte; e v'era un antichissimo tempio dedicato a Giove, Giunone, e Minerva; e poichè ne fu fatto un'altro simile nel nuovo Campidoglio, questo del Quirinale sortì il nome di Campidoglio vecchio.

Fu ancora in queste vicinanze la contrada detta *ad malum Punicum*, nella quale nacque Domiziano, ed ebbevi la casa paterna, da esso poi convertita in tempio della famiglia Flavia.

In poca distanza è il Convento de' Cappuccini con la loro

loro Chiesa fabricata dal Card. Antonio Barberini, fratello d'Urbano VIII, il quale per adornarla v'impiegò i più celebri Pittori della sua età. Il quadro della Concezione, e quello della Natività di Maria Vergine, sono del Lanfranchi, di cui è ancora la Natività di Nostro Signore: il quadro di S. Michele Arcangelo è di Guido Reni, il S. Francesco, che riceve le Stimmate, è del Muziano, la Trasfigurazione del Signore è di Mario Balassi, l'Orazione di Gesù Cristo nell'Orto è di Baccio Ciarpi, il S. Antonio, che risuscita un morto, è di Andrea Sacchi, che dipinse ancora il quadro con la B. Vergine, e un Santo Vescovo nell'ultima Cappella a man sinistra: il Cristo morto con la Vergine e la Maddalena è del Camassei; il S. Felice, il di cui corpo riposa nella stessa cappella, è di Alessandro Veronese, e l'Illuminazione di S. Paolo è di Pietro da Cortona.

Voltando a sinistra, troverete la Chiesa dedicata a S. Basilio: e nell'altra a destra quella di S. Nicolò di Tolentino de' PP. Agostiniani scalzi fatta fabricare dalla casa Pamfilj nel 1614 con architettura di Gio. Battista Baratti allievo dell'Algardi. Il primo altare alla destra dedicato a S. Niccolò di Bari ha il quadro dipinto da Filippo Laurenzi, e li laterali da Giovanni Ventura Borghesi da Città di Castello. Il quadro nella seconda cappella fu dipinto da Lazzaro Baldi. Pietro Paolo Baldini dipinse la terza. Il S. Gio. Battista nell'altare della crociata è opera del Baciccio; ed Ercole Ferrata fece gli stucchi. L'altar maggiore è disegno dell'Algardi ed anche le statue, tra le quali il Padre Eterno, ed il S. Niccola sono del nominato Ferrata: la Madonna fu scolpita da Domenico Guidi: e gl'Angeli nel Frontespizio sono di Francesco Baratta, che anche fece quelli di sopra l'Organo. La Cuppola della Chiesa fu dipinta da Gio. Coli, e dal Gherardi Lucchese: gl'An-

goli

goli però sono del detto Baldini, che anche dipinse la cuppoletta a cornu Evangelii dell' altar maggiore. La S. Agnese nell' altare, che siegue il primo da questa banda, è copia del Guercino; e tutti gli stucchi sono del detto Ferrata. Siegue la superba cappella de' Signori Gavotti dedicata alla Madonna di Savona. Fù questa architettata da Pietro da Cortona, che dipinse anche nella volta, e nella cuppoletta; avendola però lasciata imperfetta, la terminò Ciro Ferri. Il bassorilievo dell'altare è di Cosimo Fancelli: la statua di S. Gio. Battista è di Antonio Raggi; il S. Giuseppe del Ferrata: ed il ritratto di Giulio Gavotti del medesimo Fancelli. Nell' ultima dedicata a S. Filippo Neri, fu dipinto il quadro da Cristoforo Creo.

Inoltratevi ora al bellissimo Giardino, o sia Villa de' Principi Ludovisi, la quale occupata una parte del Monte Pincio, e del sito dove erano gli antichi giardini di Salustio, già contigui alla via Salaria, fu edificata con disegno del Domenichino, e nel suo circuito, che è maggiore di un miglio, sono molte delizie, fra le quali è degno d' esser veduto un laberinto in guisa di Galleria, con ornamenti di colonne, urne, bassirilievi, e statue. Di queste le più rigardevoli sono due Re barbari prigionieri; il bel Sileno, che dorme, il gruppo di un Satiro con un piccolo Fauno, e l'altro di Leda, di Nerone, un' altro Satiro, e la gran testa di Alessandro Severo. Vi è ancora un' antico Obelisco di pietra egizia con Gieroglifici lungo palmi 41, largo 7, il quale era nel Circo de' suddetti Giardini Salustiani. Introduce la porta principale ornata d' alcuni busti di marmo, in un gran viale largo cinque passi, e lungo 200 tutto fornito di statue antiche di buona maniera.

Il palazzo ha una gran facciata con bassirilievi, busti, e statue diverse. Sono dentro la prima camera due statue d' Apollo, di Esculapio, con altre assai grandi; la testa dell' Imperador Claudio in bronzo: un busto del Re Pirro, e quattro colonne di porfido. Nella seconda un Gladiatore con un' Amorino creduto quello tanto amato dall' Imperatrice Faustina: un Marte con un' altro Amorino; un' altro Gladiatore, e alcuni bassirilievi, fra quali uno scolpito con maniera greca rappresentante Olimpia madre di Alessandro Macedone. Nella terza è stimabilissima una tavola fatta di una Pietra di molto prezzo, una statua di Sesto Mario, il gruppo del Genio, ovvero della Pace, Plutone, e Proserpina del Bernini, uu' Apollo fatto per voto, i due Filosofi Eraclito, e Domocrito, l' Arione del Cav. Algardi, il Virginio, che uccide se stesso. Nella quarta la testa d'un Colosso in bassorilievo, uu Idolo di Bacco, e quattro statue scolpite al naturale. Nella quinta una bella statua di Marc' Aurelio, ed altre molte.

Passate poi all' altro palazzetto, che vedrete circondato di statue antiche, ed ornato con pitture del Guercino da Cento, fra le quali è mirabile l'Aurora dipinta in atto di risvegliare la Notte. Vedrete ancora le teste di Claudio, e di Marc' Aurelio Imperadori, scolpite in marmo; e fra molte curiosità un' uomo impietrito, che fu donato a Gregorio Decimo Quinto.

Proseguendo il viaggio verso la *Porta Salara* incontrarete a destra la Villa, che fu già del Card. Silvio Valenti, e dopo la di lui morte comprata dal Card. Prospero Colonna di Sciarra, da cui pigliò il nome di *Villa Sciarra*. Il Card. Valenti vi eresse in mezzo con pensiero di Paolo Rossi un Palazzino non meno vago nel prospetto esterno, che per la interna disposizione, e per alcune opere matematiche di nuova invenzione. Dopo la di lui morte il Card. Colonna di Sciarra la ridusse al

pre-

presente stato di vaghezza. Vedesi l'antico Casino sulla strada ripartito nuovamente con bella e comoda simetria, ed ornato di mobili alla Cinese. Più di ogni cosa sono ammirabili le fontane, ove con maravigliosa macchina, dalla profondità di 22 palmi ascendono le acque sul dosso di questo colle Viminale all' altezza di palmi 8 sopraterra, le quali poi si ripartono e zampillano in varj luoghi. E' parimente riguardevole questa Villa per i viali molto spaziosi, e per la moltiplicità, e varietà delle piante, tra le quali alcuni Allori posano a foggia di archi sopra colonne di mirto, ed altri servono di trastullo a diversi animali molto rari, che restano entro di essi racchiusi.

Al sortir da questa Villa per la Porta principale, vi si presenta alla vista la *Porta Pia* così detta perchè la ristorò ed abbellì Pio IV con architettura del Buonaroti; e fu già chiamata *Viminale*, e dipoi *Nomentana*. Siegue subito la nobil *Villa Patrizj* ornata di nuove belle fabriche dal Card. Giovanni Patrizj, e poi da' Bolognetti; quindi per la strada retta, dopo il viaggio di più di un miglio, si giunge alla divota Chiesa di S. Agnese, tenuta da' Canonici Regolari di S. Salvatore. Posa la detta Chiesa sopra 26 colonne di marmo, e nel suo altar maggiore sostenuto da 4 colonne di porfido, e ornato di preziose pietre, riposa il corpo della Santa: la statua d'alabastro, e bronzo dorato è opera del Franciosini: appresso a questa è l'altra Chiesa di S. Costanza sostenuta da un doppio giro di Colonne disposte in forma sferica; uno de' più antichi, e vaghi Tempj di Roma. Molti antiquarj vogliono che questo fosse dedicato a Bacco; e lo deducono dalle figure, che in detta Chiesa si vedono di Uve, e di Vendemmie, e dalla bellissima urna di porfido ivi esistente, riputata comunemente il sepolcro di Bacco. Sono in questa Chie-

Chiesa i corpi della detta S. Costanza, e delle Sante Attica, e Artemia, con altre Sacre Reliquie.

Prendendo ora per lo stradello, che conduce sulla via Salaria trasferitevi alla magnifica Villa Albani. Questa essendo prima Vigna fu acquistata dal Sig. Card. Alessandro Albani, che avendone eguagliato il terreno la ridusse a delizia con quella magnificenza, e buon gusto, che ora si scorge. Il palazzo ha un amplissimo portico sostenuto da colonne egizie, ed ornato di statue di Cesari collocate dentro di gran nicchioni, e posate sopra Piedistalli, ne' quali sono incastrati bellissimi bassirilievi. Trà queste statue merita particolare attenzione quella di Domiziano, l'unica di questo Imperatore, che siasi conservata intiera fino a' nostri giorni.

Dal portico si entra in due grandi stanzioni laterali, e nel mezzo di ogn' uno di essi ergesi sopra base scannellata di granito una vasca di alabastro fiorito di palmi 10 di diametro. Dal mezzo del portico per un atrio ovato pieno di statue, bassirilievi, ed iscrizioni, si entra sulla destra nella cappella, ove tutto risplende di oro, e di marmi preziosi: e sotto la mensa dell'altare dentro una Urna di granito rosso riposa il corpo del S. Martire Anticolo.

Alla sinistra la scala principale conduce in una sala ovata, ove ammiransi due colonne massicce di giallo molto vivace: e quindi si entra nella galleria. Veggonsi in questa due statue di Deità donnesche più grandi del naturale collocate in grandi nicchioni con specchi nel fondo. Una di esse è la più bella Pallade, che siasi fino ad ora ritrovata; e l'altra rappresenta Ino nutrice di Bacco, che le sta nelle braccia. Le statue sono fiancheggiate da' più rari bassirilievi di figure di grandezza quasi naturale. Tutti li Pilastri sono alternativamente di finissimo

mosai-

mofaico antico, e di commeffo, dorati i capitelli, e
le bafi, e dorato tutto il cornicione. Le porte fono fran-
cheggiate da colonne di porfido alzate fopra bafi di metallo dorato. I fopraporti fono due baffirilievi compagni,
dove fono fcolpite varie antiche armature di un lavoro
innarrivabile : e la volta fu dipinta dal Cav. Antonio Raffaele Mengs detto il Saffone.

Gli appartamenti dall' una, e dall' altra parte di quefta galleria fono anch'effi a volta, fpaziofi, ed ornati di
tutto ciò che l' arte degli antichi, e de' moderni ha potuto fomminiftrare. Quello alla finiftra termina in un
Gabinetto ricco di ogni forta di antichità, ftatue, figure
di bronzo, bufti di alabaftro, baffirilievi, grandi vafi di
porfido roffo, e di alabaftro; ed il pavimento è di mofaico antico. L' altro a deftra termina in un Gabinetto fimile ornato di tavole di antica vernice cinefe, con pilaftri di fpecchi, e con ricche dorature.

Si difcende in altri due portici laterali foftenuti parimente da colonne di granito, e pieni di belle ftatue collocate dentro le nicchie. Fra le colonne di uno di quefti
due portici veggonfi difpofti i bufti de' Capitani più celebri dell'antichità, e nell'altro Filofofi, Poeti, e Reto-
ri antichi.

Contiguo al portico di mano deftra vedefi un deliziofo bofchetto, e quello a finiftra termina in una ftanza à volta foftenuta da due gran colonne, una delle quali è di alabaftro fiorito di un folo pezzo. La ftanza è ornata di baffirilievi, e di termini di alabaftro, e conduce in altra ricca di antichità erudita. A quefta feconda
ftanza è appoggiato un tempietto ionico, che fa la profpettiva del gran portico del Palazzo. La deità di quefto
tempio è una Diana Efefina alzata fopra una bafe di figure
in rilievo.

A pa-

Al palazzo dall'altra parte del Giardino corrifponde altro portico femicircolare foftenuto come gli altri da colonne di granito e di marmo, e nel mezzo porge in fuori una ftanza, in cui fono difpofte fei ftatue Egizie di bafalte, di bigiomorato, e nel mezzo ve n'è collocata una di alabaftro tebaico grande al doppio del naturale. Nel mezzo del giardino tra quefto portico, ed il palazzo vedefi una larga pefchiera con zampilli di acque; nel di cui mezzo pofano fopra un bafamento con mafchere, che gettano acqua, quattro Atlanti, i quali foftengono colle fpalle una gran tazza di granito di Egitto.

Tornando al palazzo fi vedono fotto la platea fpalleggiata da una balauftrata di ferro tre ftanze. Nelle due laterali foftenute da colonne fono alcune ftatue di fiumi giacenti con gran vafconi di bigiomorato avanti, che ricevono le acque condotte da chiavi antiche di bronzo. In quella di mezzo tra due branche di fcala fatta a contorni, fta il fiume Nilo col fuo vafcone, ed il foffitto è foftenuto da due belliffime Cariatidi. Immediatamente nel mezzo della balauftrata di ferro, ed al piano della platea v'è un'altra fontana formata di tre Cigni di bronzo, che gettano acqua in una Conca.

Il giardino fuperiore, che corrifponde al portico di mano deftra, è ornato di tre pefchiere, delle quali quella di mezzo ha una gran vafca di granito egizio. Tutti i giardini fono a palchetti, ed ornati di ftatue e colonne con bufti pofati fopra la cima di effe, e le fcale fono ornate di Sfingi: contandofi ducento di tali colonne di ogni forta di pietra fparfe per la villa. E' difficile di fare una defcrizione efatta di effa; e folamente può dirfi, che il Sig. Card. Albani, il quale ha difpofto, e diretto di fuo talento tuttociò, che quì fi vede, ha dato un irrefragabile documento del fuo magnifico genio, e della profon-

da

da cognizione che ha dell'antichità, avendo radunato in questo solo edifizio, quanto di più bello, di più ricco, e più magnifico collocare foleano gli antichi Romani ne' loro Palazzi, nelle Terme, ne' Fori, nelle Bafiliche, e negli Anfiteatri.

Non molto lungi è l'altra Villa appartenente ai Principi Borghefe, la quale chiamafi *Pinciana* dalla vicina *Porta Pinciana*. Fu questa fabricata dal Card. Scipione di tal famiglia nel Pontificato di Paolo V. Offervate in effa la magnificenza de' viali, l'artifizio delle Ragnare, la varietà de' giardinetti, il parco, il bofco, le prospettive, i teatri, le fontane, la pefchiera, l'ucelliera, la grotta, ed altre ben intefe delizie.

Vi condurrete al palazzo, ed ammirate l'ornatiffimo fpazio, che ha dalla parte anteriore, e pofteriore; la quantità delle ftatue, urne, conche, vafi antichi, e moderni, e baffirilievi, da' quali è circondato, e incroftato. Per la fcala fornita di cornucopj, e vafi di marmo, falirete nella loggia coperta; e vedrete in effa le ftatue di Giove, di Venere, dell'Imperador Galba, d'un Rè de' Parti, di un Satiro, di una Mufa &c. Entrerete poi nella fala, e vi offerverete dodici tefte de' dodici Cefari, alcune antiche, ed alcune moderne: due tefte fimili di Scipione Africano, e di Annibale Cartaginefe: un Bacco fopra un'antico fepolcro: dodici colonne di varj marmi affai ftimate, fopra le quali fono ftatue; una Fama dipinta dal Cav. d'Arpino: due Cavalcate dipinte dal Tempefta; ed altre pitture del Cigoli, del Baglioni, e del Ciampelli. Nella prima camera un Davide con la fionda del Bernini; un Seneca di paragone in bagno di Africano: una Lupa in marmo roffo con Romolo e Remo, un'antico bafforilievo con Venere, e Cupido creduto di Praffitele: una Regina di marmo con abito di porfido; due vafi d'alabaftro candido

O   dido

aido trasparente fatti da Silvio Galcio Velletrano; e molti busti antichi ben lavorati, fra quali è stimabilissimo quel, io di Macrino. Nella seconda camera tre belle statue di Apolline, di Narciso, e d'Icaro; il Toro dei Farnesi, compendiato in metallo, e una testa di Alessandro Magno in bassorilievo. Nella terza camera, Enea, Anchise, ed Ascanio con gli Dei Penati in un bel gruppo scolpito dal Bernini, una Dafne seguita da Apollo del medesimo; due busti antichi di Augusto, e di L. Vero; un'altro moderno di S. Carlo Borromeo, una tavola di alabastro orientale, e un'altra di Paragone: e alcuni ritratti dipinti dal Fiammengo. Nella vicina galleria quattro colonne di porfido, due tavole della pietra istessa, due urne antiche di alabastro, due altre moderne di porfido fatte da Lorenzo Nizza: e otto gran teste antiche, fra le quali sono assai stimabili quelle di Platone, e di Pertinace.

Nelle prime stanze dell'appartamento superiore, vedrete quattro statue antiche di Diana, di una Zingara, di Castore, e di Polluce: il busto di Annibale, l'Ercole aventino con la testa di toro, il gruppo di Faustina, e Carino Gladiatore suo amante, un'altro Gladiatore di rara bellezza, scolpito con maniera Greca da Agazio Efesino, un Baccanale in pietra paragone scolpito dal Fiammengo, un Salvatore in porfido scolpito dal Buonaroti, un Moro parimente di pietra negra con camicia di alabastro, una statua di Agrippina, una testa di Adriano, un Sileno bellissimo, che tiene un Bacco fanciullo tra le braccia, altre statue, e colonne di marmi antichi, e un' Ercole, che uccide Anteo, dipinto dal Cav. Lanfranchi. Nella loggia una statua di Flora, e un'altra di Venere, i busti di M. Aurelio, di Claudio Druso, di Licinio Valeriano, e di Apollonio Tineo: la capra Amaltea che allatta Giove, un Gladiatore ferito, e una testa di Cleo-

patra

patra sopra una tavola di porfido . Le pitture sono tutte del Cav, Lanfranchi , eccettuate quelle di Vulcano , e Venere , che sono di Giulio Romano . Nelle stanze seguenti , un bel toro di marmo negro sopra una tavola di alabastro : due Idoli Egizj , un Gladiatore , un Centauro , l'effigie d'Augusto , una statua di Diogene , un'Iside , una donzella Cretese , che si trasforma in maschio scolpita da Pietro Bernini : le teste di Faustina , d'Antonia Augusta , di Ottacilla , di Trajano , Decio , Gordiano , ed altri : due bellissime statue di Venere : un S. Girolamo del Passignani : un Salvatore del Caracci : una Venere con Cupido , e un Satiro di Tiziano : le statue di Trajano , e di Antonino : una Zingara di marmo negro con testa mani e piedi di bronzo : un Bacco , un Fauno , ed una Ninfa Marina : le teste di Livia , e di Berenice ; molti quadri dei Dossi di Ferrara , dello Scarsellino , ed altri ; un'Arpocrate : il Centauro Nesso , che rapisce Dejanira : un'altro Centauro , che porta su le spalle Cupido con un gruppo di Amorini : le teste di Nerone . di Settimio Severo , e di Giulia Mesa ; uno studiolo ingegnosissimo ; una Statua di Vespasiano , e un'altra di Nerone : una testa di Alessandro Magno : un fanciullo addormentato dell'Algardi , la bella testa di Floriana , una Diana dipinta da Lorenzino da Bologna , un Sansone di fra Sebastiano del Piombo ; il gruppo stimatissimo delle tre Grazie , la statua d'una mora in abito bianco , d'un giovine che si cava una spina dal piede , e di uno schiavetto che piange : un'altra testa di Livia , e un'altra di una Sacerdotessa : il busto del Card. Borghese scolpito dal Bernini ; cinquantadue ritratti dipinti da Scipione Gaetani : una Madonna di Guido Reni , due teste di Raffaele : un Giuseppe del medesimo , i Re Magi di Alberto Dnto , il Padre Eterno del Cav. d'Arpino , una Madonna di Pietro Perugino , e altri molti

Ve-

vedrete ancora letti, cembali, spinette, organi, orologi, e altre cose degne d'essere con meraviglia considerate.

Usciti da detta villa, avete in vicinanza due porte della città, l'una delle quali fu chiamata *Salara*, perchè per essa usciva il sale, che si portava nella Sabina, e fu detta ancora *Collina*, e *Quirinale*, perchè è situata sul colle di questo nome. L'altra porta fu chiamata *Pinciana* dal vicino monte Pincio, e fu detta ancora *Collatina*, perchè guidava a Collazia nella Sabina. Entrando per questa seconda porta v'indrizzerete alla Chiesa di S. Isidoro de' Padri Francescani Ibernesi, la cui facciata con travertini, e statue, fu disegnata da Carlo Bizzaccheri. Il quadro del Santo nell'altar maggiore è opera bellissima di Andrea Sacchi: lo sposalizio di S. Giuseppe, e il Crocefisso con altre pitture nelle prime due cappelle, come anche il quadro della Concezione nella cappella de' Silva, sono di Carlo Maratti. Nell'altra cappella il quadro con S. Anna è di Pietro Paolo Baldini, e quello con S. Antonio di Padova è di Gio. Domenico Perugino: di cui sono anche le pitture laterali. Nel Convento è una bellissima Libreria raccolta dal P. Luca Uvaddingo Cronista della Religione Francescana.

Entrando quindi nella strada Felice così detta, perchè fu aperta da Sisto V, quivi troverete le Chiese di S. Idelfonso, e di S. Francesca Romana: ed in questa seconda il quadro colla B. Vergine assistita da due Angeli, è una delle migliori opere di Francesco Cozza.

Indrizzatevi ora al monte Pincio, detto già *colle degli Ortuli*. Credesi, che questo monte avesse tal nome da Pincio Senatore, il cui palazzo fu abitato da Belisario. Vedrete quivi la Chiesa della Ss. Trinità, edificata da Carlo VIII Re di Francia. Fra le cappelle, la prima col

bat-

battesimo di Gesù Cristo, fu tutta dipinta da Battista Naldi. Nelle altre i Ss. Francesco di Paola, e di Sales, sono opere di Fabrizio Chiari. L'Assunzione di M. Vergine, come anche la Natività del Signore, sono di Paolo Rossetti da Volterra, allievo di Daniele. L'altar maggiore fu architettato, ed abbellito con pensiero di Monsù Giovanni

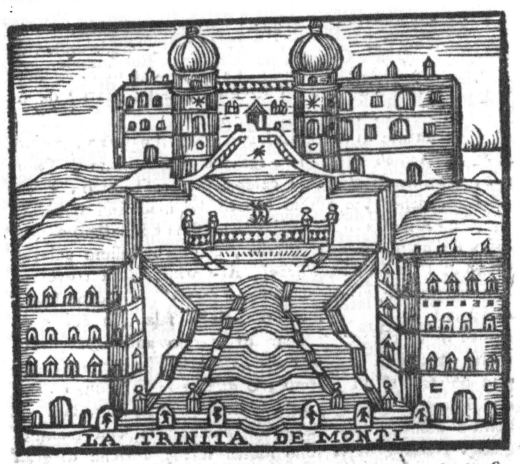

LA TRINITA DE MONTI

Sciampagne Francese, da cui furono lavorate anche le statue. Nelle cappelle susseguenti la Coronazione di M. Vergine è di Giacomo detto d'Indaco. Gl'Innocenti sono di Michele Alberti allievo del suddetto Daniele. Il Signore che apparisce alla Maddalena, e altre Istorie di questa Santa sono di Giulio Romano; quelle della Probatica Pisci-

scina , e di Lazzaro risuscitato , sono di Pierino del Vaga . La deposizione del Signore dalla Croce , e tutte le
altre pitture , sono di Daniele da Volterra . La Ss. Annunziata , e le altre pitture sono di Cesare Piemontese . Il
Crocefisso co i Misterj della Passione , è di Cesare Nebbia .
Uffiziano questa Chiesa i PP. Minimi di S. Francesco di
Paola , della nazione Francese , i quali vi hanno ancora
un'ampio Convento con una copiosissima libraria , e museo , che fu del Cav. Gualdi Ariminese . Nel chiostro di
detto Convento vi sono dipinti alcuni fatti di S. Francesco dal Cav. d'Arpino , dal Roncalli , dal Nogari , da A-
vanzino Nucci , ed altri .

   A sinistra di detta Chiesa vedrete il palazzo , e giardino , che fu abitato dalla Regina Maria Casimira di Polo-
nia , e prima di essa da i celebri pittori Taddeo , e Federico Zuccheri , e perciò ornato da' medesimi di belle
pitture . A destra della Chiesa medesima è il delizioso giardino del gran Duca di Toscana , con un bellissimo palazzo
pieno di statue , e bassirilievi . Alla prima salita troverete
una loggia con sei colonne di varj marmi , e alcune statue
di Sabine di ottima maniera . Nella sala , in cui parimente sono diverse colonne di marmo antico , vedrete
molti ritratti di signori della casa Medici , alcune immagini de' Cesari in marmo , e due teste di bronzo , e
due Fauni assai pellegrini , e in un'altra incrostata di
marmo bianco , una statua di Marte fatta con maniera
greca . Nella galleria sono molte statue antiche di gran
pregio , e un medaglione di alabastro orientale con l'effigie di Costantino Magno , e in una camera susseguente
molti busti di famosi Romani , una statua di Ganimede
assai rara , un Bacco , un'Ercole , ed altre cose assai
meravigliose .

   Nel secondo appartamento vi è un soffitto dipinto
                                                    da

da Fra Sebastiano del Piombo, ed un fregio lavorato da ottimi professori. Tra i quadri più insigni evvi un Salvatore colla Croce su le spalle, dipinto da Scipione Gaetani, una Madonna col Bambino S. Giuseppe e S. Giovanni, del Muziano, due Istorie dipinte da Andrea del Sarto, e la battaglia di Lepanto colorita dal Tempesta, e sei pezzi diversi del Bassano. Scendete poi nel Giardino, e osservate la facciata interiore del suddetto palazzo edificato con architettura di Annibale Lippi, tutta fregiata di bassirilievi, e ornata di statue. Oltre alcuni pili istoriati nobilissimi, vi vedrete un obelisco con due gran conche di granito; ed altre statue particolari, tra le quali è considerabile un Mercurio di metallo. Uscito dal suddetto giardino, scendete dal monte per la nuova, e magnifica scalinata di marmi, fatta innanzi alla descritta Chiesa della Ss. Trinità, con vaghissimo disegno di Francesco de Santis architetto Romano.

DESCRIZIONE

Delle ville più magnifiche ne' contorni di Roma.

Opo descritta brevemente, ma senza defraudare il curioso della notizia delle fabriche più ragguardevoli di Roma sì antiche, come ancora moderne, conviene ora d'istruirlo delle ville più magnifiche, le quali sono ne' suoi contorni, e per veder le quali i forestieri non perdonano nè a spese nè ad incomodi anche nella stagione più rigida.

Villa Aldobrandina in Frascati.

Sotto il Ponteficato di Papa Clemente VIII nel 1603 fu dal Cardinal Aldobrandino suo nipote edificata vicino a *Frascati* questa deliziosa villa, che per le sue meravigliose particolarità ottenne tra tutte l'altre il nome di *Belvedere*, e fu l'ultima architettura di Giacomo della Porta. A prima entrata si presentano alla vista alcune alte spalliere, che conducono ad una vaghissima fonte, la quale da' lati ha due belle salite, che portano ad altra fonte nel secondo ingresso, e conducono ad un piano assai nobile, dov' è il celebre palazzo, il quale oltre di avere alli fianchi di una gran sala due commodissimi appartamenti, è anche singolarissimo per la finezza de' marmi, per le belle pitture del Cavalier d' Arpino, e per altri nobili ornamenti. Tra li varj giuochi di acqua, vedesi la caduta precipitosa di un limpido torrente, il quale quà condotto sei miglia lungi dal monte *Algido*, si riparte

parte in moltiplicate fontane, che formano un fuperbo teatro. Si ammira nel mezzo di quefto la fontana maggiore di Atlante affiftito da Ercole a foftenere il Mondo, da cui efce una copiofa pioggia di acque, e mirafi a piè il monte Encelando, che dalla bocca vomita turbini di acque con tuoni. Altre fontane vi fono, le quali non cagionano minore ammirazione. La prima è quella di Polifemo, che con fiftole di vento caufato dalle acque, fuona il flauto. Del Centauro è la feconda, che fuona la buccina, fentendofi il fuono molto da lungi; come ancora la caduta del detto torrente, che difcende fra varj fcherzi per una fcala, alla cima della quale vedonfi due colonne, che inalzano due fonti. La terza fontana refta fopra del teatro della villa nel piano fuperiore alla cafcata. La quarta in un piano affai vago, e più eminente, con giuochi di acque nelle fcale: e finalmente l'ultimo profpetto di fontane abbondantiffime nella fommità del monte, dove la fuddetta acqua Algida in molta abbondanza fa la fua prima moftra. Sono vaghe le camere dell'organo, e delle Mufe, che per forza di acque occulte rendono foaviffima melodìa. Le pitture a frefco fono del Domenichino, e vanno in ftampa.

Non mancano in quefta villa l'ombre gratiffime de' Topiari, ne' quali fi gode con grandiffima qniete la varietà delle piante dilettevoli, e vi fono con buona fimetria ordinate quantità di piante di platani, che ne' tempi eftivi formano ombre deliziofiffime, e fommamente ricreano la vifta i lunghi viali formati con induftria maeftevole di tofamento delle piante: oltre i giardini, gl'orti, ed altre infinite delizie, che in quefta villa fommamente dilettano, e con notabile ftupore attraggono gl'animi curiofi anche degli ftranieri più nobili.

Villa Borghese in Frascati.

IL Cardinale Scipione Borghese, degnissimo nipote del Sommo Pontefice Paolo V per via di D. Ortensia Borghese di lui sorella (il quale lasciò in moltissimi luoghi Pii di Roma eterne memorie di una pietà singolare) volle dimostrare ancora la propria generosità nella sua villa *Borghese* in Frascati, situata poco lungi da quella città verso Settentrione, di sito però alquanto inferiore alla seguente di *Mondragone*, e da lui con spese immense notabilmente ingrandita per la sua numerosa corte, ed arricchita di molte comedità, e di così varie delizie, che può essere meritamente collocata fra le più singolari.

Qui villegiarono spesse volte nel Pontificato di Paolo V molti Porporati, come ancora diversi Principi, ed Ambasciadori Regi, e finalmente l'istesso Pontefice; di maniera che difficilmente può credersi la di lei magnificenza da chi non vi si trasferisce per considerarla, e vederne co' proprj occhi quello, che ella è. Il compartimento del sito: la distribuzione degl' appartamenti: il comodo di tuti gli servigj, ancorchè bassi; l'amenità de' giardini, e delle fontane; la singolarità delle pitture, e delle statue: le ricchezze degl' addobbamenti, o non hanno, o trovano rarissimo il paragone.

Villa Borghese in Mondragone.

IL maraviglioso Edifizio di *Mondragone*, distante un miglio in circa da *Frascati*, ed esposto alli venti più favorevoli alla salute, signoreggia dal suo sublime sito tutta la campagna di Roma, e le ville circonvicine. Vantasi il medesimo di aver avuto per suo primo autore il nobile, e generoso Cardinal Marco Sitico de' Conti Altemps

temps nipote del Pontefice Pio IV per parte di D. Chiara de' Medici sua Madre dama Milanese, e sorella del medesimo Pio.

Quì dunque il porporato fece ogni sforzo d'ingegno, e spese, per stabilire un palazzo più che regio, accompagnato da una moderna villa molto più deliziosa dell'antica, (dove si trasferì più volte con la sua corte Gregorio XIII); e benchè la morte gl'invidiasse la consolazione di vederne il bramato compimento, furono contuttociò l'uno, e l'altra perfezionati con impareggiabile magnificenza dal già Cardinal Scipione Borghese, che vi aggiunse saloni, ed appartamenti nobili, una galleria lunghissima, un'ampio teatro, cortili spaziosi, ed una grotta capacissima, con vigne, stagni, selve, e largo territorio all'intorno. Vi gareggiano fra loro le pitture, le statue, i bassirilievi, e le fonti, e merita una singolare ammirazione il nobilissimo teatro delle fontane con diversi giuochi di acqua, e specialmente della girandola, de' quali fu architetto Giovanni Fontana, che fece ancora l'altra fontana assai bella avanti il palazzo. La vastità di quest'edifizio si arguisce dal numero delle sue finestre, che sono trecento settantaquattro. La varietà delle piante, l'amenità del sito, la delizia de' giardini, e li viali lunghissimi, recano stupore a chi li mira, oltre di una selva non prodotta dalla natura, ma artificiosamente fatta, la quale unita con tutto ciò, che puol' operare l'arte, chiunque mira questa villa, resta certamente attonito, considerando la di lei bellezza, la varietà, e la bene ordinata composizione. La gran loggia però del giardino è architettura del Vignola.

Villa

IN tempo di Paolo III, e circa l'anno 1542, fu edificata in Tivoli con spesa di due milioni in circa, e con
reggia splendidezza, dal Cardinal Ippolito d'Este II di
questo nome, Principe di Modena, figliuolo d'Alfonso Duca di Ferrara, e di Lucrezia Borgia. Per l'artifizio del sito, della fabrica, delle fontane, e di altre sue parti, è
parimente maravigliosissima. Il palazzo contiene dentro,
e fuori molte statue antiche, ed è ben compartito in sale
diverse, e stanze ben guarnite, da ricevervi propriamente anche Signori riguardevoli. Tra gli oggetti più rari è
la fonte dell'Alicorno: il giuoco della palla: le fontane di
Leda, di Teti, di Atetusa, di Pandora, di Pomona, e
di Flora; come ancora le altre fonti del cavallo Pegaseo,
e di Bacco; le grotte di Venere, e della Sibilla: l'altre
fonti di Esculapio, e di Aniene con le Ninfe: quelle di
Diana, di Pallade, di Venere, di Nettuno, e della città
di Roma, le cui fabriche principali vi sono rappresentate
in stucco, tramezzate da diversi zampilli di acque, insidia-
trici degli spettatori. Le altre moltissime fonti, che sono più di 300, formano un mraviglioso teatro nel viale
lunghissimo, e scaturiscono da' viali di fiori, e dal rostro
dell'aquile gentilizie della Serenissima casa d'Este. Le più
amene però fra esse fontane sono la girandola, e l'Appollo, o sia la Madre natura, che colla forza dell'acque
somministra ad un'organo la melodia; e le celebri statue
antiche poste in tutte queste fontane, adornarono prima
la famosa villa dell'Imperatore Adriano, esattamente descritta da Monsignor Francesco Maria Suaresio. Contiene finalmente diverse peschiere, laberinti, e giardinetti
di fiori; e le acque copiose del fiume *Aniene* nudriscono ab-
bondantemente le amene delizie del giardino.

E' ab-

E' abbondantiffima questa Villa di pergole con uve rariffime, molte delle quali fono fenza acini, e nella medefima vite alcune fi maturano nel mefe di Giugno col colore della cerafa, alcune altre alla folita fua ftagione. E' ancora abbondantiffima di fiori, e di frutti fingolariffimi, oltre l'infinità, e diverfità di Agrumi, che con la loro bellezza, e ben difpofta ordinanza rallegrano gl'animi di chi li rimira; e vi fi vedono ancora diverfe qualità di animali, che fono effigiati ne' marmi.

Villa Adriana in Tivoli.

Vicino alle radici del monte di Tivoli fi vedono le grandiffime rovine della Villa *Tiburtina*, che fù fabricata da Adriano Imperatore con fpefa immenfa, e chiamafi prefentemente *Tivoli Vecchio* per le reliquie, che vi fi vedono di maravigliofa magnificenza, e di ftraordinaria grandezza. Vi fono tuttavia moltiffime ftanze, fabricate dall'augufta liberalità, e particolarmente una che con ftruttura ammirabile, non fenza ragione, dalli Tiburtini fi chiama la ftanza di Adriano. Vi fi vedono portici innumerabili, e viali lunghiffimi con fcale di gran magnificenza. Le mura per lo più fono di mattoni a cortina, fatti a rombo, e fra di loro fermamente commeffi. Vi fi offerva una gran piazza lunga palmi 530, e larga palmi 365, la quale, fecondo Pirro Ligorio, ferviva per un Ippodromo. Anche al dì d'oggi fi ravvifa parte del Teatro con le ftanze per commodo de' Comici, con la porta della fcena, portici ne' lati del profcenio, orchestra, fpazio per le fedie de' fonatori, portico efterior del Teatro, e fei fcale, per le quali fi afcendeva alli gradi del Teatro. Si vede ancora una piazza con portico attorno di colonne credute per una paleftra. Altra piazza con
por-

porrici sopra pilastri , che si suppone un sito particolare , dove si lottava . Sono in questo luogo diverse stanze , piazze , cortili , strade sotterranee , conserva di acqua , ed altra piazza verso tramontana , che è lunga 1090 palmi , e larga 490 e mezzo . Evvi parimente un portico circolare , ornato di colonne di palmi 20 , unito ad un Tempio di figura quadriangolare , che per un verso è palmi 77 e per l'altro palmi 65 con suo semicircolo , ovvero tribuna circolare larga palmi 58 , e con sette nicchie di mezzo quadro . Dei corridori , delle scale , delle stanze , de' portici se ne osservano ancora li vestigj , e merita osservazione un peristilio , ovvero cortile quadriangolare , che oltre di aver portici attorno , e colonne di marmo d' ordine corintio , è lungo palmi 295 , e largo palmi 230 . Merita anche di essere osservato un portico sopra la ripa , che è lungo palmi 800 , largo di circolo palmi 25 , con colonne di marmo striate , le quali hanno due palmi di diametro , e di esse vedonsi alcuni tronchi sparsi per il sito , che pajono caduti uno addosso all' altro . Eranvi parimente molti acquedotti , uno de' quali si vede al presente esser lungo 1200 palmi , e che passa per la metà della Villa , parte era costrutto sopra archi , e parte sopra muri di una buona grossezza . Osservasi ancora un corridore sotterraneo lungo palmi 275 , e largo palmi 19 e mezzo . Questo riceveva lume da alcune finestre sopra il detto piano , ed era tutto dipinto a grotteschi , e figure , le quali ora sono talmente scolorite , che appena si conoscono , benchè con l' occasione di scavarsi , siansene scoperte alcune assai fresche e molto belle .

Uesto ammirabile edifizio, che è distante da Roma una giornata di viaggio, fu eretto con gran fatica, e con spesa immensa nel sito di una rupe, che sovrastava alla piccola Città di Caprarola, e che per ordine del Cardinale Alessandro Farnese nipote di Paolo III. fu spianata con assistenza, e direzione di Giacomo Barozzi da Vignola famoso architetto. Da molti vien chiamato *Fortezza di Caprarola*, perchè appunto a guisa di Fortezza è munito, e da altri vien detto *Palazzo* per la sua grandezza, ed elegante struttura. E' costrutto in forma pentagonale, e la sua altezza è di ordine dorico, e tutto circondato di colonne. Cinque sono i lati, e cinque sono ancora gl'ordini delle scale; e benchè al di fuori sia di cinque angoli, nientedimeno il cortile di dentro, e le logge sono circolari, e le stanze riescono tutte quadrate con bellissima proporzione; di modo che essendo in tal guisa compartite, formano diverse comodità negl'angoli, e non vi resta alcuna particella oziosa. Quello però, che è più mirabile, le stanze de' Padroni sono talmente disposte, che da queste non si vede alcuna officina de' servizj inferiori. Le stanze dell'appartamento d'inverno riguardano il mezzogiorno, e l'occaso del Sole: e gl'estivi sono situati dal Settentrione al nascer del Sole. Tutto ciò che quì si vede, merita una particolare osservazione per l'esattezza dell'arte, che ha saputo tutte le cose molto ben disporre. La scala, che è fatta a lumaca, ed è molto grande, gira fino alla sommità sopra colonne di ordine dorico con balustre, parapetto e cornice, e per l'unione singolare sembra tutta fatta di getto, e lo stesso apparisce degl'archi della loggia principale fatti parimente con gran maestria.

Fra

Fra le pitture più singolari degl'appartamenti, Taddeo Zuccheri pittore eccellentissimo dipinse alcune tavole, nella stanza, dove si dorme, rappresentandovi alcune poetiche favole riportate dal Poeta Annibal Caro. Pittore sì celebre dipinse ancora alcune statue, e genj nudi, ed altri simulacri con sue basi, e nicchie di chiaro oscuro. Le muraglie delle stanze superiori si rimirano dipinte a grotteschi, e vi sono dodici nicchie con li dodici primi Imperatori di Roma di marmo patio. Vi si scorgono ancota alcuni saggi di prospettive dell'istesso Vignola, come sono le quattro colonne corintie ne' cantoni di una sala talmente colorite, che ingannano la vista di chiunque le mira. Si vedono in questo Palazzo le cose più singolari delli Farnesi, ed anche le Immagini di Errico Re di Francia, e di Filippo Re di Spagna, colle seguenti Iscrizioni:

Henrico Francorum Regi Maximo.
Familiæ Farnesiæ Conservatori.

Philippo Hispaniarum Regi Maximo
ob Eximia in domum Farnesiam
merita.

Ed inoltre in questa medesima stanza appariscono altresì dipinte al vivo alcune azioni più singolari de' medesimi Farnesi. Sono queste, quando Pietro Farnese l'anno di nostra salute 1100 essendo stato eletto Generalissimo dell'armata Pontificia, battuti e fugati i nemici della Chiesa, riportò dalla Toscana una vittoria singolare,

Pietro Niccolò Farnese avendo liberata Bologna, la conservò sotto la Pontificia giurisdizione.

Un altro Pietro di casa Farnese conducendo l'esercito

tito de' Fiorentini contro i Pifani; pofti quefti in fuga,
e prefo il loro Capitano, tornò trionfante in Firenze;
onde il Senato, e popolo Fiorentino gli alzò una ftatua
di bronzo, che ancor oggi fi offerva nel Palazzo principale di Firenze.

Con quanta deftrezza, e magnificenza poi fi dipor-
taffe il Cardinale Farnefe nelle controverfie di Religione,
nate frà li Germani, allorchè fu fpedito da Paolo III a
Carlo V Imperadore, lo ha rapprefentato con maravigliofo
artifizio il Pittore in quefta ftanza, vedendovifi il Sommo Pontefice, che fpofa Margherita Auftriaca figlia di
Carlo V con Ottavio Duca Farnefe; e dall'altra parte
Diana figlia di Errico Re di Francia, che fi fpofa con
Orazio Farnefe fratello del detto Duca. Vi fi offerva
ancora dipinto il Conciftoro de' Cardinali convocato da
Giulio III, in cui il Cardinale Aleffandro Farnefe conce-
dè la Città di Parma ad Ottavio fuo fratello. Vi fono
i ritratti di tanti grandi uomini, così al vivo, e con
tal'eccellenza di efpreffione coloriti da' medefimi pittori
Taddeo, e Federico, che quelli, i quali effendo viven-
ti ne avevano avuta la cognizione, col folo riguardarli
li riconofcevano.

Non mancano finalmente a quefta sì eccellente fabrica, nè li deliziofi giardini, che tanto dal nafcer del
Sole, che tra il ponente, ed anche verfo il fettentrio-
ne, fono magnificamente fituati, nè la varietà de' fiori,
l'amenità de' viali, la bellezza de' bofchetti, nè il numero delle fontane, da cui le acque formando varj fcherzi maeftrevolmente fcaturifcono. Fra effe è famofiffima
quella, che del *Paftore* è comunemente chiamata.

P   BRE-

BREVE ISTRUZIONE

Intorno all' Anno GIUBILEO, detto comunemente ANNO SANTO.

A celebrazione dell'anno Giubileo riconosce la sua origine ed istituzione dallo stesso Dio, quando liberato il popolo Ebreo dalla servitù di Egitto, per memoria di questo beneficio comandò a Mosè, e al popolo Israelita, che dovesse celebrare solennemente ogni settimo anno, e che in quel tempo non fosse lecito ad alcuno coltivar la terra, nè le loro possessioni, e che si rimettessero li debiti a chi non aveva il modo di pagarli alli creditori: e questo settimo anno era chiamato l'Anno della Terra, ed il riposo del Signore. Ordinò dipoi, che ogni cinquanta anni computando da quel giorno, in cui il popolo Israelita uscì dall'Egitto, si facesse grandissima festa, ed era chiamato l'Anno della remissione, e del Giubileo, perciocchè Giubileo non è altro, che Remissione, Liberazione, Libertà, o Rilassazione generalissima, la quala presso gli Ebrei si faceva de' Schiavi, di eredità, e di possessioni; e in questo anno non potevano coltivar la terra, perchè Iddio gli dava li frutti moltiplicati, per poter vivere tutto l'anno, in cui non si lavorava. Questo anno cominciava nel mese di Settembre dell'anno quarantesimonono, perchè gli Ebrei incominciano l'anno dall'Autunno,

Da questa storia si può dedurre la derivazione del nome Giubileo; alcuni voglio, che discenda dal voca-

caborabolo Ebreo *Jobel*, che vuol dir Corno o Tromba, perchè appresso agli Ebrei era costume di annunziare, e publicare il Giubileo al suono di Corno o Tromba. Altri vogliono che sia derivato dalla parola *Jobal*, che vuol dire Remissione, o Dimissione, ovvero principio dell'anno quinquagesimo. Gli Scrittori latini prendono questo nome di Giubileo dal verbo latino *Jubilo*, dalla giubbilazione, ed allegrezza. Onde dice S. Agostino, e S. Tommaso d'Aquino, che il Giubileo non è altro, che una grandissima allegrezza. Alcuni Dottori dicono, che Giubileo non significa altro che riposo, e quiete, volendo, che abbia la sua origine, e derivazione da quel settimo giorno, nel quale Dio Signor Nostro si riposò dall'opera della Creazione del Mondo. Altri vogliono, che Giubileo sia detto da *Jobel*, che vuol dire *Germoglio*, quasi che l'Anno Santo del Giubileo sia tale, sempre vada germogliando nuovi frutti non solo temporali, come accadeva agli Ebrei, ma principalmente spirituali, come fa a noi Cristiani con tante grazie, remissioni, indulgenze, e frutti d'opere buone. Alcuni pensano, che Giubileo secondo la voce *Jobel*, voglia significare l'*Anno grande di Dio*, cioè un'Anno degno, ed onorato sopra tutti gli altri, e più eccellente di tutti, nel quale il Signore Iddio comunica e dà larghissimamente agli uomini i doni, e le grazie della sua infinita bontà, e misericordia.

Col Giubileo fin'ora narrato degli Ebrei, ha molta allegoria il Giubileo de'Cristiani, detto altrimente *Anno Santo*. Nella Santa Romana Chiesa per istituto dello Spirito Santo i Sommi Pontefici si sono mossi ad ordinare l'Anno Santo del Giubileo, ornarlo, ed ampliarlo di tante remissioni, e indulgenze; perchè era cosa necessaria e conveniente, che i Cristiani ancora avessero un anno determinato per la remissione, e rilassazione dei debiti, ed obli-

gazio-

gazioni spirituali (siccome gli Ebrei avevano un'anno certo, e determinato, in cui ricevevano la remissione dei debiti, e servitù, ed obblighi temporali) essendo che la S. Chiesa Romana sia succeduta in luogo della legge Mosaica.

Adunque fu istituito il S. Giubileo prima in ogni centesimo anno. Riferisce il Card. Caetani, che in tempo di Bonifazio Papa Ottavo, che fu del 1299 la vigilia della Natività di Nostro Signore, essendo la frequenza del Popolo in S. Pietro di molti Peregrini, che erano venuti per acquistare il tesoro del Santissimo Giubileo, il detto Papa restò molto maravigliato di tanto concorso di Popolo, onde fece cercare tutte le Bolle e le Costituzioni delli suoi Antecessori, e non trovando cosa veruna, fece una Bolla che comincia *Antiquorum habet relatio*, con l'intervento del Sagro Collegio de' Cardinali, circa la celebrazione del Santo Giubileo : cioè dell'Anno Santo, e ordinò, che si dovesse celebrare l'anno del Giubileo ogni cento anni.

Papa Clemente VI ridusse la celebrazione dell' Anno Santo all'anno quinquagesimo, acciocchè siccome il Giubileo degli Ebrei si celebrava l'anno quinquagesimo, così ancora li Cristiani lo celebrassero.

Papa Urbano VI per maggior benefizio, e utilità, volendo insieme con più frequente medicina sovvenire all'umana fragilità nostra, e ancor ridurci a memoria di onorare il tempo, che il nostro Salvatore stette in questa vita mortale, lo ridusse ad ogni trentatrè anni.

Papa Paolo II vedendo, che li continui, ed infiniti nostri mali e miserie avevano di bisogno di più frequenti rimedj, principalmente in questi ultimi tempi, ne'quali la malizia è in calma, e la carità, e fervore della penitenza è molto raffreddata lo ridusse ad ogni 25 anni: la qual riduzione da Sisto IV fu confermata, ed egli nel 1475 celebrò il Giubileo, o sia l' anno Santo.

Inco-

Incomincia l'anno Giubileo dopo i vespri della vigilia del SSmo Natale, in cui dal Sommo Pontefice con adattati riti ed orazioni suole aprirsi la Porta Santa della Basilica Vaticana. Ma perchè alle volte è succeduto, che in tal tempo sia vacante la S. Sede; questa cerimonia suole trasferirsi ad altro tempo; come appunto è succeduto in questo anno, in cui dal regnante Pontefice Pio VI fu aperta nel dì 26 Febrajo. Ciò però non impedisce, che prima di tale apertura si conseguiscano le Indulgenze dell'Anno Santo, quando già dal precedente Pontefice si siano pubblicate le solite Bolle della indizione dell'anno Giubileo, e della concessione delle Indulgenze a quelli che visitano le quattro Basiliche patriarcali.

Prima di Bonifazio VIII visitavasi solamente la Sagrosanta Basilica di S. Pietro, essendo questa Chiesa di grandissima dignità, e meritevole di ogni venerazione; in questa Chiesa vi è la sua Porta Santa.

Questo Pontefice nel 1300 vi aggiunse la celebratissima Chiesa di S. Paolo, considerando, che S. Pietro e S. Paolo erano stati compagni indivisibili, così nell'Apostolato, come nelle altre virtù, come li Santi Dottori dicono, e la S. Chiesa Romana non li separa nelli divini Offizj, e non fa memoria di uno senza l'altro: e quivi la Porta Santa suole aprirsi dal Card. Decano.

Papa Clemente VI del 1350 ordinò, che si dovesse visitare la Chiesa di S. Giovanni in Laterano, essendo Catedra delli Sommi Pontefici, e degna di molta riverenza per le molte Reliquie, che vi si conservano.

Quel giorno, che si apre la Porta Santa, si porta il Santissimo Salvatore di *Sancta Sanctorum* in processione: la suddetta Porta Santa è aperta dal suo Arciprete Cardinale mandato dal Papa pontificalmente.

Papa Gregorio XI vi aggiunse S. Maria Maggiore essen-

P 3

fendo di molta divozione, ed ornata di molte Reliquie. E queste sono le quattro Chiese, quali ciascuno è obligato di visitare per acquistare il Santo Giubileo, e per conseguire l'Indulgenze, e remissioni de' suoi peccati. Anche in questa Basilica vi è la sua Porta Santa, la quale si apre dal suo Cardinale Arciprete deputato a questo effetto dal Papa, e si porta l'Imagine della Madonna in Processione.

Tutte le Indulgenze, si sospendono durante l'anno Santo, secondo le dichiarazioni de' Romani Pontefici perchè vogliono, che venga a Roma tutta la Cristianità, come Metropoli universale, e Capo di tutto il Mondo, volendo che siano visitate queste quattro Chiese Patriarcali, e principali di Roma.

Le opere ingiunte dalli Pontefici, per l'acquisto delle Indulgenze dell'anno Santo, sono di confessarsi, e comunicarsi, e visitare 30 volte, *si Romani fuerint, vel incolæ Urbis*, o 15 volte le sovraccennate quattro Basiliche, *si Peregini aut externi fuerint*, e quivi pregare l'Altissimo per l'esaltazione di S. Chiesa, per la estirpazione dell'Eresie, per la concordia tra' Principi Cristiani, e la salute e tranquillità di tutto il Cristianesimo. Da quelli dunque solamente sperar si può il frutto del Giubileo, che adempiranno queste cose, imperciocchè non altramente ottener le Indulgenze si possono, che puntualmente in tutto e per tutto le opere ingiunte eseguendo.

RELAZIONE
DELLA CORTE DI ROMA

Delle Congregazioni, e Tribunali, che la compongono, e delle Cause, che sogliono in essi agitarsi secondo le ultime riforme del Pontefice Benedetto XIV.

Uantunque la maggior parte di quelli che hanno stese consimili Relazioni, le abbiano incominciate o dal Cerimoniale solito osservarsi nella elezione del Romano Pontefice, o da quello della sua morte; noi però non potendo differire la pubblicazione del presente volume, e netampoco accrescerlo di mole, rimettendo per tali cose il benigno Lettore alle molte ben diffuse relazioni, che più volte se ne sono date alle stampe, passeremo subito alle altre funzioni, che far si sogliono dal Pontefice, tra le quali senza esitanza il primo luogo la solenne Cavalcata, che si fa dal Pontefice, allorchè parte dal palazzo di sua abitazione per portarsi a prender Possesso nella Basilica Lateranense; e nella quale occasione la strada tutta, per cui egli passa, ed è la *Papale* è magnificamente ornata di belle e preziose tapezzerie, e ripiena di popolo, il quale concorre anche dalle provincie poste di là da' monti per prestare il dovuto omaggio al Vicario di G. C, e consolar se medesimo colla veduta di lui, e colla benedizione.

Giunto per tanto il giorno già molto da prima scelto per questa solennità, e preparate a festa le strade tutte dal Vaticano, ovvero dal Quirinale; precedono alcune coppie di Cavalleggieri vestiti di nobile divisa, e sieguono immediatamente quattro Cavalieri detti lance spezzate, vestiti con armatura di acciajo: indi il Foriere maggiore, ed il Cavallerizzo; i Valigieri de'Cardinali a due a due colle valigie de' loro padroni posate sull'arcione della sella, e di poi li mazzieri di essi colle mazze posate nella stessa maniera; i gentiluomini, e familiari de'Cardinali medesimi unitamente co'Cavalieri Romani, il Sartore, il Fornaro, il Barbiero, ed il Custode degl'orti Pontificj; gli scudieri in abito, e cappuccio piegato di color rosso: dodici Chinee ricoperte di nobili valdrappe di velluto rosso trinate di oro, e colle armi in ricamo de' Pontefici, a'quali sono state presentate; la lettiga papale di velluto cremisi guarnita di oro seguita dal Maestro di stalla: i trombetti dei Cavalleggieri; i Camerieri, che si dicono *extra* con cappe rosse, e cappuccio; gli ajutanti di Camera del Papa con cappe rosse, e gran cappuccio ornato di pelliccie bianche; i Cappellani comuni, Monsignor Fiscale di Roma, e Monsignor Commissario della Camera in abito, e cappuccio paonazzo; i Cappellani segreti; gli Avvocati Concistoriali coll'abito del loro Collegio; i Camerieri di onore detti di spada, e cappa; i Camerieri di onore di mantellone, i Camerieri segreti secolari, e dipoi i Togati, i Principi, e Baronaggio Romano in abito da città alla romana, avendo seco i Principi, e Duchi i loro paggi a'piedi, il Decano, e servitori con livree di gala; quattro Camerieri segreti del Papa togati più anziani con quattro cappelli ponteficali di velluto cremisi inalzati sopra picciole aste ricoperte dello stesso velluto; il Capitano della guardia Svizzera con nobile armatura, e sei de' suoi Svizzeri armati; i Prelati abbreviatori *de parco majori* (che è un offizio vacabile della Cancellaria) con cappucci, e cappelli semipontificali sopra mule bardate di color nero; i Prelati votanti di Segnatura, i Chierici di Camera; Il Maestro del S. Palazzo, che fa corpo insieme con gli Udi-

tori

tori di Ruota; e questi sono coperti di mantelli grandi, cappucci, e cappelli pontificali sopra mule bardate di paonazzo. Siegue Monsignor Governatore di Roma alla destra del gran Contestabile Colonna servito da suoi Paggi, Decano, e Staffieri: i Maestri di cerimonie pontificie, a'quali vien dietro l'ultimo Uditore di Ruota con la Croce papale, ed egli è in rocchetto, mantellone, cappuccio, e cappello pontificale sopra mula bardata di fornimenti paonazzi, ed ha a'lati due Maestri ostiarii: sieguono il Decano, ed il sotto decano del Papa in abito nero con ombrello aperto nelle mani, ed accompagnati da Paratrenieri. Vedesi dipoi distribuita in due lunghe fila laterali la guardia svizzera con pettorale di acciajo, parte armata di alabarde, e parte con grandi spadoni, ed in mezzo ad essi il Sommo Pontefice dentro una nobile lettiga aperta da tutte le parti, ovvero a cavallo sopra un cavallo bianco riccamente bardato, come per lo più suole praticarsi. E qui conviene avvertire, che quando il Papa cavalca in questa congiuntura, è servito al freno sino all'Obelisco, che ergesi in mezzo del gran teatro Vaticano, dal suddetto gran Contestabile, il quale dipoi va a porsi nel luogo sopra indicato. Partito esso subentrano i Conservatori, e Priore del popolo Romano vestiti co'loro ruboni di lama d'oro, ed esercitano questo rispettoso ufizio (che in altri tempi non ricusarono di esercitare gl'istessi Imperadori) per tutto il restante della strada sino all'ingresso nel portico della Basilica Lateranense. E'in oltre servita la Santità Sua da 24 Paggi in vago abito di lama di argento con finimenti corrispondenti al loro grado, poichè scelti sono tra la nobiltà più florida, ed alla maestà di questa cavalcata, la quale in ogni sua parte non spira, se non che grandezza, e magnificenza. Sieguono quindi i Maestri di strada co'soliti loro ruboni, i Cavalieri della guardia, ed i Mazzieri pontificj,

sei

sei de' quali montati sopra cavalli scorrono innanzi, e indietro per la cavalcata per accudire al buon ordine di essa; poichè tutti gl'indicati dopo li Ostiarii fin qui marciano a piedi. Viene in appresso il Maestro di camera di S. S. in rocchetto, mantelletta, e mantello competente al suo rango, col Coppiero, e Segretario di ambasciata a' lati, che rivestiti sono di cappe rosse; siegue il Medico alla destra del Caudatario; indi due Ajutanti di camera in cappa colle valigie, e due Scopatori segreti col servizio di Nostro Signore; la sedia scoperta retta da due cavalli, ed un altra portata a mano da sediarj pontificj; quindi a due a due per ordine di anzianità sovra mule bardate alla pontificale di rosso con ornamenti di metallo dorato, facendogli ala la guardia svizzera, cavalcano i Signori Cardinali in cappe rosse co'loro cappucci, e cappello cardinalizio in testa preceduto ciascheduno da due Parafrenieri a piedi con bastoni dorati colle insegne gentilizie de' loro rispettivi padroni, ognuno de'quali è seguito dall'altra rispettiva servitù colle proprie livree nobili. Vengono dietro de'Cardinali i Prelati in ogni ordine, tra'quali l'Uditore della camera, Monsignor Maggiorduomo, ed il Tesoriero, i Protonotarj Apostolici, ed i Referendarj dell'una, e dell'altra segnatura. Dopo di questi vedesi la carrozza di S. Santità, dietro la quale cavalcano le due compagnie de' Cavalleggieri precedute da' loro capitani in ricca sopraveste, ed armatura di acciajo, e questi hanno in mezzo il vexillifero con bandiera spiegata.

In vicinanza del Castel S. Angelo la Santità Sua è salutata collo sparo dell'artiglieria della fortezza, e quindi proseguendo il viaggio per la strada papale, allorchè trovasi sulla piazza del Campidoglio (ove s'egli è Romano gli s'inalza un nobile Arco trionfale) il Senatore di Roma in veste lunga Senatoria di tela d'oro, collana d'oso, e scettro di avorio nella destra, ed accompagnato da' sui collaterali, e ministri, gli si inginocchia dinanzi, e con una breve perorazione, che indica la sua obedienza, e del popolo Romano, gli augura prospera, e lunga vita. Brevissimamente a ciò risponde il Papa, e quindi prosiegue il viaggio per la gran cordonata, e per l'Arco eretto in campo Vaccino incontro agli orti Palatini del Re di Napoli, che in oggi n'è possessore, fino alla piazza del Laterano. In qualche vicinanza della Basilica, gli si fa incontro processionalmente quel Capitolo, e Clero con sunnicchio, le due solite Croci inalzate ciascheduna tra due ceroferarj, e li due padiglioni, seguito dal Cardinal Arciprete, ma subito ritrocede col medesimo ordine, ed entra nel gran portico, ove si trattiene sin a tanto, che dismontati tutti da cavallo vi entra Nostro Signore per la cancellata di mezzo; che quivi inginocchiatosi sopra di un ricco cuscino disteso sopra consimile tappeto bacia una Croce di oro, che gli è presentata dal suddetto Cardinale Arciprete. Frattanto che i musici della Basilica cantano l'*Ecce Sacerdos Magnus &c.* Sua Santità ascende il Trono eretto quivi vicino alla Porta Santa; ove deposta la stola preziosa, la mozzetta, ed il camauro, da due Cardinali Diaconi più anziani ivi presenti è rivestito di amitto, camice, cingolo, croce pettorale, stola, pluviale bianco, formale prezioso, e mitra d'oro. Dopo di che postosi a sedere coll'assistenza de'due sudetti Diaconi, e stando gli altri Cardinali nelle banche già di prima ivi preparate, dal suddetto Signor Cardinale Arciprete sonogli presentate sopra un bacile d'oro sostenuto dal Vicario della Basilica due chiavi, una di oro, e l'altra di argento, denotanti la suprema podestà pontificia, e con un breve discorso lo prega tra le altre cose ad ammettere quel Capitolo, e Clero al bacio del piede. Prima di ogni altro è

ammes-

ammessa l'E. S. al bacio del piede, e della mano, ed all'amplesso; e mentre i Cardinali, e Clero Lateranense baciano al S. P. il piede, i Signori Cardinali, e tutti quelli, che hanno luogo nella Cappella Papale si rivestono de' respettivi loro paramenti sagri bianchi, e processionalmente dietro la Croce inalzata dall'ultimo Uditor di Ruota s'incaminano entro la Basilica. Giunta la Santità Sua alla porta, quivi pone l'incenso nel turribulo, porgendole la navicella il suddetto Cardinale Arciprete, e l'aspersorio, cou cui segnando prima se medesimo asperge dipoi gli astanti. Ascende di poi la sedia gestatoria con flabelli, e baldacchino sostenuto da'Canonici della Basilica, cantandosi il *Te Deum*, e portasi ad adorare il SS. Sagramento esposto in uno di quelli Altari, e quindi a venerare le sagre teste de'Principi degli Apostoli. Portato dipoi all'altar maggiore, e fatta breve orazione nel faldistorio, ascende al trono, che perciò si erige nel mezzo del coro, e quivi ammette al bacio della mano i Cardinali, ad ognuno de' quali distribuisce il presbiterio, ponendogli nell'apertura della mitra, che tengono nelle mani, una medaglia d'oro, ed una d'argento, che somministrate gli vengono da Monsignor Tesoriero per mezzo del Cardinal primo Diacono. Si cantano intanto le laudi dal Cardinal primo Prete, e dagl'Auditori di Ruota, ed Avvocati Concistoriali innanzi all'altare Papale, quali terminate, la Santità Sua si riporta all'altare suddetto, ove dà la benedizione pontificia, lasciando sopra di esso il solito presbiterio in moneta d'argento in una borsa di damasco con trine d'oro, e dando ai Canonici una medaglia d'argento. Risalita quindi la sedia gestatoria, e postogli in testa il Triregno, e processionalmente condotto alla loggia situata nel mezzo della gran facciata della Basilica, adornata di ricchissime coltri, ove benedice il popolo, facendo le ac-

clama-

clamazioni di questo eco festiva allo sparo dell'artiglieria di Castello, de' mortari nella Piazza, ed al suono delle campane della Basilica, con che resta terminata questa solenniffima funzione.

Tra quelle poi, che nel decorso dell'anno far si sogliono dal Papa, non hanno l'ultimo luogo i Concistorj, i quali sono di tre sorte, cioè *Pubblico*, *Semipubblico*, e *Segreto*. Il primo dicesi sempre *Straordinario*, e serve per ammettere i Sovrani, o i loro Ambasciadori straordinarj, come si praticò da Gregorio XIII allorchè ricevette gli Ambasciadori del Giappone; e quello parimente, che premetter si suole alle Canonizazioni de' Santi, nel qual caso vi si ammettono tutt' i Vescovi presenti in Curia, ed altri Prelati per dire su di ciò il loro sentimento. Il *Semipubblico* chiamasi quello, in cui suol darsi il cappello a' Cardinali novellamente creati, ovvero si ammettono i Patriarchi, gli Arcivescovt, o i loro Procuratori a domandare il Pallio. *Segreto* finalmente, ed *ordinario* quello chiamasi, in cui ammessi sono i soli Cardinali per trattare col Papa degli affari della Chiesa universale, o del governo dello *Stato Ecclesiastico*: ed in questo si provvedono le Chiese Vescovili vacanti, le Abbadie Concistoriali, si fa l'erezione, o la dismembrazione di qualche Vescovato, si deputano i Legati &c. Il Segreto tener si suole nel giorno di Lunedì, e gli altri due nel Giovedì.

Molte Cappelle papali tener similmente si sogliono fra l'anno, alle quali intervengono i Cardinali, i Patriarchi, Arcivescovi, e Vescovi presenti in Roma, e quelli specialmente che si chiamano *Assistenti al Soglio*, i Protonotarj Apostolici, e gli altri Prelati, i Generali, e Procuratori Generali degli Ordini regolari, i Principi delle due famiglie Colonna, ed Orsini, che perciò si chiamano *Principi del Soglio*, gli Ambasciadori de' Principi, il Magistrato

to Romano &c. Quattro però fono le più folenni, perchè
in effe il Papa dopo di aver celebrato fuol dare la folenne
benedizione, cioè nel Giovedì Santo, Pafqua di Rifurrezione, Afcenfione del Signore, ed Affunzione di M. V.
ma nell'anno fanto fuol darla, ogni volta che celebra pontificalmente.

Nel Mercoledì dopo la prima Pafqua occorrente ne'
principj del fuo governo, fuol fare la benedizione delle Ce-
re papali dette comunemente *Agnus Dei*, perchè da una
parte v'è impreffo un Agnello, che è figura del N. S. G. C.
Dell'origine, ed ufo di quefte fcriffe una dotta Differtazio-
ne il Panvinio, ed ultimamente Monfignor Stefano Borgia.

E' parimente offervabile la Lavanda de' piédi, ch'egli
fa nel Giovedì Santo a tredici poveri Sacerdoti, i quali fce-
gliere fi fogliono tra gli oltramontani, e tra gli orientali: e dopo quefta Lavanda i Cardinali fiedono a menfa
con effo, ov'egli benedice l'Agnello Pafquale, che è uno
de' due, le cui lane fervono per formarne i Pallj, che
dopoi fi danno agli Arcivefcovi.

I Miniftri primarij del Pontefice per lo più fono Cardinali; cioè: Il Segretario di Stato, il quale fovraintende a tutti gli affari ecclefiaftici, fecolari, politici, ed
economici, che fi trattano in Roma, e perciò ha luogo
in tutte le Congregazioni: e ad effo fi riferifcono da' Miniftri tutti sì di Roma, che de' Principi, gli affari, de'
quali occorre trattar col Papa. Egli è inoltre Prefetto
nato delle Congregazioni della Confulta, di Avignone, e
di Loreto, ed oltre a molti Amanuenfi, ha da fe dipen-
denti tre Segretarj minori Prelati, e fono quello de' Brevi a' Principi, a cui fpetta di ftendere i Brevi tutti, che
fi fcrivono ai Sovrani, ed anche Indulti, quando il Pontefice vuole che paffino per quefto canale; quello della cifra, di cui incombenza è d'interpretare le Lettere tutte,

che

che da' Nunzj pontificj fi fcrivono in cifra alla Segreteria
di Stato, e gli ordini, che da quefta fi danno loro, porre in cifra; quello perfine delle Lettere latine; di cui ufizio è quello di minutare tutte le Lettere, che occorre alla Segreteria di Stato di fcrivere in lingua latina.

Il Segretario de' Brevi; per di cui mezzo fi fpedifco-
no tutt'i Brevi, che figillati fono coll'anello *Pifcatorio*,
così detto, perchè v'è improntata una navicella con
S. Pietro, che mette la rete in mare.

Il Datario: il quale ha molta influenza nella collazione di tutt'i Beneficj non conciftoriali, e ne fottofcri-
ve le Bolle. Egli ha alcuni miniftri molto rifpettabili:
quali fono il Sottodatario, che è Prelato, e fupplifce le
veci di lui in cafo di affenza &c. il *Perobitum*, che accudir
deve alle provvifte che fi fanno per le vacanze de' Benefizj; i Revifori; il Piombatore, il Summifta, i Regiftra-
tori, ed altri molti, che per lo più fono Ufiej vacabili di
rendita confiderabile, de' quali diffufamente parla il Ri-
ganti ne' fuoi Commentarj alle Regole della Cancellaria.

L'Uditore; a cui appartiene di ftudiare tutte le
Caufe, ed altre pendenze, che decidere fi debbono dal
Papa, far fegnare e fpedire i Chirografi, preparar le materie per i Conciftori, e fpecialmente per le provvifte de'
Vefcovati vacanti: e per fine non v'è Tribunale in Roma,
dalle cui fentenze appellar non fi poffa all'Uditore del Papa, il quale le può giudicare da fe medefimo, o rimetter-
le ad altro tribunale.

Anche la Segretaria de' Memoriali non di rado fi con-
ferifce a qualche Cardinale, ed è cotanto onorevole, che
fuole efercitarfi da uno de' Nipoti del Pontefice: mentre
che da effo dipende non poco di far rifaltare la benignità
e munificenza del Sovrano medianti i Refcritti, e i Memoriali; che in gran copia fono giornalmente prefentati.

Spet-

Spetta al Maggiordomo di regolare le spese del Palazzo Apostolico, e deputare i ministri di esso, de' quali tutti è giudice privativo nelle cause civili e criminali, ed in tempo di Sede Vacante è Governatore del Conclave. E' ufizio del Maestro di Camera d'introdurre tutti quelli, che ammessi sono all'udienza di Sua Santità; all'Elemosiniero di distribuire le molte limosine ordinarie, e straordinarie, e le quali si fanno co' proventi delle dispense matrimoniali; al Sagrista, che sempre è Vescovo e religioso Agostiniano, di conservare e preparare gli arredi sagri per le cappelle pontificie; estrarre da' Sagri Cemeterj le Reliquie, distribuirle, ed autenticarle, e come delegato del Pontefice concedere le Indulgenze, che si chiamano *delle XII Persone*.

V'è il Maestro del S. Palazzo, che è sempre un Religioso dell'Ordine de' Predicatori, Consultore nato delle Congregazioni del S. Ufizio, de' Riti, e delle Indulgenze, Assistente perpetuo di quella dell'Indice, Esaminatore de' promovendi al Vescovado &c. Ha il privilegio di concedere la Laurea dottorale in Teologia, e la licenza di ritenere e leggere i libri proibiti dentro di Roma, e nel suo Distretto, e nulla può stamparsi senza la di lui revisione, e licenza data in scritto: e per fine nelle funzioni e cappelle papali ha luogo tra gli Uditori della S. Rota. Sonovi ancora nel palazzo Pontificio altri molti ministri, il cui ufizio conoscesi a bastanza dal nome, e titolo, che portano.

Passando dunque a quelli, che da tempo immemorabile esercitar si sogliono dagli Emi Cardinali, e tenendo per non confonderci l'ordine alfabetico, incominceremo da quello del Bibliotecario della S. R. C. uno de' più antichi della S. Sede, e che in oggi si esercita dall'Emo Alessandro Albani, il quale sovraintende alla custodia della

Biblio-

Biblioteca Vaticana, i di cui ministri sono con Breve deputati a dirittura dal Papa.

Assai rispettabile è l'altro ufizio di Camerlingo della S. R. C. il quale sovrasta à tutti gl'interessi Camerali, de' quali è giudice privativo; come ancora delle Università delle Arti di Roma, e del commercio. Ad esso parimente appartiene d'invigilare, che non sieno estratti da Roma i più belli monumenti di Scoltura, e Pittura: ed in tempo di Sede Vacante assume la guardia Svizzera, cugna moneta colle sue armi gentilizie, interviene a tutte le Congregazioni de' tre Capi d'ordine, ed insieme con essi ne sottoscrive le deliberazioni.

Il Vice-Cancelliero autentica gli Atti Concistoriali, e sovraintende alla spedizione di tutte le Bolle, e perciò ha sotto di se molti ministri, gli ufici de' quali sono vacabili comprandosi a denaro contante, che rende al possessore un sette per cento incirca; e vaca dopo la morte di lui. Tra i suddetti ministri v'è il Regente, 12 Abbreviatori detti de *Parco majori*, perchè siedono in un luogo eminente rinserrato da Cancelli, e più vicino al Cancelliero, molti Abbreviatori de *Parco minori*, così detti, perchè stanno in luogo meno elevato; gli Scrittori, alcuni de' quali si chiamano Giannizzeri; ed altri Ufiziali molti, i quali tutti si radunano nella Cancelleria due volte la settimana, cioè il Martedì, ed il Venerdì; e quivi fanno secondo il rispettivo ufizio le minute delle Bolle, le scrivono in carta pecora, le collazionano, le sigillano, le sottoscrivono, e le transuntano, ed ogn'uno riceve la porzione della somma tassata, la quale pagasi dallo Spedizioniero.

Il Penitenziero maggiore gode amplissime facoltà: e tra le altre quella di assolvere dai peccati in qualunque maniera *Riservati* alla S. Sede; dalle Censure per i secola-

Q

cola-

colari nel foro interno, e per i Regolari nell' uno e nell' altro foro; dalle irregolarità occulte, dai voti semplici; in varj casi matrimoniali, e benefiziali, e queste facoltà non spirano per la morte del Papa. Ha molti ministri, e tutti rizuardevoli, e sono il Regente, il quale per il solito è un' Uditore di Ruota, e ad esso appartiene di distribuire a' Segretarj le materie da spedirsi; lo che si fa due volte la settimana; il Datario, di cui ufizio è di porre la data del giorno, mese, ed anno in ciascheduna spedizione; un Teologo, un Canonista, e un Correttore, un Sigillatore, un Prosigillatore, a cui appartiene di custodire l'Archivio della Penitenzieria, tre Segretarij chiamati parimente Procuratori, e tre Scrittori.

Resta ora a parlarsi del Vicario del Papa, come Vescovo di Roma, il quale perciò ha tutta la pienezza di giurisdizione sopra gli Ecclesiastici, ed i luoghi Pij di questa Città: e perciò ha un Tribunale composto dal Vicegerente, che sempre è Vescovo, da un Luogotenente, Prelato, Fiscale, e Segretario; e dal suddetto Luogotenente, o da esso medesimo immediatamente, o per via di appellazione si giudicano le cause tutte Civili, o Criminali di quelli, che godono il privilegio del Foro. Oltre di ciò i Cardinali Vescovi suburbicarj, i quali non hanno il suffraganeo (e non lo ha se non che il solo Vescovo di Sabina) per quel tempo, che non risiedono in Diocesi, non possono ordinare i proprj Chierici, ne' ad altri diriggere le lettere dimissoriali per le ordinazioni de' medesimi fuori che al Vicario di Roma, il quale per fine approva que' PP. Cappuccini, che deputati sono Cappellani delle Galere Ponteficie.

Avanti di esso similmente si tengono i concorsi per le Parocchie vacanti non solamente di Roma, ma ancora delle altre Diocesi; quando il già fatto avanti de' rispetspettivi ordinarj si riconosce irregolare. E per fine la di lui giurisdizione non spira per la morte del Papa; ed ha la corte armata per l'esecuzione sì Civile, che Criminale de' suoi ordini.

Dopo la enumerazione degli ufizj, che esercitare si sogliono da' Cardinali, stimiamo espediente di parlare di ciascheduna Congregazione; tanto più che hanno esse un Cardinale per capo, che chiamasi Prefetto; il quale sebbene non abbia in esse, se non che quella voce o consultiva, o decisiva, che hanno gli altri Cardinali, o Prelati, da' quali ogn' una è rispettivamente composta; nondimeno ad esso spetta di dirigerla, sottoscriverne i Decreti insieme col Segretario, e munirli col proprio sigillo. Siccome dunque stabilito abbiamo di ordinarle per alfabeto, perciò parleremo ora di quella, che chiamasi *delle Acque*.

E' ben nota la cura, qual' ebbero gli antichi Romani d'introdurre nella loro Città gran copie di acque, vedendosene anche in oggi gli Acquedotti, e quanta diligenza impiegarono per custodirle. Questa cura medesima se ne ha adesso da una Congregazione la quale si chiama *delle Acque*, ed ha per Prefetto un Cardinale, e per Segretario un Prelato, come tutte le altre, delle quali si parlerà in appresso, quelle eccettuate dell' Indice e del S. Offizio; ed alla medesima appartiene d'invigilare alla distribuzione, e conservazione delle Acque per le fonti della Città, giudicare di tutte le Cause che a questa materia appartengono, e sovraintendere alla riparazione de' danni cagionati dalle inondazioni nello Stato Pontificio.

Evvi altra Congregazione, che chiamasi di *Avignone*, e *Lauretana*, diretta da un Card. Prefetto che è il Segretario di Stato *pro tempore* ed un Segretario, il quale suol' essere il Sottodatario *pro tempore*. Dopo che la sa.

Q 2

me.

me. d'Innocenzo XII moderò la potenza del Nipotismo. La Contea di Avignone fu direttamente commessa alla cura, e governo di un Prelato, che si deputa immediatamente dal Papa; e sebbene abbia il titolo di Vicelegato, ha nondimeno le facoltà tutte di un Legato. Dipende bensì dalla direzione di una Congregazione che chiamasi di Avignone, e Lauretana; perchè ha ispezione ancora sopra tutto ciò, che riguarda la Città di Loreto; e quel Santuario, ed ascritti ad essa sono alcuni Cardinali, e Prelati. Alla medesima inoltre si appella da tutti li giudicati del suddetto Vice-Legato di Avignone.

Per provvedere poi al sollecito disbrigo delle liti, che nascer possono dalle prestanze, che alle volte si fanno alle persone di rango, Clemente VIII istituì una Congregazione, che dicesi de' Baroni. Ella è composta da un Prefetto, da alcuni Chierici di Camera, dall'Avvocato Fiscale, dal Commissario della Camera, e dall'Uditore del Tesoriero; i quali tutti hanno il voto decisivo. Dopo che il creditore ha ottenuto dal Giudice competente il mandato esecutivo contro del Barone suo debitore, lo esibisce a questa Congregazione, la quale lo fa eseguire sopra i beni del debitore, che fa vendere dopo un mese, e paga col ritratto il creditore.

Per il buon regolamento delle Comunità dello Stato Pontificio Clemente VIII istituì una Congregazione, che dicesi del Buon Governo, la quale fu di poi confermata da Paolo V, ed è composta da un Cardinale Prefetto, un Segretario, ed altri Prelati, tra quali divise sono le Comunità tutte, e ne sono Ponenti. Presiede perciò al buon regolamento economico di tali Comunità, le quali senza licenza di essa non possono fare veruna spesa straordinaria, nè prendere denari ad interesse, benchè siano nel caso estremo di necessità.

Ter-

Terminato il S. Concilio di Trento, acciò foffero poſti in esecuzione i Decreti in eſſo fatti, nè lecito a ciaſcheduno foſſe d'interpretarli a fuo talento; Pio IV iſtituì una Congregazione di otto Cardinali, la quale dura anche al prefente, ed ha uno di eſſi per Prefetto, ed un Prelato per Segretario. Metodo migliore diedero a queſta, e facoltà più ampie S. Pio V. e Siſto V. Sicchè ad eſſa appartiene di fovraſtare alla esecuzione del fuddetto Concilio per tutto il Mondo, riſolvere i dubj, che dalla interpretazione de' fuoi Canoni naſcer poſſono, procurate la riforma della diſciplina, e de' coſtumi, eſaminare, ed approvare gli Atti de' Concilj Provinciali, obbligare i Vefcovi, ed altri Benefiziati alla refidenza, e riſpondere a' quefiti, che da' Vefcovi ſi propongono, allorchè traſmettono la relazione della viſita della propria Dioceſi.

Riſpetto a queſte relazioni conviene di avvertire, che avendo Siſto V. ingiunto a tutti gli Vefcovi di fare la viſita de' Sagri Limini degli Apoſtoli in certi determinati tempi, ordinò altresì, che contemporaneamente daſſero a queſta Congregazione del Concilio una eſatta relazione dello ſtato della loro Dioceſi. Il metodo da tenerſi in tal forta di relazioni fu dalla Congregazione medeſima preſcritto mediante una iſtruzione, che fu ne' tempi noſtri approvata in particolar maniera nel Concilio Romano tenuto da Benedetto XIII, e perciò ſi legge nel fine degli Atti di queſto Concilio. Benedetto XIV a queſto fine ereſſe una Congregazione particolare compoſta di quattro Prelati, del Cardinale Prefetto, e del Segretario della fuddetta Congregazione del Concilio, e del Segretario Pontificio detto *delle lettere latine*, e diede a queſta il carico di eſaminare le accennate relazioni, ſcioglierne i dubj, che in eſſe ſi propongono, e riſpondere a que' Prelati, che le hanno traſmeſſe.

Q 3   La

La *Congregazione Concistoriale* essendo puramente consultiva, non ha Prefetto, ma riconosce per suo capo il Cardinal Decano, ed i suoi Decreti si sottoscrivono dal Cardinale Vice-Cancelliero, e dal Segretario, che è un Prelato, il quale suol' essere anche Segretario del S. Collegio. Sonovi ascritti molti Cardinali, alcuni Prelati, ed in esse si esaminano l'elezioni de' Vescovi, ed Abati Concistoriali, la deputazione de' Suffraganei, o siano Corepiscopi, e de' Coauditori *cum futura successione*, le traslazioni de' Vescovi, l'erezioni, unioni, o dismembrazioni de' Vescovadi, e tutte quelle altre materie, delle quali è solito di trattarsi ne' Concistori, quando le sono dal Papa rimesse.

Perchè i Feudi appartenenti allo Stato Ecclesiastico non passino in potere de' stranieri senza la permissione del Papa, che n' è Sovrano, Sisto V eresse una Congregazione detta *de' Confini*, a cui appartiene di concedere la licenza a' Baroni di vendere i proprj Feudi a persone non suddite, la quale licenza non suole concedersi se non che per giustissime cause, alle quali unito sia il vantaggio del Principato.

La Congregazione *della Consulta* fu istituita da Sisto V acciò presiedesse alla sicurezza, quiete, e buon regolamento dello Stato tutto. Ha per Prefetto il Cardinale Segretario di Stato *pro Tempore*, ed è composta di alcuni Cardinali, e Prelati, tra' quali si annumera il Segretario. A quattro capi si ristringono particolarmente le sue incombenze; cioè,

I. D'impedire, che i Vassalli angariati non siano da' Baroni; ed in questa sorta di Cause suol procedere economicamente.

II. Di provvedere alla salute, e tranquillità de' Sudditi Pontificj; e perciò quando c'è pericolo di peste, o di

qual-

qualche turbolenza , ad essa spetta di prendere le misure ne-
cessarie , e dare gli ordini opportuni per tenere lontano tuttociò , che puo essere di pregiudizio alla salute , e tranquillità dello Stato .

III.   Di accudire alla elezione de' Ministri , e Magistrati delle Comunità , e di approvarli ; tanto più che essa
deputar suole i Governatori , ed altri Ministri primarj : come ancora di esaminare , ed approvare le persone , che da'
suddetti Magistrati si ammettono nel numero de' Cittadini , o de' Nobili.

IV. Per fine di giudicare ne' delitti gravi , e capitali ,
che si commettono nello Stato , quelli soli eccettuati della Città di Roma , de' quali si fa processo da altri Tribunali .

Questa Congregazione suole adunarsi due volte in ciascheduna settimana , cioè nel Martedì , e nel Venerdì.

Dopo i Decreti del S. Concilio di Trento , e dopo varie Costituzioni publicate da' Sommi Pontefici per la osservanza della disciplina regolare , e molto più perchè non siano le case religiose soverchiamente gravate dal numero degli admittendi , nè questi altrove ammessi siano , fuori che
ne' Conventi destinati per il Noviziato ; Innocenzo X eresse una speciale Congregazione , che intitolò *super statu
Regularium* composta di alcuni Cardinali , e Prelati , e la
quale fu dipoi ristabilita da Innocenzo X sotto il nome di
Disciplina regolare ; ed ha la sua giurisdizione ordinaria dentro l'Italia. Invigila questa all'osservanza di quelle Bolle
Pontificie , colle quali si prescrive , che non debbano sus-
sistere que' Conventi , ove sostentar non si possono almeno
sei Religiosi ; ad essa similmente appartiene di accrescere
o diminuire il numero de' Novizj , assegnare le Case per
i Noviziati , e permettere l'erezione delle nuove Case religiose ; le quali cose tutte , prima che fosse eretta questa
Q 4   Con-

Congregazione, erano d'ispezione dell'altra, che dicesi de' Vescovi, e Regolari.

Clemente VIII istituì la Congregazione, che dicesi *dell'esame de'Vescovi*; la quale è compsta di alcuni Cardinali, e Teologali per esaminare quelli, che promossi sono a' Vescovadi vacanti dentro l'Italia. Si fa questa Congregazione alla presenza del Papa. L'esaminando sta nel mezzo genuflesso sopra di un cuscino, e deve rispondere alle interrogazioni, che gli vengono fatte. I soli Cardinali esenti sono da questo esame, e chi è stato una volta riconosciuto capace, non è soggetto a nuovo esame, sebbene trasferito sia da una Chiesa all'altra.

La Congregazione della Fabrica fu istituita da Clemente VII nel 1523 acciò sopraintendesse alla Fabrica della Basilica Vaticana. Spetta a questa di ammettere la composizione delle Messe non celebrate dopo di averne percepita la limosina, le pie disposizioni non adempite, o le civili ancora fatte a favore di persone incapaci, ed il regolamento delle spese considerabili per la Fabrica della Basilica.

Siccome i Baroni esiggono da' sudditi de' loro Feudi alcuni dazj, così il più volte lodato Sisto V eresse una Congregazione detta *de' Gravami*, perchè ad essa libero fosse il ricorso di tali sudditi, quando si credono gravati più del giusto di tali dazj, o nel modo di esiggerli. Questa Congregazione giudica le Cause sommariamente, e fa eseguire le sue sentenze con mano regia. Che se v'è qualche Causa, la quale richiede la tela giudiziaria, si rimette a' suoi Giudici competenti.

La Congregazione dell'Immunità Ecclesiastica eretta da Urbano VIII, è composta di un Card. Prefetto, di un Segretario, e di altri Prelati, tra quali suole sempre annoverarsi un Uditore di Ruota, un Chierico di Camera, e

l'Avl'Avvocato Fiscale. Suole adunarsi nel palazzo Pontificio, quando occorre nel giorno di Martedì, poichè è solita di rimettere i suoi provvedimenti ordinarj a' Nunzj Apostolici, o a' Vescovi per mezzó di lettere. Appartiene ad essa di decidere de' luoghi, e de' casi, che godono l'immunità, gastigare i violatori di essa, prescrivere il modo da osservarsi per la estrazione de' rei da' luoghi immuni, e provvedere, che gli Ecclesiastici, e luoghi sagri soggettati non siano a' Dazj, e Gabelle dalle potestà laicali.

E' noto che il Concilio di Trento ordinò, che si facesse un'Iudice, o Catalogo di que' libri, che allontanar si dovevano dalle mani de' Fedeli; lo che fu dipoi eseguito. In seguito di ciò S. Pio V istituì una Congregazione col nome dell'Indice, componendola di alcuni Cardinali, e Teologi, e di cui è Segretario uno de' più rispettabili Religiosi Domenicani, ed alla quale appartiene di esaminare i libri, che di giorno in giorno si danno alla luce, proibire quelli, che possono altrui essere di scandalo, o pericolo di perversione, e concedere licenza a quelli che distinti sono per le loro qualità, e dottrina, di poterli leggere, e ritenere, la quale licenza si concede senza esigerne il minimo denaro.

Nel 1669 Clemente IX eresse la Congregazione delle Indulgenze, e la compose di alcuni Cardinali, tra' quali uno è Prefetto, di alcuni Prelati, de' quali uno è Segretario, e di alcuni Consultori. E' incombenza di essa di esaminare le Indulgenze antiche, qual'ora asseriscansi concedute, ed abolire le apocrife: esaminar quelle, che sono state concedute per via di comunicazione, se forse il Comunicante non abbia eccedute le sue facoltà e d'invigilare che non si presti culto a false reliquie.

Paolo III nel 1542 eresse la Congregazione, che dicesi del S. Offizio, e le diede l'autorità di sovraintendere alle

alle materie di fede in tutto il **Mondo cristiano**. Uno stabilimento però più certo, ed un metodo più regolare di
procedere le diede S. Pio V, il quale inoltre le assegnò una
residenza fissa, ove detenuti sono gl'inquisiti, poichè questa procede ancora nel criminale. Ella non ha Prefetto, essendone capo immediato il Papa medesimo. E' bensì composta de' Cardinali più riguardevoli, uno de' quali tiene il
sigillo, e perciò chiamar si suole *Segretario*, dell'Assessore,
il quale è un Prelato, di un Commissario, il quale suol'essere un Religioso Domenicano, e di alcuni Prelati, e Religiosi de' più dotti, e più cospicui, i quali si chiamano
Consultori, perchè si adunano in ogni Lunedì, ed esaminano le materie pendenti in questo Tribunale. I sentimenti di questi si riferiscono nel Mercoledì seguente ai Cardinali nella Congregazione, che si tiene regolarmente nel
Convento de' PP. Domenicani in S. Maria sopra Minerva,
e quelle materie, che bisogno hanno dell'autorità Pontificia, si riferiscono al Papa nella Congregazione, che dipoi nel Giovedì si tiene alla sua presenza. Ha essa dunque
l'ispezione sopra tutte le materie, che riguardar possono il
dogma, e perciò inquirisce contro l'eresie, le bestemmie
ereticali, le proposizioni false, o erronee in questa linea,
i sortilegj, la sollecitazione ad turpia nell'atto della Confessione, la ricaduta nell'eresìa, nel giudaismo, o nel
paganesimo; l'esercizio del Sacerdozio, e l'amministra-
zione de' Sagramenti da quelli, che promossi non sono al
Sacerdozio. Concede inoltre la licenza di leggere, e ritenere i libri proibiti; e supplisce alle deposizioni de' testi-
monj per lo stato libero. I suoi Ministri non sono soggetti a
verun altro Tribunale.

Alla Congregazione di Propaganda Fide diè norma, e
fisso stabilimento Gregorio XV. E' composta di molti Cardinali, de' quali uno è Prefetto, e di tre Prelati, cioè

uno

uno, che n'è Segretario, dell'Assessore del S. Offizio, del di cui canale si serve per la soluzione de' dubj, che riguardano la fede, e di un Protonotario Apostolico, al quale spetta di leggere le relazioni de' Martirj, che succedono ne' luoghi delle Missioni. Spedisce Missionarj nell'Asia, nell'Africa, nell'America, ed in quelle parti dell'Europa, che dominate sono da' Principi Scismatici, Eretici, ed Infedeli. Sostenta in tutti i luoghi suddetti i Vescovi, o i Vicarj Apostolici, essendo dotata di ampliffime rendite. Si raduna per l'ordinario due volte al mese nella mattina del Lunedì. V'è altresì una ben fornita Stamperia donatale da Urbano VIII ed arricchita delle Madri, e Ponzoni di tutti li Caratteri esotici.

La Congregazione de' Riti è una delle istituite da Sisto V, che avendola composta di alcuni Cardinali, de' quali uno è Prefetto, di un Prelato, che n'è Segretario, di un'Avvocato col titolo di Promotore della Fede, e di alcuni Teologi, e Canonisti di gran fama, i quali si chiamano Consultori, le diede la cura di sovraintendere a' Riti, e Cerimonie sagre; e perciò a questa appartiene di accudire all'esatta osservanza delle Rubriche, esaminare le nuove concessioni di Messe, ed Uffizj Divini, decidere le cause di precedenza tra il Clero Secolare e Regolare nelle pubbliche Processioni, assegnare i Santi per Protettori delle Città, Provincie, e Regni, e suole adunarsi nel Palazzo Pontificio, secondo l'esigenza delle materie pendenti.

Spettano similmente ad essa con privativa tutte le procedure nelle Beatificazioni, e Canonizazioni, specialmente dopo che queste materie sono state avulse dal Tribunale della Rota, in cui prima di Urbano VIII si soleano esaminare: sebbene in tali occasioni sogliano alle Congregazioni, che a tal fine si fanno, intervenire tre Uditori di Rota.

An-

Anche la Congregazione de' Vescovi , e Regolari è una delle istituite da Sisto V con buon numero di Cardinali , ed un Segretario Prelato , ed ha l'incombenza di esaminare i ricorsi , che alle volte si fanno contro la condotta de' Vescovi , gli aggravj , che il Popolo o Clero afferisce di riceverne , e quelli , che inferiti sono ai Regolari da' Vescovi medesimi , ovvero da' loro immediati Superiori , e perciò suole congregarsi nella mattina del Venerdì in ogni settimana ; purchè non vi sia qualche impedimento .

In tre maniere si trattano in essa gli affari , cioè quelli , che sono ordinarj , o esiggono un pronto disbrigo , decisi sono o in scritto , o in voce dal Cardinal Prefetto insieme col Segretario ; quelli , che esiggono un'esame più maturo , si riferiscono in piena Congregazione dal Segretario , il quale non ha sorta alcuna di voto ; per i contenziosi poi , ne' quali dalle parti si distribuiscono le Scritture , si deputa un Cardinale *Ponente* o sia *Relatore* .

Tra le materie dunque , che spettano a questa Congregazione , si contano altresì le fondazioni de' nuovi Monasterj , o Conventi , il transito da un Monastero all'altro , da una Provincia all'altra , e da un'Ordine all'altro , la permissione alle Monache di uscire dalla clausura , la licenza per la educazione delle Ragazze , o per l'ammissione delle serve ne' Monasterj delle Monache , l'aumento , o diminuzione della dote per le Monacande , la deputazione de Confessori straordinarj , le licenze per i Regolari di prendere denaro ad interesse , quando il bisogno a ciò li costringe , e per fine l'elezioni de' Superiori Regolari , quando contro la forma in esse tenuta v'è ricorso . Finalmente nella Segretaria di questa Congregazione sonovi tre libri , deuti comunemente *Vacchetta* ; ove si notano i rescritti fatti sopra le rispettive materie esaminate .

Il gran numero delle Chiese di Roma , e le molte incomcomberize appoggiate al Card. Vicario, non permettendogli d'invigilare, che fiano da per tutto foddisfatti gli obblighi delle Meffe fiffe, o avventizie, nè di vifitare le Chiefe medefime per riconofcere, fe tenute fiano colla dovuta decenza, Clemente VIII iftituì una Congregazione, a cui diè il nome di *Congregazione della S. Vifita*, e le commife quefte incombenze medefime, che Aleffandro VIII eftefe a tutto il diftretto di Roma. E' quefta compofta di alcuni Cardinali, e Prelati, tra' quali uno ha l'uffizio di Segretario; ed ha inoltre un Notaro, ed un Computifta, e procede fommariamente, di maniera che non v'è appellazione da' fuoi Decreti.

Avendo già parlato delle Congregazioni de' Cardinali, nelle quali come quelle, che rapprefentano la perfona del Principe, fi procede non di rado fommariamente, e piuttofto per via di temperamenti economici, refta ora di far menzione di que' Tribunali, in cui fi amminiftra la giuftizia nel civile, e nel criminale con tutto il rigore delle leggi civili, o ftatutarie; e noi nel defcriverli, offerveremo l'ordine alfabetico, come abbiamo fino ad ora praticato ad oggetto, che il leggitore poffa più facilmente ritrovarli, quando gliene occorre il bifogno.

Il primo e fupremo Giudice dopo il Papa è l'Uditore della Rev. Camera, il quale ha giurifdizione ampliffima per tutto il mondo cattolico, effendo Giudice ordinario di tutti i Cattolici di qualunque dignità, e preeminenza effi fiano; di tutte le appellazioni dello Stato Ecclefiatico, e fuori di effo; effecutore nato di tutte le Coftituzioni Apoftoliche, de' Decreti delle Congregazioni de' Cardinali, di tutti gli obblighi camerali, e delle Cenfure fulminate *in partibus*; di maniera che il Monitorio, che fi fpedifce nel di lui Tribunale, fofpende la procedura di qualunque Giudice particolarmente nelle materie ecclefiaftiche, stiche, e se occorre di giudicare qualche Cardinale anche sulle cause di privarlo della dignità cardinalizia, esso ne proferisce la sentenza, quando ne abbia dal Papa una special commissione. Ha due Prelati, che si chiamano Luogotenenti, da' giudicati de' quali si appella ad esso medesimo. Deputa altresì un Giudice Criminale insieme col quale, e con altri due Prelati giudica nelle Cause Criminali, ed ha cinque Notarj, ed il Bargello colla Sbirraglia per la esecuzione de' suoi Mandati.

Il Magistrato Romano è rappresentato da un Senatore, che ha il suo uffizio vitalizio, da' tre Conservatori, ed un Priore de' Caporioni, che si mutano ogni tre mesi. Il Senatore risiede nel Palazzo di mezzo del Campidoglio, e nelle funzioni pubbliche usa l'abito Senatorio.

Egli ha la Giudicatura civile nelle cause laicali de' Romani, e degli abitanti di Roma, al quale effetto ha due Togati con titolo di Collaterali, i quali odono le Cause in tutti i giorni non feriati nella Sala del Campidoglio: e quando si appella da' Giudicati di essi, si ricorre al Giudice, o sia Capitano delle appellazioni; e successivamente si tiene la Congregazione, che dicesi *dell'Assettamento*, a cui interviene ancora il Giudice de' Malefizj, ed il Fiscale. Giudica similmente nelle criminali per via di prevenzione coll'altro Tribunale, che dicesi del Governo; e perciò ha un'altro Togato col titolo di *Giudice de' Malefizj*, la Famiglia armata, e le Carceri. Maggiore però è la di lui giurisdizione in tempo di Sede vacante, arrollando allora la milizia urbana per mantenere il buon'ordine, e la tranquillità nella Città.

I suddetti tre Conservatori, ed il Priore de' Caporioni si scelgono dal Papa tra le famiglie Nobili, e loro

spetta

spetta di prefiedere alla confervazione delle antichità, e mura di Roma; all'offervanza degli ftatuti particolari della Città; ed invigilare, che i venditori de' comeftibili non defraudino veruno ne' prezzi; ne' pefi, o nelle mifure. Sono anche Giudici ordinarj di tutte le appellazioni, che s'interpongono da' Giudicati de' Confolati delle arti; concedono il privilegio della cittadinanza; e veftono un abito fenatorio fimile al fopradetto del Senatore.

Finalmente febbene Innocenzo XII aboliffe tutti li Giudici particolari, cioè quelli, che eleggere fi folevano per conceffione de' Pontefici fuoi Anteceffori da alcuni Corpi, o da taluno de' membri di effi; reftò nondimeno quello, che dicefi della Camera Capitolina, il quale nel 1748 fu confermato da Benedetto XIV. Suol'effere quefto un Prelato fcelto dalla Camera Capitolina, e confermato dal Pontefice *pro tempore*, e giudica privativamente in quelle Caufe, in cui la Camera fteffa ha qualche intereffe, nè fi dà appellazione dalle di lui fentenze.

Il Governatore di Roma è un Prelato, che infifter deve fopra il gaftigo dovuto a' Rei di delitto commeffo dentro la Città di Roma, o fuo diftretto: al quale fine oltre a due Luogotenenti Prelati v'è il Fifcale, un buon numero di altri Miniftri, il Notaro, il Bargello, ed una quantità competente di Birri. Egli per riguardo del fuo Ufizio fi porta due volte la fettimana all'udienza del Papa cuftodito da alquanti Alabardieri col loro Capitano.

L'Avvocato Fifcale difende *in jure* il Fifco avanti tutti li Tribunali, ed in tutte le caufe criminali; lo che fa parimente il Procurator Fifcale.

L'Avvocato de' Poveri è deputato dal Papa, e pagato menfualmente dalla Camera, e deve difendere tutti i rei poveri; e lo fteffo far deve il Procuratore, che dicefi *de' Poveri*.

Oltre di ciò Monsignor Governatore ha la giudicatura civile; ch'esercita per mezzo di una persona, che deputa egli medesimo in qualità di suo Uditore. Evvi anche il Giudice delle mercedi, ed a questo appartiene in particolar maniera di giudicare le cause delle mercedi. Non però può mescolarsi in ogni sorta di cause, ma in quelle sole, che non eccedono la somma di scudi 25, nè riguardino gli Ecclesiastici, o Luoghi pii, purchè non si tratti di mercede. La forma però di tali giudicati per lo più è sommaria: poichè se si tratta di mercedi dovute a' lavoranti della campagna, non suol darsi al debitore più dilazione, che di un'ora: ed in altre cause se v'interviene il sospetto di fuga, non si concede la dilazione, se non dopo che l'asserto debitore abbia fatto il deposito della somma, per la quale è convenuto.

Nel Tribunale della Ruota, si procede con tutto il rigore di giustizia rendendo sempre ragione de' suoi giudicati medianti quelle sentenze, che sogliono chiamarsi *Decisioni*. Chiamasi *Ruota* o perchè i Giudici siedono d'intorno ad un Tavolino rotondo, o perchè le cause proposte sono per turno. Tali Giudici si chiamano Uditori, e Cappellani del Papa, ed il loro numero fu vario fino a' tempi di Sisto IV, il quale lo fissò in quello di dodici, e sono tre Romani, un Milanese, un Toscano, un Veneziano, un Ferrarese, un Bolognese, due Spagnuoli, un Francese, ed un Tedesco. Questo Tribunale decide le cause più gravi ecclesiastiche, e laicali, non solamente dello Stato pontificio, ma ancora del Mondo tutto, previe le informazioni in voce, ed in scritto de' Difensori. In ciascheduna causa sogliono votare tre, e quelli sono, che sieguono al lato sinistro il *Relatore*, il quale non ha voto, se non quando la decisione dipende da un numero maggiore di votanti, ed i sentimenti di questi si dividono in due

due parti eguali; ma la relazione ſi fa ſempre in maniera che ſia inteſa da tutti.

Molte altre Cauſe poſſono eſſere rotali, avendo Benedetto XIV ordinato nel 1740, che rotali quelle s'intendano, che tra le più gravi ſono ſtate giudicate ne' Tribunali del Card. Vicario, o dell' A. C. o che le vengono da' paeſi eſteri in grado di appellazione; ed ha i ſuoi Notarj privativi.

La Ruota ſi ſuol tenere nel Palazzo Pontificio ne' giorni di Lunedì, e Venerdì, e ſi apre il dì primo Ottobre mediante una ſolenne cavalcata, che ſi fa da' due ultimi Uditori, dal loro Palazzo, fino alla ſtanza, in cui adunare ſi ſuole la ruota; e queſta cavalcata è accompagnata da' membri primarj della Corte, e Curia Romana.

La Segnatura di Giuſtizia è un Tribunale eretto più per commettere le cauſe alli Giudici competenti, o alli ſtraordinarj, che per deciderle eſſo medeſimo. Tutti i Prelati di Roma ſi chiamano Referendarj dell'una, e dell'altra Segnatura, cioè di quella di Giuſtizia e dell'altra di Grazia, colla quale chiuderemo la preſente relazione. Diceſi, che queſta di Giuſtizia iſtituita foſſe da Innocenzo VIII ma è certo, che Aleſſandro VII le diede un metodo ſtabile, ed Innocenzo XII le concedette molti privilegj.

Abbiamo detto, che tutti i Prelati ſono Referendarj, ma il numero de' votanti è riſtretto a dodici, ed hanno per capo, oſſia Prefetto un Cardinale, ed il più anziano di queſti dodici votanti ſi chiama Decano. Si tiene queſto Tribunale nella mattina del Giovedì; e per le cauſe laicali ha giuriſdizione in tutto lo Stato Pontificio, e nell'eccleſiaſtiche per tutto il Mondo, cioè di commetterle al ſuo conveniente Tribunale, di rivocarnele, ſe il Giudice allegato ſia per ſoſpetto, giudicare della competenza del foro, moderare le ingiuſte inibizioni, circoſcrivere le ſentenze di

R   altri

altri Giudici, concedere la reſtituzione in integrum &c. Quindi è, ch'eſſendo ecceſſiva la mole delle cauſe e materie, il Card. Prefetto ſuole deputare un Togato col titolo di *Uditore della Segnatura*, il quale rimette, e commette da ſe ſteſſo le cauſe di minore importanza. Suole anche non di rado la Segnatura di giuſtizia commettere le cauſe a qualche Prelato particolare, come Giudice Commiſſario, il che per altro non ſi pratica nelle cauſe gravi, ove ſi tratti di giuriſdizione, di preeminenza, giuſpatronato, matrimoniali, o di nullità di Profeſſione, ma ſoltanto d'intereſſe pecuniario non eccedente di quà da' Mouti la ſomma di 500 ſcudi, e di là da' Monti quella di mille; ed in queſto caſo deve pagarſi al Giudice Commiſſario la propina. E finalmente per lume del pubblico girano molte Iſtituzioni, che inſegnano il metodo, e la pratica di queſto Tribunale.

Anche della Segnatura di Grazia è Referendario ciaſcun Prelato, ma tre ſoli ſe ne deputano a queſto effetto dal Papa, il quale ſceglie altresì li Votanti, ed alcuni Cardinali, eſſendo egli capo immediato di queſto Tribunale, ſebbene abbia tuttavia un Cardinale per Prefetto. V'intervengono inoltre il Penitenziero maggiore, il Segretario de' Brevi, il Datario, l'Uditore della Camera, il Teſoriero, un Uditore di Ruota, il Luogotenente civile del Card. Vicario, ed il Regente di Cancellaria, non già per dare il loro voto, ma per riferire al Papa ſecondo il biſogno quello, che può riguardare i loro riſpettivi ufizj, e Tribunali nelle cauſe, che in queſta Segnatura ſono per proporſi, le quali debbono eſſere dodici. Siccome la Segnatura di giuſtizia ſi contiene ſempre ne' riſtretti limiti del gius, così queſta fa uſo dell'arbitrio, e beneficenza del Principe, dal cui ſolo volere dipende il reſcritto grazioſo, o negativo, e quindi

di

di propofte che fiano una volta le caufe non poffono più riproporfi.

E' ora neceffario di dar notizia de' Miniftri della R. C. A. quali dopo il Teforiero fono que' dodici Prelati, che chiamanfi Chierici di Camera. Sogliono quefti radunarfi ogni Lunedì nel Palazzo pontificio infieme col Cardinale Camerlingo, e difporre degl'intereffi camerali. Giudicano inoltre tutte le Caufe, che riguardano gl'intereffi medefimi, e gli Appaltatori; e dal giudicato di un Chierico di Camera nelle caufe fpettanti al particolare uffizio di ciafcheduno di effi, che quì noi indicaremo, è lecito di appellare al fuddetto Camerlingo, ovvero alla piena Congregazione Camerale.

Le Caufe poi fpettanti a quefto Tribunale fono tutte le materie, che hanno rapporto agl'intereffi della Camera, l'entrate della Sede Apoftolica, gl'Iftrumenti di affitto, e fue fpiegazioni, le Teforerie delle Provincie dello Stato Ecclefiaftico, caufe di fpogli per quelle Chiefe, e Benefizj, che foggetti fono allo fpoglio camerale, Conti con Ufiziali, e Miniftri dello Stato, il corfo, e valore delle monete, il prezzo delle grafcie, le materie del *Jus congruo*, di Gabelle, Dazj, impofizioni &c.

Ogni Chierico di Camera efercita qualche uffizio particolare: e perciò fpetta al Teforiero d'invigilare all'efazione delle rendite camerali, fottofcrivere gli ordini, che fi traggono fopra la Depofitaria della Camera, tra' quali non hanno l'ultimo luogo le fpefe del Palazzo pontificio, e del Conclave, il mantenimento delle Milizie, e la confervazione delle Fortezze. Prefiede ancora alle Dogane, per le quali deputa i Miniftri neceffarj: ed all'amminiftrazione de' luoghi de' monti: ed oltre di ciò è uno de' primarj Deputati del S. Monte di Pietà; e per fine Prefetto della Congregazione, che dicefi de' Baroni, di cui n'abbiamo parlato di fopra.

R 2

Il Prefetto dell'Annona fovraintende alla provvifta de' grani per i Granari pubblici, fcegliendo al fervigio di effi i Miniftri neceffarj, a tutti li Forni della Città, acciò il pane fia di giufto pefo, e di buona qualità, ed è Giudice privativo di tutte le materie, che hanno conneffione co' grani, e biade: nè fenza la di lui licenza fi può trafportare il Grano da un luogo all'altro, fe pure ciò non fia per il neceffario foftentamento del Padrone fteffo del Grano, e della di lui famiglia. Sono a quefto Prelato di grande ajuto quattro periti di agricolrura, che fi chiamano Confoli, e fi mutano ogni fei mefi, poichè ad effi appartiene il regolamento della coltura delle campagne.

Appartiene al Prefidente della Grafcia di procurare, che la Città fia provveduta delle grafcie bifognevoli, e di buona qualità, decidere le liti, che poffono quindi avere origine, e gaftigare i rei degli abufi, e frodi, che in quefta materia commettere fi fogliono.

Al Commiffario Generale delle armi fpetta l'arrollamento, ed il buon'ordine delle milizie.

Il Prefidente delle Strade deve accudire alla confervazione, rifarcimento, e pulizìa sì delle ftrade, che di tutta la Città, e de' Ponti.

Altro Chierico di Camera prefiede agli Archivj, altro alle Carceri, ed altro alla Zecca.

Ognuno de' fuddetti Chierici di Camera ha il fuo Tribunale diftinto co' fuoi Uffiali nella gran Sala di Monte Citorio ne' giorni di Lunedì, Mercoledì, e Venerdì.

V'è anche un Prelato, che chiamafi *Prefidente della Camera*, il quale non ha giurifdizione veruna fopra di effa, ma è piuttofto il Segretario della Congregazione Camer.: ed oltre di lui vi fono il Commiffario, il Fifcale, tre Procuratori, un Computifta, e nove Notari, ed il folo nome fa comprendere qual fia il refpettivo uffizio di ognun di effi.

RI-

RISTRETTO
DELLA
CITTA' DI ROMA
De' suoi Abitanti, e Fabbriche.

Roma ha di circuito, misuratone il giro orizontalmente, canne 11036 da palmi 10 l'una, le quali a ragione di canne 667 il miglio, formano miglia 16 e mezzo.

Il suoi abitanti nel principio del corrente anno 1775 erano 160896; non compresi gli Ebrei, i quali sogliono contarsi in ottomila in circa; il qual numero probabilmente essendosi ora aumentato in questo frattempo attesi i non pochi forastieri di diverse Nazioni stabiliti in questa città, può credersi che in oggi sianvi sopra 12000 abitanti.

Tutti questi divisi sono in Rioni XIV, i quali, secondo il ripartimento del Nolli confermato dalla fame: di Benedetto XIV, hanno una rispettiva maggiore, o minore estensione, ed è la seguente

I. Monti, il quale ha di giro miglia 7 e due quinti.
II. Trevi, che ha di giro mig. 3 e mezzo.
III. Colonna, ha di giro mig. 3 e mezzo.
IV. Campo Marzo m. 3 e un sesto.
V. Ponte m. 1 e due terzi.
VI. Parione m. 1 e mezzo.
VII. Regola ha di circuito m. 1 tre quinti.
VIII. S.Eu-

VIII. S. Eustachio gira m. 1 e due quinti.

IX. Pigna ha di giro m. 1 e un quarto.

X. Campitelli m. 5 e due quinti.

XI. S. Angelo m. 1 e un vigesimoprimo

XII. Ripa m. 6 e un settimo.

XIII. Trastevere m. 4 e mezzo.

XIV. Borgo m. 3 e quattro quinti.

In tutti questi Rioni dunque si contano

Accademie. 2.

Antichità masiccie, cioè delle quali resta tuttavia
qualche porzione notabile num. 75.

Acquedotti antichi 2.

Acquedotti moderni 3.

Archivj pubblici 5.

Banchi pubblici 2.

Capitoli di Canonici Secolari 16.

Cappelle pubbliche 24.

Carceri principali 5.

Case di Sacerdoti, che vivono in Comunità, e di
Chierici Regolari 26.

Chiaviche principali 15.

Chiese de' Secolari, e Regolari in tutto 323. ed
altre 20. se ne contano situate fuori delle mura della
città.

Cimiterj principali 12.

Collegj e Samiuarj 24.

Confraternite e Congregazioni Secolari 121.

Conserva dell' Olio 1.

Conservatorj di Zitelle, o Donne 13.

Conventi di Frati 40. ed altri 4. fuori delle mura.

Dogane 6.

Fabbriche pubbliche 4.

Fontane principali 33.

For-

Forni 80.

Giardini principali 23.

Granari della R. C. 2.

Librerie pubbliche 4.

Macelli 63.

Mole da grano 25.

Monasterj di donne con Chiesa 44.

Altri senza Chiesa 2.

Monasterj di Monaci 18. ed altri cinque fuori delle mura della città.

Oratorj con porta sulla strada 49.

Ospizj di Regolari con Chiesa 23.

Ospizj di Regolari senza Chiesa 9.

Ospizj Nazionali 11.

Palazzi principali 337.

Parrocchie 82 delle quali 47 sono in cura di Sacerdoti Secolari comprese le 3. situate fuori delle mura ; e le altre 35. nelle mani de' Regolari, comprese le 5, che sono fuori della città.

Piazze principali 185.

Ponti 4. non compreso quello che dicesi *Ponte rotto*.

Porte della città 16.

Quartieri di Soldati 22.

Scuole pubbliche 5.

Spedali 26.

Spezierie 79.

Strade principali 271.

Teatri antichi, de' quali resta tuttavia o porzione, o qualche vestigio 3.

Teatri moderni 8.

Torri de' mezzani e bassi Secoli 37.

Tribunali 26.

Ufizj di Notari 66.

Vicoli, che hanno nome 218.

Ville dentro la città, o in poca diftanza dalla medefima 38.

Univerfità di Artefici addette a Chiefe 57.

Univerfità, le quali hanno luogo in Campidoglio 12.

CRO-

CRONOLOGIA
Di tutti i Sommi Pontefici.
SECOLO I.

1 S Pietro Galileo Principe degli Apostoli. Ricevè la potestà pontificia da Cristo Signor Nostro, risiedè in Antiochia fino all' anno 43 , ed in Roma fino all' anno 67 , dove regnò incirca An. 24 M. 5 e gior. 12

2 S. Lino M. Volterrano , creato l' anno 67 morì nel 78 regnò An. 11 M. 3

3 S. Cleto M. Rom. creato l'anno 78 morì nel 91 regnò An. 12 M. 7

4 S. Clemente M. Rom. creato l'anno 91 morì nel 100 regnò An. 9 M 6

SECOLO II.

5 S. Anacleto Greco, creato l'anno 101 morì nel 110 regnò An. 9 M. 3

6 S. Evaristo Greco, creato l'anno 110 morì nel 119 regnò An. 9 M. 3

7 S. Aleſſandro I. M. Rom. creato l'anno 119 morì
   nel 130 regnò An. 10 M. 6

8 S. Siſto M. Rom. creato l'anno 130 morì nel 140
   regnò An. 9 M. 10

9 S. Telesforo Greco, creato l'an. 140 morì nel 152
   regnò An. 12 M. 9

10 S. Igino Atenieſe, creato l'an. 152 morì nel 156
    regnò An. 4. M. 9

11 S. Pio I. M. d' Aquileja nel Frioli; creato l' an.
    156 morì nel 165 regnò An. 9 M. 6

12 S. Aniceto M. Siro, creato l' an. 165 morì nel
    173 regnò An. 8. M. 9

13 S. Sotero M. della Città di Fondi, creato l' anno
    173 morì nel 177 regnò An. 4

14 S. Eleuterio M. di Nicopoli, creato l' anno 177
    morì nel 192 regnò An. 15 M. 1

15 S. Vittore M. Africano, creato l' anno 192 morì
    nel 201 regnò An. 9 M. 2

SECOLO III.

16 S. Zefirino M. Rom. creato l'an. 201 morì nel 219
    regnò An. 18 M. 1

17 S. Califto M. Rom. creato l' anno 219 morì nel
    224 regnò An. 5 M. 1 gior. 2

18 S. Urbano M. Rom. creato l'an. 224 morì nel 231
    regnò An. 6 M. 7

19 S. Ponziano M. Greco, creato l'anno 231 morì
    nel 235 regnò An. 4 M. 5 gior. 4

20 S. Antero M. Greco, creato l'an. 235 morì nel 236
    regnò giorni 13

21 S. Fabiano M. Rom. creato l'anno 236 morì nel
251 regnò An. 15

22 S. Cornelio M. Rom. creato l'anno 251 morì nel
253 regnò An. 2. M. 5

23 S. Lucio M. Rom. creato l'anno 253 morì nel
255 regnò An. 1 M. 4

24 S. Stefano M. Rom. creato l'anno 255 morì nel
257 regnò An. 2 M. 4

25 S. Sisto II. Filosofo Greco, creato l'anno 257
morì nel 258 regnò M. 1

26 S. Dionisio M. Greco, creato l'anno 258 morì
nel 270 regnò An. 12 M. 11

27 S. Felice M. Rom. creato l'anno 270 morì nel 275
regnò An. 4 M. 5

28 S. Eutichiano M. Toscano, creato l'anno 275
morì nel 283 regnò An. 8 M. 6

29 S. Cajo M. Salonità in Dalmazia, creato l'anno
283 morì nel 296 regnò An. 12 M. 4

30 S. Marcellino M. Rom. creato l'anno 296 morì
nel 304 regnò An. 8

S E C O L O   IV.

31 S. Marcello I. M. Rom. creato l'anno 304 morì
nel 309 regnò An. 4 M. 2

32 S. Eusebio Greco, creato l'anno 309 morì nel
311 regnò An. 2

33 S. Melchiade M. Africano, creato l'anno 311
morì nel 314 regnò An. 3

34 S. Silvestro I. Rom. creato l'anno 314 morì nel
335 regnò An. 21

35 S. Marco Romano creato l'anno 336 morì nel
337 regnò M. 9

36 S. Giulio I. Rom. creato l'anno 337 morì nel 352 regnò An. 15 M. 6

37 S. Liberio Rom. creato l'anno 352 morì nel 367 regnò An. 15 M. 4

38 S. Damaso I. Spagnuolo ; creato l'anno 367 morì nel 384 regnò An. 17 M. 3

39 S. Siricio Rom. creato l'anno 385 morì nel 398 regnò An. 13 M. 1

40 S. Anastasio I. Rom. creato l'anno 398 morì nel 402 regnò An. 4 M. 1

S E C O L O V.

41 S. Innocenzo I. di Albano creato l'anno 402 morì nel 417 regnò An. 15

42 S. Zosimo Greco creato l'anno 417 morì nel 418 regnò An. 1

43 S. Bonifazio I. Rom. creato l'anno 418 morì nel 423 regnò An. 4 M. 8

44 S. Celestino I. Rom. creato l'anno 423 morì nel 432 regnò An. 8 M. 11

45 S. Sisto III. Rom. creato l'anno 432 morì nel 440 regnò An. 8

46 S. Leone I. Rom. creato l'anno 440 morì nel 461 regnò An. 21 M. 2

47 S. Ilaro di Sardegna creato l'anno 461 morì nel 467 regnò An. 5 M. 3

48 S. Simplicio di Tivoli , creato l'anno 467 morì nel 483 regnò An. 15 M. 11

49 S. Felice III. Rom. creato l'anno 483 morì nel 492 regnò An. 9

50 S. Gelasio I. Africano creato l'anno 492 morì nel 496 regnò An. 4 M. 7

51 S. Anaſtaſio II. creato l'anno 496 morì nel 498 regnò An. 2

52 S. Simmaco di Sardegna creato l'anno 498 morì nel 514 regnò An. 15 M. 7

S E C O L O   VI.

53 S. Ormiſda di Froſinone creato l'anno 514 morì nel 523 regnò An. 8 M. 1

54 S. Giovanni I. Toſcano creato l'anno 523 morì nel 526 regnò An. 2 M. 9

55 S. Felice IV. di Benevento creato l'anno 526 morì nel 529 regnò An. 3 M. 2

56 Bonifazio II. Rom. creato l'anno 529 morì nel 532 regnò An. 2 M. 1

57 S. Giovanni II. Rom. creato l'anno 532 morì nel 535 regnò An. 2 M. 4

58 S. Agapeto Rom. creato l'anno 535 morì nel 536 regnò An. 1

59 S. Silverio M. Rom. creato l'anno 536 morì nel 537 regnò An. 1 M. 5

60 Vigilio Rom. creato l'anno 537 morì nel 555 regnò An. 17 M. 6

61 Pelagio I. Rom. creato l'anno 555 morì nel 560 regnò An. 4 M. 11

62 Giovanni III. Rom. creato l'anno 561 morì nel 674 regnò An. 13

63 Benedetto I. Rom. creato l'annno 575 morì nel 579 regnò An. 4 M. 2

64 Pelagio II. Rom. creato l'anno 579 morì nel 590 regnò An. 10 M. 2

65 S. Gregorio I. Rom. creato l'anno 590 morì nel 604 regnò An. 13 M. 6

SE-

SECOLO VII.

66 Sabiniano Toscano creato l'anno 604 morì nel 606 regnò An. 1 M. 5

67 Bonifazio III. Rom. creato l'anno 607 morì nel 607 regnò M. 9

68 S. Bonifacio IV. della Città de' Marsi creato l'anno 608 morì nel 615 regnò An. 6 M. 8

69 S. Deodato Rom. creato l'anno 616 morì nel 619 regnò An. 3 M. 1

70 Bonifazio V. Napolitano creato l'anno 620 morì nel 626 regnò An. 5 M. 10

71 Onorio I. Campano creato l'anno 626 morì nel 638 regnò An. 12

72 Severino Rom. creato l'anno 640 morì nel medesimo anno, regnò M. 2

73 Giovanni IV. di Dalmazia creato l'anno 640 morì nel 642 regnò An. 1 M. 10

74 Teodoro I. Greco creato l'anno 642 morì nel 649 regnò An. 6 M. 6

75 S. Martino I. Martire Tudertino creato l'anno 649 morì nel 654 regnò An. 5 M. 3

76 S. Eugenio I. Rom. creato l'anno 654 morì nel 657 regnò An. 2 M. 9

77 S. Vitaliano I. di Segni creato l'anno 657 morì nel 671 regnò An. 14 M. 5

78 Deodato II. Rom. creato l'anno 672 morì nel 677 regnò An. 5 M. 2

79 Domno I. Rom. creato l'anno 677 morì nel 679 regnò An. 1 M. 5

80 S. Agatone Siciliano creato l'anno 679 morì nel 681 regnò An. 2 M. 3

81 S. Leone II. Siciliano creato l'anno 682 morì nel 684 regnò An. 1 M. 7

82 Benedetto II. Rom. creato l'anno 685 morì nel 686 regnò M. 10

83 Giovanni V. di Antiochia creato l'anno 686 morì nel 687 regnò An. 1

84 Conone di Tracia creato l'anno 687 morì nel 688 regnò An. 1

85 S. Sergio I. di Antiochia creato l'anno 688 morì nel 702 regnò An. 13 M. 9

S E C O L O VIII.

86 Giovanni VI. Greco creato l'anno 702 morì nel 704 regnò An. 2 M. 2

87 Giovanni VII. di Calabria creato l'anno 705 morì nel 707 regnò An. 2. M. 8

88 Sicinio Siro creato l'anno 707 morì nel 708 regnò giorni 20

89 Costantino I. Siro creato l'anno 708 morì nel 715 regnò An. 7 M. 1

90 S. Gregorio II. Rom. creato l'anno 715 morì nel 731 regnò An. 15 M. 5

91 S. Gregorio III. Siro creato l'anno 731 morì nel 741 regnò An. 10 M. 9

92 S. Zaccaria di Calabria creato l'anno 741 morì nel 752 regnò An. 10 M. 3

93 Stefano II. Rom. creato l'anno 752 morì nel medesimo anno, regnò gior. 4

94 Stefano III. Rom. creato l'anno 752 morì nel 757 regnò An. 5

95 S. Paolo I. Rom. creato l'anno 757 morì nel 767 regnò An. 10

96

96 Stefano IV. o III. creato l' anno 768 morì nel 772 regnò An. 3

97 Adriano I. Rom. creato l'anno 772 morì nel 795 regnò An. 23 M. 10

98 S. Leone III. Rom. creato l' anno 795 morì nel 816 regnò An. 20 M. 6

SECOLO IX.

99 Stefano V. Romano creato l' anno 816 morì nel 817 regnò M. 7

100 S. Pascale I. Romano creato l'anno 817 morì nel 824 regnò An. 7

101 Eugenio II. Romano creato l'anno 824 morì nel 827 regnò An. 3 M. 3

102 Valentino I. Romano creato l' anno 827 morì nel 828 regnò An. 1 giorni 9

103 Gregorio IV. Romano creato l' anno 828 morì nel 844 regnò An. 16

104 Sergio II. Romano creato l' anno 844 morì nel 847 regnò An. 3

105 S. Leone IV. Romano creato l'anno 847 morì nel 855 regnò An. 8 M. 3

106 Benedetto III. Romano creato l'anno 855 morì nel 858 regnò An. 2 M. 6

107 S. Niccolò I. Romano creato l'anno 858 morì nel 867 regnò An. 9 M. 8

108 Adriano II. Romano creato l'anno 867 morì nel 872 regnò An. 5

109 Giovanni VIII. Romano creato l'anno 872 morì nel 882 regnò An. 10

110 Marino I. di Gallese, creato l'anno 882 morì nel 884 regnò An. 1 M. 11

111 Adriano III. Romano creato l'anno 884 morì
nel 885 regnò An. 1 M. 4

112 Stefano V., o VI. creato l'anno 885 morì nel
891 regnò An. 6

113 Formoso Portoghese creato l'anno 891 morì
nel 896 regnò An. 4 M. 7

114 Bonifazio VI. Romano creato l'anno 896 morì
nel medesimo anno, regnò giorni 15

115 Stefano VI. o VII. Romano creato l'anno 896
morì nel 897 regnò An. 1 M. 3

116 Romano di M. Fiascone creato l'anno 897 morì nel 898 regnò M. 5

117 Teodoro II. Romano creato l'anno 898 morì
nel medesimo anno, regnò giorni 20

118 Giovanni IX. di Sabina creato l'anno 898 morì nel 900 regnò An. 2

S E C O L O X.

119 Benedetto IV. Romano creato l'anno 900 morì
nel 904 regnò An. 4 M. 7

120 Leone V. di Adria creato l'anno 904 rinunziò
il Papato, regnò M. 1 giorni 10

121 Cristoforo I. Romano creato l'anno 904 rinunziò il Papato, regnò M. 6

122 Sergio III. Romano creato l'anno 905 morì
nel 912 regnò An. 7 M. 4

123 Anastasio III. Romano creato l'anno 912 morì nel 914 regnò An. 2 M. 3

124 Lando Sabino creato l'anno 914 morì nel 915
regnò M. 5

125 Giovanni X. Romano creato l'anno 915 morì nel
928 regnò An. 13 M. 2

b   126

126 Leone VI. Romano creato l' anno 928 morì nel 929 regnò M. 7

127 Stefano VIII. Romano creato l' anno 929 morì nel 931 regnò An. 1 M. 2

128 Giovanni XI. Romano creato l' anno 931 morì nel 936 regnò An. 4 M. 11

129 Leone VII. Romano creato l' anno 936 morì nel 939 regnò An. 3 M. 6

130 Stefano IX. di Germania creato l' anno 939 morì nel 943 regnò An. 3 M. 5

131 Marino II. creato l'anno 943 morì nel 946 regnò An. 3 M. 6

132 S. Agapeto II. Romano creato l' anno 946 morì nel 956 regnò An. 9 M. 7

133 Giovanni XII. Romano creato l' anno 956 morì nel 963 regnò An. 7 M. 8

134 Benedetto V. Romano creato l' anno 964 morì nel 965 regnò M. 11

135 Giovanni XIII. Romano creato l'anno 965 morì nel 972 regnò An. 6 M. 11

136 Benedetto VI. Romano creato l'anno 972 morì nel 974 regnò An. 1 M. 6

137 Donno II. Rom. creato l'anno 974 morì nel 975 regnò An. 1 M. 6

138 Benedetto VI. Romano creato l' anno 975 deposto l'anno 984 regnò An. 8 M. 7

139 Giovanni XIV. di Pavia creato l'anno 984 morì nel 985 regnò M. 8

140 Bonifazio VII. o VIII. Rom. creato l'anno 985 morì nel medesimo anno, regnò M. 11

141 Giovanni XV. Romano creato l' anno 896 morì
nel

nel 995 regnò An. 9 M. 5

142 Giovanni XVI. Romano creato l' anno 995 morì nel 996 regnò An. 1

143 Gregorio V. di Saffonia creato l'anno 996 morì nel 999 regnò An. 2 M. 9

144 Silveſtro II. di Aquitania creato l' anno 999 morì nel 1003 regnò An. 4 M. 1

S E C O L O   XI.

145 Giovanni XVII. Romano creato l'anno 1003 morì nel medeſimo anno, regnò M. 5

146 Giovanni XVIII. Romano creato l'anno 1004 morì nel 1009 regnò An. 5. M. 4

147 Sergio IV. Romano creato l' anno 1009 morì nel 1012 regnò An. 3. M. 9

148 Benedetto IX. ovvero VIII. creato l'anno 1012 morì nel 1024 regnò An. 12

149 Giovanni XIX. Romano creato l' anno 1024 morì nel 1033 regnò An. 9. M. 4

150 Benedetto IX. ovvero X. Romano creato l' anno 1033 rinunziò il Papato nel 1045 regnò A. 11. M. 5

151 Gregorio VI. Romano creato l' anno 1045 rinunziò il Papato nel 1046 regnò An. 1 M. 8

152 Clemente II. di Saffonia creato l' anno 1046 morì nel 1047 regnò M. 10

153 Damaſo II. di Baviera creato l' anno 1048 morì nel medeſimo anno, regnò giorni 13

154 Leone X. di Lorena creato l'anno 1049 morì nel 1054 regnò An. 5 M. 2

155 Vittore II. di Baviera creato l' anno 1055 morì nel 1057 regnò An. 2 M. 4

156 Stefano X. ovvero XI. di Lorena, creato l'anno

1058 morì nel 1059 regnò M. 8

157 Niccolò II. di Borgogna creato l'anno 1059 morì nel 1061 regnò An. 2. M. 5

158 Alessandro II. Milanese creato l'anno 1061 morì nel 1073 regnò An. 11. M. 7

159 S. Gregorio VII. di Savona creato l'anno 1073 morì nel 1085 regnò An. 11 M. 11

160 Vittore III. di Benevento creato l'anno 1086 morì nel 1088 regnò An. 1 M. 4

161 Urbano II. Francese creato l'anno 1088 morì nel 1099 regnò An. 11 M. 5

162 Pasquale II. Italiano creato l'anno 1099 morì nel 1118 regnò An. 18 M. 5

S E C O L O XII.

163 S. Gelasio II. di Pisa creato l'anno 1118 morì nel 1119 regnò An. 1 giorni 4

164 Calisto II. di Borgogna creato l'anno 1119 morì nel 1124 regnò An. 5 M. 10

165 Onorio II. Bolognese creato l'anno 1124 morì nel 1130 regnò An. 5. M. 2

166 Innocenzo II. Romano creato l'anno 1130 morì nel 1143 regnò An. 13 M. 7.

167 Celestino II. di Toscana creato l'anno 1143 morì nel medesimo anno, regnò M. 5

168 Lucio II. Bolognese creato l'anno 1144 morì nel 1145 regnò M. 11

169 Eugenio III. Pisano creato l'anno 1145 morì nel 1153 regnò An. 8 M. 5

170 Anastasio IV. Romano creato l'anno 1153 morì nel 1154 regnò An. 1 M. 4

171 Adriano IV. Inglese creato l'anno 1154 morì nel

nel 1159 regnò An. 4 M. 9

172 Aleſſandro III. Seneſe creato l'anno 1159 morì nel 1181 regnò An. 21 M. 10

173 Lucio III. di Lucca creato l'anno 1181 morì nel 1185 regnò An. 4 M. 3

174 Urbano III, Milaneſe creato l'anno 1185 morì nel 1187 regnò An. 1 M. 11

175 Gregorio VIII. di Benevento creato l'anno 1187 morì nel medeſimo anno, regnò M. 2

176 Clemente III. Romano creato l'anno 1187 morì nel 1191 regnò An. 3 M. 4

177 Celeſtino III. Romano creato l'anno 1191 morì nel 1198 regnò An. 6 M. 9

178 Innocenzo III. Romano creato l'anno 1198 morì nel 1216 regnò An. 18. M. 6

S E C O L O XIII.

179 Onorio III. Romano creato l'anno 1216 morì nel 1227 regnò An. 10 M. 8

180 Gregorio IX. di Capua creato l'anno 1227 morì nel 1241 regnò An. 14 M. 5

181 Celeſtino IV. Milaneſe creato l'anno 1241 morì nel medeſimo anno, regnò giorni 17

182 Innocenzo IV. Genoveſe creato l'anno 1242 morì nel 1254 regnò An. 11 M. 5

183 Aleſſandro IV. di Anagni creato l'anno 1254 morì nel 1291 regnò An 6 M. 5

184 Urbano IV. di Utrecht creato l'anno 1261 morì nel 1264 regnò An. 3 M. 3

185 Clemente IV. di Narbona creato l'anno 1265 morì nel 1268 regnò An. 3 M. 10

186 B. Gregorio X. Piacentino creato l'anno 1271 morì

morì nel 1276 regnò An. 4 M. 3

188 Adriano V. Genovese creato l'anno 1276 morì
nel medesimo anno, regnò M. 1

189 Giovanni XX. di Lisbona creato l'anno 1277
morì nel medesimo anno, regnò M. 8

190 Niccolò III. Romano creato l'anno 1277 morì
nel 1280 regnò An. 2 M. 9

191 Martino II. ovvero IV. della Città di Turon,
creato l'anno 1281 morì nel 1285 regnò An. 4 M. 1

192 Onorio IV. Romano creato l'anno 1285 morì
nel 1287 regnò An. 2

193 Niccolò IV. Piceno creato l'anno 1287 morì
nel 1291 regnò An. 4 M. 1

194 S. Celestino V. Campano creato l'anno 1294
rinunziò il Papato, regnò M. 5

195 Bonifazio VIII. di Anagni creato l'anno 1294
morì nel 1303 regnò An. 8 M. 10

SECOLO XIV.

196 Benedetto IX. ovvero X. creato l'anno 1303
morì nel medesimo anno, regnò M. 9

197 Clemente V. di Guascogna creato l'anno 1305
morì nel 1314 regnò An. 8 M. 11

198 Giovanni XXI. ovvero XXII. Cantuariense,
creato l'an. 1316 morì nel 1334 regnò An. 18 M. 4

199 Benedetto XI. ovvero XII. di Tolosa creato l'
anno 1334 morì nel 1342 regnò An. 7 M. 4

200 Clemente VI. Lemovicense creato l'anno 1342
morì nel 1352 regnò An. 10 M. 7

201 Innocenzo VI. Lemovicense creato l'anno 1352
morì nel 1362 regnò An. 9 M 3

202 Urbano V. Lemovicense creato l'anno 1362

morì nel 1370 regnò An. 8 M. 2

203 Gregorio XI. Lemovicenfe creato l' anno 1370 morì nel 1378 regnò An. 7 M. 3

204 Urbano VII. Napolitano creato l' anno 1378 morì nel 1389 regnò An. 11 M. 6

205 Bonifazio IX. Napolitano creato l' annõ 1389 morì nel 1404 regnò An. 14 M. 11

S E C O L O   XV.

206 Innocenzo VII. di Sulmona creato l'anno 1404 morì nel 1406 regnò An. 2

207 Gregorio XII. Veneto creato l' anno 1396 rinunziò il Papato nel 1415 regnò An. 8 M. 7

208 Aleffandro V. di Candia creato l' anno 1415 regnò M. 10

209 Giovanni XXII. ovvero XXIII. Napolitano, creato l' anno 1416 rinunziò il Papato nel 1421 regnò An. 5 M. 1

210 Martino IV. detto V. Romano creato l' anno 1421 morì nel 1433 regnò An. 12 M. 3

211 Eugenio IV. Veneto creato l' anno 1433 morì nel 1447 regnò An. 14 M. 11

212 Niccolò V. da Sarzana creato l' anno 1447 morì nel 1455 regnò An. 8 M. 1

213 Califto III. Spagnuolo creato l'anno 1455 morì nel 1458 regnò An. 3 M. 4

214 Pio II. Senefe creato l'anno 1458 morì nel 1464 regnò An. 6

215 Paolo II. Veneto creato l' anno 1464 morì nel 1471 regnò An. 6 M. 11

216 Sifto IV. di Savona creato l'anno 1471 morì nel 1484 regnò An. 13

217 Innocenzo VIII. Genovefe creato l'anno 1484 morì nel 1492 regnò An. 7 M. 11

218 Aleffandro VI. Spagnuolo creato l'anno 1492 morì nel 1503 regnò An. 11

SECOLO XVI.

219 Pio III. Senefe creato l'an. 1503 regnò giorni 27

220 Giulio II. di Savona creato l'anno 1503 morì nel 1513 regnò An. 9 M. 9

221 Leone X. Fiorentino creato l'an. 1513 morì nel 1522 regnò An. 8 M. 9

222 Adriano VI. Batavo creato l'anno 1522 morì nel 1523 regnò An. 1 M. 7

223 Clemente VII. Fiorentino creato l'an. 1523 morì nel 1534 regnò An. 10 M. 10

224 Paolo III. Romano creato l'anno 1534 morì nel 1549 regnò An. 15 M. 1

225 Giulio III. di Monte Savino creato l'anno 1550 morì nel 1555 regnò An. 5

226 Marcello II. di Montepulciano creato l'an. 1555 regnò gior. 22

227 Paolo IV. Napolitano creato l'anno 1555 morì nel 1559 regnò An. 4 M. 3

228 Pio IV. Milanefe creato l'anno 1559 morì nel 1565 regnò An. 5 M. 11

229 S. Pio V. del Bofco Aleffandrino creato l'anno 1566 morì nel 1572 regnò An. 6 M. 4

230 Gregorio XIII. Bolognefe creato l'anno 1572 morì nel 1585 regnò An. 13 M. 1

231 Sifto V. di Montalto creato l'anno 1585 morì nel 1590 regnò An. 5 M. 4

231 Urbano VII. Romano creato l'anno 1590 regnò giorni 13

233 Gregorio XIV. Milanese creato l'anno 1590 morì nel 1591 regnò M. 11

234 Innocenzo IX. Bolognese creato l'anno 1591 regnò M. 2

235 Clemente VIII. Fiorentino creato l'anno 1592 morì nel 1605 regnò An. 13 M. 1

SECOLO XVII.

236 Leone XI. Fiorentino creato l'anno 1605 regnò giorni 26

237 Paolo V. Romano creato l'anno 1605 morì nel 1621 regnò An. 15 M. 7

238 Gregorio XV. Bolognese creato l'anno 1621 morì nel 1623 regnò An. 2 M. 5

239 Urbano VIII. Fiorentino creato l'anno 1623 morì nel 1644 regnò An. 21

240 Innocenzo X. Romano creato l'anno 1644 morì nel 1655 regnò An. 10 M. 3

241 Alessandro VII. Senese creato l'anno 1655 morì nel 1667 regnò An. 12 M. 2

242 Clemente IX. Pistojese creato l'anno 1667 morì nel 1669 regnò An. 2 M. 6

243 Clemente X. Romano creato l'anno 1669 morì nel 1676 regnò An. 6 M. 2

244 Innocenzo XI. di Como creato l'anno 1676 morì nel 1689 regnò An. 12 M. 11.

245 Alessandro VIII. Veneto creato l'anno 1689 morì nel 1691 regnò An. 2 M. 4

246 Innocenzo XII. Napolitano creato l'anno 1691 morì nel 1700 regnò An. 9 M. 2

G   SE.

SECOLO XVIII.

247 Clemente XI. di Urbino creato l' anno 1700 morì nel 1721 regnò An. 20 M. 4

248 Innocenzo XIII. Romano creato l'an. 1721 morì nel 1724 regnò An. 2 M. 10

249 Benedetto XIII. Romano creato l' anno 1724 morì nel 1730 regnò An. 6 M. 9

250 Clemente XII. Fiorentino creato l' anno 1730 morì nel 1740 regnò An. 10 M. 2

251 Benedetto XIV. Bolognese creato l' anno 1740 morì nel 1758 regnò An. 17 M. 9

252 Clemente XIII. Veneto creato l' anno 1758 morì nel 1769 regnò An. 10 M. 7

253 Clemente XIV. di S. Angelo in Vado creato l' anno 1769 morì nel 1774 regnò An. 5 M. 4

254 PIO VI. di Cesena creato li 15 Febrajo del corrente anno 1775; aprì la Porta Santa della Basilica Vaticana li 26 dello stesso Mese: e regna per il bene della Chiesa Santa, e per la felicità de' suoi Sudditi.

INDICE
DELLE COSE PIU' NOTABILI.

Nuove.   40
Carine.   112
Cafa *Aurea di Nerone*. 89 107
Caftel *S. Angelo*, e fua defcrizione.   3
Cattedra *di S. Pietro*.   15
Cemeterio *di Califto*,   75
Cerchi; *Agonale*.   63
   di Aleffandro.   63
   di Antonino Caracalla. 64 76
   di Cajo Calligola.   7
   Flaminio,   52 66 170
   di Flora.   196
   Intimo.   55
   Maffimo.   73 176
   di Nerone.   6
   di Saluftio.   170
   Vaticano.   7
Chiefe. *S. Adriano*.   105
   s. *Agata in Traftevere*. 35
   s. *Agata de' Goti*.   148
   s. *Agnefe in piazza Navona*.   64
   s. *Agnefe fuori di Porta Pia*.   205
   s. *Agoftino*.   116
   s. *Aleffio*.   61
   Ss. *Ambrogio e Carlo*. 181
   s. *Ambrogio*, e fuo Monaftero.   52
   s. *Anaftafia*.   73

s. *Andrea della Valle*. 50
s. *Andrea a Monte Cavallo*.   164
s. *Andrea delle Fratte*. 86
s. *Angelo in Pefcheria*. 52
s. *Anna alle quattro Fontane*.   164
s. *Antonio*.   140
s. *Antonio de' Portoghefi*. 152
s. *Apollinare*.   117
Ss. *Apoftoli*.   132
s. *Atanafio*.   188
s. *Balbina*.   6
s. *Barbara*.   41
s. *Bartolommeo all' Ifola*. 48
s. *Bartolommeo de' Bergamafchi*.   194
s. *Benedetto in Pifcinula*. 34
s. *Bernardo*.   170
s. *Biagio*.   40
s. *Bibiana*.   138
s. *Bonaventura alla Polveriera*.   89
s. *Cajo*.   171
s. *Carlo à Catinari*. 52
s. *Carlo alle quattro Fontane*.   165
s. *Caterina della Rofa oggi de' Funari*, e fuo Monaftero.   66
s. *Caterina della Ruota*. 37

c 3   s. *Ca-*

C 4   s. Mar-

c 5   di

Te-

XXVIII

N

O

P

Pit-

Nic-

di

Lightning Source UK Ltd.
Milton Keynes UK
UKOW06f0200021013

218327UK00010B/569/P